Dr. Klaus F. Withauer

Manager-Karriere 2

Manager-Karriere 2

- In fünf Schritten ins obere Management

von Dr. Klaus F. Withauer

Das Führungs-Praktikum :

Führung real gestalten und umsetzen: Erprobte Karrierepfade zunehmender Verantwortung im Management

Bibliografische Information der Deutschen Nationalbibliothek:
Die Deutsche Nationalbibliothek verzeichnet diese Publikation in der
Deutschen Nationalbibliografie; detaillierte bibliografische Daten
sind im Internet über http://dnb.dnb.de abrufbar.

Neuauflage 2017
Alle Rechte vorbehalten
© Prof. Dr. Klaus F. Withauer, CH-8274 Tägerwilen, Spulackerstraße 15
   Vorst.-Vors. Akademie für Wirtschaftserfolg e.V.
   Amtsgericht -Registergericht- Mainz 14 AR 373/83

Das Werk einschließlich aller seiner Teile ist urheberrechtlich geschützt.
Jede Verwertung außerhalb der engen Grenzen des Urheberrechtsgesetzes
ist ohne Zustimmung des Autors unzulässig und strafbar. Das gilt insbesondere
für Vervielfältigungen, Übersetzungen, Mikroverfilmungen und die Einspeicherung
und Verarbeitung in elektronischen Systemen.

Die Wiedergabe von Gebrauchsnamen, Handelsnamen, Warenbezeichnungen usw. in diesem Werk
berechtigt auch ohne besondere Kennzeichnung nicht zu der Annahme, dass solche Namen im Sinne
der Warenzeichen- und Markenschutz-Gesetzgebung als frei zu betrachten wären und daher von
jedermann benutzt werden dürften.

Herstellung und Verlag: BoD – Books on Demand, Norderstedt
Umschlaggestaltung: Rainer Wiest

ISBN 9-783741-276873

Die Ausgangslage -
Für wen ist dieses Buch nützlich und lesens-wert?

Manager-Karriere ..

- In fünf Schritten ins obere Management

»Führen kann man nicht lernen –
Führen ist lernen«

Eine Manager-Karriere gründet sich allenfalls anfangs auf gute Leistungen in einem bereichsspezifischen fachlichen Arbeitsgebiet. Im Führungsjob braucht man für beruflichen Erfolg indessen »mehr« : das Weiterkommen auf dem Karrierepfad bis hin in Toppositionen verlangt andere Talente, eben Managementkompetenz. Mitarbeiter mit der beruflichen Karriereorientierung »Aufwärtsmobilität« fragen sich deshalb, was muss ich tun im Führungsjob, wie kann ich das lernen und wie komme ich zu den Erfahrungen, um mich schrittweise für höhere Managerpositionen zu qualifizieren. Mit einem bereits erworbenen Profi-Wissen über Menschen-führen – siehe etwa Withauer, Manager-Karriere 1 – wären anhand evidenter praxisorientierter »Verstehensmodelle« die unumgänglichen 'basics' gegeben, im Arbeitsfeld des Managers die jeweils wahrgenommene Realität treffsicherer zu erfassen und zu beurteilen, um unternehmensrelevante Resultate zu erzielen und dafür zu sorgen, dass Mitarbeiter in diesem Sinne handeln. Dies sollte auch die Erkenntnis einschließen, dass man nicht so einfach sein Verhalten ver-ändern kann, ohne als Voraussetzung dafür «sich selbst» als Person zu ver-ändern. Um im kommunikativen und emotionalen Bereich an Kompetenz zu gewinnen, muss zunächst eine erhöhte Selbstwahrnehmung und Selbstreflexion aufgebaut werden. Denn wenn ich mein Verhalten zu anderen Menschen »optimieren« möchte, muss ich zunächst einmal wissen, wie ich mich verhalte und warum. Was ich wirklich tue, weiß ich indessen nur zu einem Bruchteil; das liegt daran, dass ein großer Bereich des menschlichen Handelns unbewusst geschieht und sich damit der Wahrnehmung und der bewussten Selbstreflexion entzieht. Das gilt auch für die Haltungen, Einstellungen und Werte einer

Führungskraft und daraus resultierende Konzepte und Vorstellungen, an denen sich das Interaktionsverhalten - und damit das konkrete Führungshandeln - orientiert: das Menschenbild, das Selbstbild, das Selbstverständnis als Führungskraft, Vorstellungen zu Bedingungen für eine erfolgreiche Zusammenarbeit, Annahmen über die Bedeutung der eigenen Person für eine erfolgswirksame Unternehmenskultur, Ansichten darüber, wie Mitarbeiter motiviert werden müssen, Auffassungen über die Relevanz von Zielorientierung, Führungsinstrumenten, der Wirkung des persönlichen Kommunikationsverhaltens etc. Mit dem Wissen, dass man viele Aspekte der Interaktion zwischen sich und anderen Menschen nicht selbstverständlich wahrnimmt und schon gar nicht reflektiert, ist es naheliegend, sich genau dies verstärkt vorzunehmen. Bedauerlicherweise können wir nämlich nur das achtsam wahrnehmen und reflektieren, was für uns bedeutsam erscheint.

Die Anwendung und das Umsetzen dieses Basiswissens in Führungs-Können lehrt in der Tat »die Praxis« und komplementär – gezielter und besser – ein aus der Managerpraxis entwickelter Leitfaden und helfender Ratgeber zu erprobten Wegen für die Manager-Karriere in Karriereschritten mit stufenweise zunehmender Verantwortung in Managementpositionen.

Das Orientierungsmuster »Aufwärtsmobilität« lässt einen deutlichen Bezug zu persönlichen und dementsprechenden Bedürfnis- bzw. Motivstrukturen erkennen. Damit einhergehende Karrierepfade äußern sich vorrangig in dem Wunsch, Führungsrollen zu übernehmen. Diese erfordern neben interpersoneller Kompetenz und analytischen Fähigkeiten die Bereitschaft zur Übernahme von Verantwortung, geht es doch gerade vielfach darum, Gruppenprozesse zu lenken sowie Problemlagen zu identifizieren, zu analysieren und situationsspezifische Lösungen zustande zu bringen.

*

"Manager-Karriere 2 - In fünf Schritten ins obere Management" ist der Leitfaden für eine erstrebte Berufslaufbahn als Manager in der Praxis! Ein tauglicher, erfolgversprechender Weg ist die wirkliche jeweilig an konsequenten Aufstiegs-Schritten orientierte Berufschronik. Ein solches Führungs-Praktikum, Führung real zu gestalten und umzusetzen und hierbei Karriereschritte zu machen, wird oft durch einen persönlichen Mentor unterstützt und gefördert, oder man orientiert sich an einem praxiserprobten »Handlungsmodell« für typische Manager-Karrieren.

Für Mitarbeiter mit dem Streben und Karriereanker »Aufwärtsmobilität« wird in diesem Ratgeber-Buch eine typische berufliche Führungslaufbahn vorgeschlagen, welche beginnend mit einer »Führung von unten« über verschiedene Projektleiterpositionen zu Linienpositionen bis hin ins obere und Topmanagement geht. Die einzelnen Karriereschritte sind dazu geeignet, das Führungspotenzial zu erproben, zu verbessern und entwickelte Führungskompetenzen demonstrieren zu können.

Dieses lebendige Lern- und Übungsbuch mag es ein immer wieder befragtes Begleitwerk sein, das in der Praxis des Führungsjobs fokussierte Hilfe bietet und sich eignet, das eigene Tun zu reflektieren und gegebenenfalls neu auszurichten.

Kurzbeschreibung der Themen je Kapitel

Im *1. Kapitel* - Führen und Geführt werden - wird das Arbeitsfeld eines Managers analysiert. Zum einen geht es um methodisch-rationale Aktionsbereiche abzielend auf Resultate, zum Anderen um die personale Beeinflussung von bzw. Einwirkung auf Menschen. Ob und wie in der personalen Führung die intendierte Beeinflussung gelingt, hängt zuerst vom Willen zur Führung ab und zeigt sich konkret in der Gestaltung von Führungsbeziehungen, der Übernahme einer Führungsrolle und gruppenbezogen einer gezielten, differenzierenden und wechselseitigen Beeinflussung.

Das *2. Kapitel* - Authentisch sein im Führungsjob: Persönlichkeit und Stil - widmet sich der Persönlichkeit des Managers in der Manageraufgabe und -rolle. Zur erfolgreichen Ausübung der Managerrolle gehört Führungsautorität. Diese Führungswirkung ist indessen nicht etwas, was man hat oder besitzt, sondern etwas, von dem Andere glauben, man besitze es, also eine Wirkung auf Andere. Voraussetzung für diese Wirkung ist indes, dass die Führungsperson sich selbst in dieser »Autoritätsrolle« akzeptiert. Durch eine Analyse und Erkennen des eigenen Selbsts kann der Leser seine authentisch geprägte innere Haltung und den individuell passenden Führungsstil - also die selbstbewusste Führungswirkung - überprüfen. Für die herangezogenen pragmatischen Modelle werden methodische Ansätze und empirische Befunde ausführlich dargestellt. Zudem ergeben sich daraus wesentliche Lernfelder zur Erweiterung der Handlungskompetenz für die Managerkarriere. Zu allgemeinpsychologischen Ansätzen für eine gesteigerte Führungsqualität wird die Bedeutung von Vertrauen herausgehoben ergänzt durch die Nutzung ausgewählter Führungsinstrumente.

Das *3. Kapitel* – Management-Praxis in Karriere-Schritten - stellt das in der Praxis erprobte »*Handlungsmodell*« für typische Manager-Karrieren vor. Die Stufen einer typisierten Manager-Karriere sind nach hierarchischen Aufstiegsschritten geordnet, welche beginnend mit einer Führung von unten, dann Projektleiterpositionen über oft mehrere Linienpositionen bis ins obere Management und eventuell Toppositionen im Spitzenmanagement führen. Dabei wird das jeweilige Rahmenumfeld betrachtet, auf Besonderheiten der Managementaufgabe und der Führung eingegangen und manche Empfehlung zur Ausübung der Managerrolle ausgegeben.

Im *4. Kapitel* - Mikropolitische und symbolische Führung - wird die Managementperspektive ausgeweitet durch neuere Konzepte des Geführt-Werdens. Die Quellen einer erweiterten Führungswirkung sind die Führung durch Mikropolitik, symbolische Führung und kulturbewusste Führung.

Das 5. Kapitel - Training der Führungsqualifikation und Führungseffektivität - referiert neue Anforderungen an Manager von morgen und hebt neben Systemkompetenz die Schlüsselqualifikationen hervor.

Inhaltliche Gliederung des Buches

Die Ausgangslage - für wen ist dieses Buch nützlich und lesens-wert? 5
Kurzbeschreibung der Themen je Kapitel 7
Inhaltliche Gliederung des Buches 8

Kapitel 1: Führen und Geführt werden 11

1	Management in/von Organisationen	11
1.1	Manager sein - Funktion und Aufgabe	11
1.2	Der »Wille« zum Führen und zur Manager-Karriere	15
1.3	Gestaltung von Führungsbeziehungen	16
1.4	Rolle und Identität	16
1.5	Führerschaft in der Arbeitsgruppe	17
1.6	Verwirklichung von Gruppenzielen	18
1.7	Vorgesetztenzentrierte vs. gruppendynamische Führung	19
1.8	Differenzierende Führung innerhalb einer Arbeitsgruppe	21
1.9	Chaotische Beziehungen	22

Kapitel 2: Authentisch sein im Führungsjob: Persönlichkeit und Stil 25

2	Führungsautorität und Selbstvertrauen	25
2.1	Über Haltungen, Fähigkeiten, Verhalten und Lernen	25
2.2	Drei Orientierungsbereiche zum Selbstlernen	27
2.3	Stilbestimmte Arten des Managements und Führungsverhalten ..	30
2.4	Verhaltensrelevante Charakteristika der Persönlichkeit des Führers	33
	a) Eindimensional orientierter Persönlichkeitsstil	34
	b) Mehrdimensionale Orientierung der Persönlichkeit	36
2.5	Motivationale Verhaltensdisposition: der Führungsstil	43
	a) Führungsformen und Verhaltensgitter	44
	b) Führungselemente	48
2.6	Führungsstil bei unterschiedlicher »Reife« von Geführten	51
2.7	Erfolgswirksam erprobte und weniger erfolgreiche Führungsstile: das 3-D-Raster	55
2.8	Flexibler Führungsstil und situatives Gespür	63
3	Vertrauen als Prämisse für gelingende Motivation und Führung .	65
3.1	Vorteilhaftigkeit vertrauensvoller Beziehungen	65

| 3.2 | Entstehung und Aufbau von Vertrauen | 66 |

4	Instrumente zur Umsetzung führungsbezogener Gestaltungsabsichten	67
4.1	Anerkennung und Kritik	68
4.2	Mitarbeitergespräch, Personal- und Vorgesetztenbeurteilung	70
4.3	Zielvereinbarung; Management by Objectives	72
4.4	Führungsgrundsätze	73

Kapitel 3: Management-Praxis in Karriere-Schritten 75

5	Führung von Projektteams – gruppenzentrierte Führung	76
5.1	Projektgruppen und andere temporäre Teams	76
5.2	Karriere durch Projekte: Qualifikation für Gruppen- und Teamarbeit	78
5.3	Das Zusammenstellen des Teams	79
5.4	Führungsverhalten im Projektteam und situative Wahl des Führungsstils	81
5.5	Das Projektteam zusammenführen: Teamentwicklung	84
5.6	Team Diversity Management – Führen gemischter Teams	86
5.7	Gespräche und Meetings in der Projektzusammenarbeit	87

6	Führung des Chefs – Führung von unten	90
6.1	Merkmale und Besonderheiten einer Führung von unten	90
6.2	Zunehmende praktische Bedeutung der »Führung nach oben«	91
6.3	Einflussdimensionen und Strategieansatz einer »Führung von unten«	93
6.4	Interaktive Ansätze und Handlungsempfehlungen zur Führung von unten	94
6.5	Strukturale Verankerung der Führung von unten	105

7	Führung in der Linienposition eines Geschäfts- oder Arbeitsbereichs	105
7.1	Ausgangssituation beim Start als Bereichsleiter	105
7.2	Führer- und Manager-Rollen	106
7.3	Postulate zur effektiven Mitarbeiterführung	108
7.4	Bedeutung nächsthöherer Vorgesetzter für die Karriere	116

8	Wege ins Top-Management als »High-Potential« für Spitzenpositionen	118
8.1	Anatomie eines High-Potentials	118
8.2	Fundamentale Voraussetzungen für eine Topkarriere	119
8.3	Besondere Attribute der Persönlichkeitsausstattung	121

Kapitel 4: Mikropolitische und symbolische Führung 123

9	Führung und Mikropolitik	123
9.1	Machtaufbau und -einsatz als politische Methode der Handlungssteuerung	124
9.2	Mikropolitische Taktiken	125

9.3	Rechtfertigung und Erkennbarkeit mikropolitischen Agierens	126
9.4	Fördern oder Eindämmen mikropolitischen Managerhandelns	127

10	Symbolische Führung und Organisationskultur	128
10.1	Führung mit Symbolen	128
10.2	Wirkung eines Symbols	129
10.3	Symbole als Sinnbilder der Unternehmenskultur	129
10.4	Gruppierung und Typen kulturprägender Symbole	131

11	Kulturbewusste Führung	133
11.1	Wirkungen der Unternehmenskultur	133
11.2	Gestaltungsbereiche der Organisationskultur	137
11.3	Gesteigerte Führungseffektivität durch symbolisches Führen	140

Kapitel 5: Training der Führungsqualifikation und Führungseffektivität 143

12	Neue Anforderungen an Führungspersonen	143
13	»Schlüssel«qualifikationen zur Führungskompetenz	144

Auswertungen der Selbst – Checks 152

Literaturverzeichnis 154

Thematische Rückschau 159
Literaturhinweis zur Vertiefung 160

Kapitel 1: Führen und Geführt werden

1 Management in/von Organisationen

Führungskräfte in exponierten Leitungspositionen sollen vor allem für das stete Funktionieren der Unternehmung sorgen sowie Wegbereiter der Unternehmungszukunft sein. Sie müssen ihren jeweiligen Beitrag für die Resultate der Unternehmung definieren, und weil sie Führungskräfte sind, müssen sie auch bestimmen und dafür sorgen, dass ihre Mitarbeiter in diesem Sinne für die Unternehmung handeln.

Unternehmungen sind komplexe produktive soziale Systeme, die in eine wiederum komplexe und dynamische Umwelt integriert sind und mit ihr in vielfältiger Weise in Wechselbeziehung stehen. Aus dieser engen Verflechtung zwischen Umwelt und Unternehmung ergibt sich, dass nur die Institutionen langfristig wettbewerbsfähig und bestandsfähig bleiben können, denen es gelingt, sich möglichst rasch und flexibel an zunehmend turbulentere Umweltentwicklungen anzupassen.

Auch die Innenwelt von humanen sozialen Systemen ist überaus komplex. Zunächst ist das interaktionelle Handeln keinesfalls kohärent und gleichgerichtet, sondern folgt verschiedenen subjektiven Intentionen. Vor allem ist die sprachliche Kommunikation als wichtigster Ausschnitt der menschlichen Interaktionen niemals eindeutig im Sinne einer deterministischen Aussage, es lassen sich bestenfalls temporär gültige Muster beschreiben, welche bezogen auf die gegebenen Randbedingungen eine gewisse Aussagefähigkeit besitzen. Dieses kaum vorhersehbare und mithin nicht fassbare menschliche Interaktionsverhalten charakterisiert humane soziale Systeme als nichtlineare dynamische Systeme. Damit gelten für diese in der Chaosforschung als »dissipative Systeme« bezeichneten Systeme die beobachteten Prozesse zur Musterbildung und -veränderung. Die sprachliche Kommunikation im Rahmen der personalen Führung ist daran wesentlich beteiligt. Dem Gedanken der Selbstorganisation folgend wirken zudem die Rahmenbedingungen prägend auf die Strukturbildung eines Systems, sodass auch der Interaktionsrahmen die Musterbildung beeinflusst.

1.1 Manager sein – Funktion und Aufgabe

Management und »Managen« in Organisationen ist kein Selbstzweck, im Vordergrund steht die Erreichung organisationaler Ziele zur Erhaltung und Stärkung der organisationalen »Fitness« (vgl. Withauer 2000, S. 8 f). Diese analoge Eigenschaft ist gefordert, weil sie bei solcher vielfältigen Dynamik gleichwohl ihre Funktionsfähigkeit bewahren möchten. Die äußere und innere Dynamik sorgen dafür, dass Unternehmungen nicht gleich bleiben. Die Ziele orientieren sich an der existenziellen Aufgabe, den Fortbestand der Organisation zu regulieren, sich den äußeren und inneren Wechsellagen anzupassen und auf Turbulenzen jedweder Art intelligent zu reagieren sowie die Entwicklungsfähigkeit tempo- und richtungsbestimmend zu kanalisieren. Dies gilt generell bei jeglicher Betrachtung eines Teil-Systems (z. B. einer Arbeitsgruppe) mit Bezug zum relevanten Um-System (zum Beispiel der Abteilung, der sie zugehört).

Eine Organisation »führ«bar machen und funktionieren zu lassen ist im Kern die Aufgabe des Managements einer Unternehmung oder irgendeiner anderen Institution und analog auch für Ab-Teilungen des ganzen Systems: dies heißt, die für das Funktionieren der Organisation oder für Teil- bzw. Funktionsbereiche relevante Komplexität unter Kontrolle zu bringen, und dies heißt wiederum, sie so zu gestalten, zu lenken und zu entwickeln, dass sie »unter Kontrolle ist und bleibt«. Mit »Gestalten« ist die Organisation der Strukturen und Abläufe gemeint, die Bestimmung des grundlegenden Kurses und die Festlegung von dauerhaften Regelungen und Normen. »Lenkung« ist die ständige, kontinuierliche Steuerung und Regelung aller Aktivitäten. »Entwicklung« hat mit der Fähigkeit zu tun, zu 'lernen', neues Wissen und Können sich anzueignen, neue Möglichkeiten absichtsgeleitet zu nutzen, neue Wünsche und Bedürfnisse zu entdecken und aufzugreifen.

Der Begriff »Management« ist mit dem Ausdruck »Führung« keineswegs synonym verwendbar. Während mit »Führung« zumeist der personenbezogene Aspekt als »Menschen führen« gemeint ist, der englischsprachig mit »Leadership« ausgedrückt wird, fehlt dem Ausdruck Management dieser Bezug. »Gemanaged« werden nämlich nicht Menschen, sondern eher ganze Organisationen bzw. Subsysteme dieser Institutionen. Während »Führung« durch die Hinwendung zum personalen Aspekt vorwiegend *verhaltenswissenschaftlich* ausgerichtet ist, wird »Management« *systemorientiert* gedacht und verstanden.

Eine weitergehende Analyse der Aufgaben in einer Leitungsposition - einen Beitrag für die Resultate der Unternehmung definieren und dafür sorgen, dass auch die Mitarbeiter in diesem Sinne handeln - lässt zwei Aspekte zutage treten: den systemisch-strukturellen Sachaspekt und den personalen Aspekt (vgl. v. Rosenstiel 2014, S. 3 f., Wunderer 2011, S. 4 f.).

- *Management* als systemisch-strukturelle Gestaltung widmet sich vornehmlich Gestaltungsperspektiven in drei Aktionsfeldern:

  ➢ »Strategie« verlangt Analysieren, das Machbare erkennen, Geschäftsfelder, Weg/Pfad, das Richtige tun; es geht um Sachentscheidungen über Handlungsziele, intendierte Leistungs-Ergebnisse, Ressourceneinsatz

  ➢ »Struktur« heißt die Schaffung einer Organisation als struktureller Rahmen für Aufgaben und Prozesse, Managementsysteme, Dispositionssysteme und andere Regeln; in einer weiten Begriffsdefinition zählt auch die Gestaltung der qualitativen Personalstruktur zur systemisch-strukturellen Führung.

> »Kultur« manifestiert sich in symbolischen Handlungen und der normativen Prägung des »richtigen Verhalten«, das 'von sich aus' geschieht und nicht durch Zutun Dritter aktualisiert werden muss. Kulturattribute sind eine bestimmte Symbolik, Sitten, Gebräuche, Riten, Vokabular (vgl. Punkte 10, 11).

Erfolgreiches Management zeigt sich in den Resultaten.

- *Führung* - im engeren Sinne - zielt bei der systemisch-strukturellen Gestaltung, Lenkung und Entwicklung auf die personale Beeinflussung von bzw. Einwirkung auf Menschen (vgl. Withauer 2016). Führen mobilisiert menschliche Leistungspotentiale, fordert heraus, moderiert, riskiert, treibt an, inspiriert, unterstützt, gibt Wertschätzung und Feedback, vermittelt Visionen. Führung bezeichnet den dynamischen Prozess, in dem es gelingt, Mitarbeiter zu aktivieren, ihre Energie einzusetzen, ihr Potenzial zu nutzen, ihrer Zielstrebigkeit freien Lauf zu lassen.

»Gute« Führung zeigt sich in Vertrauen, Anerkennung, Loyalität und Commitment.

Jede Führungsperson muss immer beides tun: führen und managen. Der systemisch-sachbezogene Managementaspekt und der personale Aspekt Menschen-führen sind mithin aufs Engste miteinander verwoben und entsprechen realer Praxis in der Funktion und Aufgabe jedes Managers.

Management betrifft die Arbeit (»methodisch-rationale« Grundkomponente), Führung betrifft die Menschen (»soziale« Grundkomponente). Managementkompetenz und -fertigkeiten bedient sich spezieller Systeme, Methoden und Techniken und nutzt Wirkungsmechanismen, während Führungskompetenz und -fähigkeit auf der Kenntnis und Beherrschung psychologischer, sozialer und sozio-kultureller Wirkungszusammenhänge beruht. Dementsprechend wird Führungskompetenz anders erworben und gepflegt als Managementkompetenz. Während letztere durch Studium, Schulung und Unterweisung entsteht, braucht erstere die Entwicklung der Persönlichkeit und Training einiger notwendiger Schlüsselqualifikationen, vor allem der sog. "Soft-Skills".

Die Begriffe Führungskraft und Manager werden sowohl in der Alltagssprache als auch in der Literatur oft synonym gebraucht. Auch wenn wir gerade deutlich zwischen den beiden Grundfunktionen unterschieden haben, seien hier gemäß der üblichen Sprachkonvention beide Begriffe synonym verwendet.

Management verfolgt jeweils die Absicht, den Wertschöpfungsprozess der Unternehmung für die zentralen Bezugsgruppen der Unternehmung (Kunden, Kapitalgeber, Lieferanten, Gesellschaft und der Mitarbeiter) zu erhöhen oder zu sichern (vgl. Wunderer 2011, S. 4). Der Begriff »Wertschöpfung« ist hierbei nicht nur finanziell gemeint, sondern umfasst soziale Kriterien wie Kunden- oder Mitarbeiterzufriedenheit, diese zeigt sich in mehr Lebensqualität, insbesondere in der Arbeits- und Beziehungsqualität für die Mitarbeiter, aber auch für andere Bezugsgruppen. Die soziale Effizienz beeinflusst zugleich ökonomisch-technische Erfolgsgrößen (Output, Wirtschaftlichkeit, Produktivität, Gewinn, Produkt- und Dienstleistungsqualität). Deshalb ist eine positive Gestaltung der personalen Führung sowohl ein Mittel als auch eine eigenständige Wert- und Zielgröße zur Optimierung der Arbeits- und Lebensqualität.

Bezugsgrößen und Erfolgsfaktoren beim »Managen« sind deshalb zusammengefasst immer die Themen: Richtung geben – Gefolgschaft erzeugen – für Veränderung begeistern.

- Richtung geben –

Die Führungsaufgabe »Richtung geben« resultiert daraus, dass *Führungs*themen nicht standardisiert zu lösen sind. Routineaufgaben löst man normalerweise technisiert oder organisiert, indem sie nach einem bestimmten Algorithmus oder Lösungsweg bearbeitet werden. Führung widmet sich implizit oder bewusst kommuniziert einem breiten Spektrum von gezielten Maßnahmen zur Steigerung des Unternehmenswertes. Solcherart gestaltete sogenannte Strategische Erfolgs-Positionen (SEP) betreffen die Ausschöpfung interner und externer Nutzenpotenziale auf den Gebieten Markt, Beschaffung, Logistik/Informatik, der Humanressourcen, aber auch zum Beispiel der Organisation, durch Joint Ventures u.a. Aus leistungs- oder kooperationsbezogener Perspektive tauchen mithin Führungsfragen erst dann auf, wenn Störungen, Unklarheiten, Widersprüche, Fehler, Mängel, Termin- oder Kostenabweichungen usw. auftreten. Nur wenn etwas *nicht* funktioniert, muss dann »von oben« interveniert werden. Führung ist deshalb spezifisch bei Aufgaben und Problemen gefragt, die zeitkritisch oder schlecht strukturiert - also komplex und kompliziert, mehrdeutig, instabil, widersprüchlich - sind. Führungskräfte haben dann - mit Blick auf die Geführten - Aufgaben vorzugeben, Probleme zu definieren, Situationen zu analysieren, Ressourcen zu besorgen u.a. Sie legen damit fest bzw. bewirken, dass und was zu geschehen hat. »Management ist Arbeit am System, nicht Arbeit im System«.

- Gefolgschaft erzeugen –

Damit die ausführenden Akteure vorzugsweise in eigener Initiative auch dann selbstorganisatorisch handeln können, muss Führung dafür sorgen, dass die Menschen die intendierten Strategiemaßnahmen für gesteigerten Nutzen akzeptieren und mittragen, was natürlich nicht immer gelingt. Geführte Mitarbeiter verglichen mit nicht-geführten Mitarbeitern sollen sich dann beispielsweise auszeichnen durch ein höheres zeitliches Engagement für die Arbeit, eine stärkere Bereitschaft zur Kooperation, eine höhere Kreativität bei der Lösung betrieblicher Probleme oder schlicht durch relative Vorzüge hinsichtlich Zuverlässigkeit, Berechenbarkeit, Gewissenhaftigkeit, Verantwortungsbewusstsein u.a.m. Mit anderen Worten: Führung zielt darauf ab, bestimmte Verhaltenserwartungen, die die Organisation bzw. die Führenden gegenüber den Geführten haben, einzubringen und damit sozusagen die *Nutzenwirkung des Personals zu steigern*.

- für Veränderung begeistern -

In der Welt der Ungewissheit braucht es bestimmte operative Fähigkeiten. Manager müssen Risiken schneller erkennen und bekämpfen sowie Chancen rascher identifizieren und ergreifen und zu Veränderung motivieren. Dafür braucht es «professionelle Agilität». Wer im Nebel der Ungewissheit operiert, dessen Entscheidungen müssen für sein Umfeld berechenbar und nachvollziehbar sein.

o

Die weiteren Betrachtungen richten sich auf Management in/von Organisationen, die als gruppenstrukturierte Leistungsgemeinschaften »Betriebs«charakter oder Institutionen-Charakter besitzen. Management und Führung sind erforderlich in Unternehmungen, Schulen, den Streitkräften, in Krankenhäusern, Sportvereinen, Kirchen. Dies muss mitgedacht werden, auch wenn im Folgenden beispielhaft in erster Linie die Führung in Unternehmungen betrachtet wird. Wenn dabei der Fokus sich auf Fragen der "Manager-Karriere" in diesen Institutionen richtet, wird für Rolle, Funktion und Aufgaben der im Management tätigen Personen dem Sprachgebrauch der Praxis gefolgt, weshalb die Begriffe *Manager, Vorgesetzter, Chef oder Führungskraft synonym* verwendet werden.

1.2 Der »Wille« zum Führen und zur Manager-Karriere

Was motiviert eigentlich einen - bereits führungsverantwortlich tätigen oder angehenden - Manager? Es sind mindestens vier Antriebe oder Strebungen:

Wesentlich und geradezu unumgänglich ist der Wille zur *Dominanz* als notwendigem Streben, mit *Macht* und Leitlinien *Einfluss* auf die Umgebung zu nehmen.

Manager müssen auch bei Unbestimmtheit und Intransparenz ihren jeweiligen Beitrag für die bereichsspezifischen Resultate der Unternehmung definieren. Angesichts mehrdeutiger Ziele bietet Manager-Sein die *Kompetenzerfahrung*, unter solch anspruchsvollen Bedingungen sich als handlungsfähig zu erleben, den gegebenen und absehbaren Anforderungen gewachsen zu sein.

Im Umgang mit Mitarbeitern tritt hinzu, dass Führungskräfte bestimmen, mit welcher *Stimmung, Laune und Selbstwertgefühl Mitarbeiter* ihre Arbeit tun und in ihrem Zuhause Stimmung, Laune und Selbstwertgefühl prägen. Tatsächlich lassen sich in der Wirklichkeit vielfältige Defizite in der personalen Führung ausmachen. »Gute« Führung schafft einen Rahmen, eine Welt, der man angehören möchte und in der Mitarbeiter ihre Begabungen und Fähigkeiten entwickeln und wachsen lassen können.

»Schlüsselpersonen« mit solchem Führungs-Willen und vielleicht angeborenen Talenten sind rar. Ein »gut« ausgeübter Führungsjob wird deshalb mit *Achtung, Ansehen, Status und Prestige* als erstrebten Begleitumständen belohnt, hohe *finanzielle Manager-Einkommen* gelten geradezu als symbolische Messgröße für Kompetenz und Leistungserfolg.

1.3 Gestaltung von Führungsbeziehungen

Führen und die Gestaltung der Führungsbeziehungen findet meist das besondere Interesse der Praktiker. Führung bewegt Menschen. Immer wenn Menschen zusammenkommen und gemeinsam agieren, kommt im Zusammenhang mit einer erfolgreichen Zielerreichung die Frage nach der Art und Weise der Führung auf. Es wäre indessen untauglich, das Führungswissen nur hierauf zu beschränken. Ohne die genauere Kenntnis der Grundlagen gestalterischen Wirkens, dem Verständnis beobachteter und beobachtbarer Reaktions- und Verhaltensweisen des Einzelmenschen sowie von Menschengruppen bleibt jedes gestalterische Handeln ein unsicheres Unterfangen. Man kann davon ausgehen, dass das Individuum zwar nicht unbegrenzt perfektionierungsfähig, jedoch anpassungsfähig, lernfähig und motivierbar ist. Da Akteure in der Unternehmung nicht als Einzelwesen handeln, sondern Gruppen angehören und innerhalb von Gruppen arbeiten, wird ihr Verhalten im wesentlichen von Institutionen, das heißt von den sie umgebenden Organisationen, und den von ihnen verkörperten Wertvorstellungen geprägt und bestimmt. Das Führungsverhalten des Managers muss in diesem Kontext gesehen werden.

Führung erfordert den Führer. Es stellt sich die Frage, wer in einer Gruppe eigentlich Führer ist und wie man die Rolle des Führers erlangt. Die Führungspraxis hätte sich an darüber erlangten Einsichten zu orientieren. Die personale Führung besitzt einen weiten Spielraum der Gestaltung ihrer Methoden. Führungsformen und Führungsstile unterscheiden sich danach, welche Motivationsziele angestrebt werden, welche optionalen Möglichkeiten der Motivation angewendet werden und in welcher Weise die Interaktion zwischen Führer und Geführten erfolgt.

1.3 Rolle und Identität

Die Führung von Menschen kann verstanden werden als ein Verhalten, das sich in der Übernahme einer Rolle im Rahmen des Gruppenprozesses konkretisiert. Unter Rolle wird - in erster Annäherung - das Insgesamt der Erwartungen verstanden, die an den Inhaber einer Position gerichtet sind. Die Beziehungen, die eine Position zu den anderen Positionen - zum Beispiel des sozialen Systems Unternehmung - hat, sind zumindest auf zwei Dimensionen festgelegt: einmal auf der Dimension der Über-Unter-Ordnung (Hierarchie, Herrschaft) und zum anderen auf einer funktionalen Dimension, bei der es um den Beitrag zur Lösung eines bereichs- bzw. fachspezifischen Systemproblems geht. Das Tun und Lassen ist teilweise explizit »vorgeschrieben« oder wird indirekt - durch positive oder negative Verstärkung vermitteltes Lernen - durch soziale Übereinkunft hergestellt. In einer dynamischen Unternehmung sind Managementleistungen nicht nur auf einen bestimmten Personenkreis - etwa die formellen Führungskräfte - beschränkt, sondern werden von allen Akteuren im System erbracht (vgl. Withauer 2000, S. 62). Daraus mag sich ergeben, dass eine Person in einer Situation Führer sein kann und in einer anderen Situation geführt wird, also folgt. Dies ist in der Realität nicht ungewöhnlich. Jedes Systemmitglied ist ein potenzieller Manager. Die Fähigkeit zu managen ist somit diffus über die ganze Organisation verteilt. Aus dieser Sicht kann Management als eine »Eigenschaft des Systems« verstanden werden und umfasst alle Handlungen, die dazu beitragen, das Funktionieren-lassen und Funktionieren-Können der Unternehmung zu fördern. Dies gilt auch für die personale Führung und zeigt sich in der häufigen Form einer »Führung von unten«, ist prinzipiell aber in jeder organisatorischen Gruppe anzutreffen.

1.4 Führerschaft in der Arbeitsgruppe

Führung kann nicht verstanden werden, wenn man bei ihrer Betrachtung die sozialen Erscheinungen in einer Gruppe, Macht, Status, Gruppennormen und das Gruppengeschehen außeracht lässt. Die Gruppe muss bei ihrer Rollendifferenzierung eines der Gruppenmitglieder mit der Führungsrolle betrauen, um als Gruppe bestehen zu können. Wenn dies nicht geschieht, ist sie in ihrer Existenz dadurch bedroht, dass die Erreichung des Gruppenziels oder die Zufriedenheit der Gruppenmitglieder gefährdet wird. Führung ist ein spezifisches Verhalten in der Gruppe und bezieht sich auf die Gruppe; es ist an keine individuellen Eigenschaften oder Merkmale gebunden.

Die personalistische oder situative Interpretation der Führung ist keine brauchbare Grundlage zur Erklärung dieses Phänomens. Der Mythos vom Führer ist dennoch weit verbreitet. Die Huldigung überholter Vorstellungen über die Führerschaft führt unweigerlich zu einer unzureichenden Nutzung des im Menschen vorhandenen Potenzials. Die meisten Gruppen in einer Organisation haben zwar einen formellen Führer, dessen Status durch diese Organisation legitimiert ist, man wird jedoch das relevante Gruppengeschehen übersehen, wenn man sich ausschließlich auf die Handlungen des Führers konzentriert. Wenn wir das Gruppengeschehen nicht beachten, wird Führung als Magie erscheinen, die in wundersamer Weise die soziale Umgebung beeinflusst.

Führerschaft verstanden als die Wahrnehmung einer Rolle im Aktionsmuster einer Gruppe - in der Sichtweise des gruppendynamischen Ansatzes - ist gekennzeichnet durch jene bestimmten Handlungsweisen der Person des Führers, die auf die Erreichung eines oder mehrerer Gruppenziele gerichtet sind und/oder die Aufrechterhaltung und Stärkung der Gruppe bezwecken (vgl. Staehle 1999, S. 356). Ein Gruppenziel sollte auf das Funktionieren-lassen der Unternehmung ausgerichtet sein und einen Beitrag ausdrücken, der irgendwelche nutzenbringende Resultate für das übergeordnete System erbringt und damit den Erfolg der Unternehmung als

Ganzes sichert oder erhöht (vgl. Neuberger 2002, S. 327). Aus motivationaler Sicht sollen die Mitarbeiter sich in der Arbeit engagieren, im Rahmen der gegebenen Aufgaben Mitdenker und Problemlöser sein, sich dabei wohl fühlen und zufrieden sein, wodurch wiederum das Gruppen- und Betriebsklima günstig beeinflusst und die Aktionsfähigkeit der Gruppe erhalten und erweitert wird. Weite Verbreitung in den Sozialwissenschaften hat die grundlegende Reduzierung der Funktionen des Führers in der Gruppe (vgl. Lukasczyk 1960, S. 183) auf zwei Aufgabenbereiche gefunden:

⇒   *Lokomotion* (Zielgerichtetheit) und

☐   *Kohäsion* (Zusammenhalt).

Die der Lokomotion dienenden Führungstätigkeiten verschreiben sich der Gruppenaufgabe und ihrer bestmöglichen Lösung. Entsprechende Aktivitäten sind Zielbestimmung, Handlungsanweisungen, Vorgehensvorschläge, die operative Planung des zieladäquaten Weges, Aufgabenstrukturierung, die Verhinderung nicht gruppenzielkonformer Aktionen, die Beeinflussung von Gruppennormen, die Überwindung von die Zielerreichung behindernden Hemmnissen.

Die Kohäsion wird mehr durch Führungstätigkeiten, die sozioemotional orientiert sind, gefördert und umfasst die Aktivitäten, welche der Sicherung der Gruppenexistenz dienen, zum Beispiel die Förderung guter zwischenmenschlicher Beziehungen, Ermutigung anderer Gruppenmitglieder, das Bemühen, entstandene Spannungen in der Gruppe zu beseitigen, die Einräumung der Redefreiheit und Förderung der Selbständigkeit für jedermann in der Gruppe und die Belohnung kooperativen, nützlichen Verhaltens anderer Gruppenmitglieder.

Diese Betrachtungsweise der Führerschaft lässt erkennen, dass es sich um Tätigkeiten handelt, die fast jedes Gruppenmitglied zeitweise wahrnimmt oder zumindest wahrnehmen kann. Dies bedeutet, dass grundsätzlich jedes Gruppenmitglied potenziell und vielfach auch konkret führt.

1.5 Verwirklichung von Gruppenzielen

Eine Gruppe kann nicht ohne Führung bestehen und ein Führer kann nicht ohne eine Gruppe existieren. Führungshandeln ist nur dann sinnvoll, wenn eine der zwei Gruppenziele erreicht werden sollen: Leistung bzw. Aufgabenerfüllung und Zufriedenheit der Menschen durch Gruppenkohäsion.

In einer informellen Gruppe ist die Führungsrolle von vornherein nicht festgelegt. Möglicherweise übernimmt das Gruppenmitglied mit der lautesten Stimme die Führung, weil die anderen ihn ausgezeichnet verstehen können. Ein älteres Gruppenmitglied kann vielleicht deshalb zum Führer werden, weil seinen Vorschlägen Respekt entgegengebracht wird. Die

Gründe für Führerschaft in einer informellen Gruppe sind sehr verschieden. Der Wechsel der Führung unter den verschiedenen Gruppenmitgliedern ist meist ohne Folgen für die Gruppe.

In formellen Gruppen ist das Verhalten des Führers und der Gruppe weitgehend programmiert und voraussagbar. Es kommt für die Führerschaft jedoch auch stets auf die Situation an, die bestimmt, wer Führer ist. Eine Situation, die durch das vorrangige Erreichen einer sachlichen Aufgabe gekennzeichnet ist, braucht wahrscheinlich die Person zum Führer, die sich am besten durchsetzen kann, die meisten Kenntnisse besitzt oder die größte formelle Autorität hat. Eine Gruppe, die sich in einer Situation befindet, in der der Zufriedenheitsaspekt der Gruppe relevant ist - zum Beispiel bei einer Hausparty, Diskussionsgruppe -, macht denjenigen zum Führer, der die meisten Witze macht, locker auftritt und für Entspannung sorgt und die interessantesten Gesprächsbeiträge liefert.

In den meisten Gruppen ist sowohl der Leistungsaspekt als auch der Zufriedenheitsaspekt von Bedeutung. Das Verhalten eines Führers kann sich vorrangig auf den einen, den anderen oder beide Aspekte auswirken. Es sei nochmals angesprochen, dass Führung nicht unbedingt nur von einer einzelnen Person ausgeübt werden muss. Es ist eine häufige Erscheinung in einer Gruppe, dass die Führung hinsichtlich der Gruppenziele differenziert ist (Divergenzansatz), wobei eine Person als Leistungsführer, eine andere als Beliebtheitsführer fungiert (vgl. Bröckermann 2012, S. 274; Weibler 2016, S. 147 ff)

1.6 Vorgesetztenzentrierte vs. gruppendynamische Führung

Das Erklärungskonzept der Führung als gruppenbezogenes Führungshandeln umschreibt das Führungsphänomen grundsätzlich und allgemein. Die Erfassung einer realen Führungssituation gelingt jedoch auch mit diesem Konzept in der Regel nur unvollständig, so dass ergänzende und differenzierende Betrachtungen notwendig werden. In der funktionalistischen Betrachtung steht nicht mehr das scheinbar unabhängige Individuum im Mittelpunkt, sondern die übergeordnete Einheit. Mit diesem Wechsel des Bezugssystems wird die Frage gestellt nach den notwendigen Bestands- und Wirkungsbedingungen einer Einheit - einer Person, Gruppe oder Unternehmung.

Der gruppenbezogene Ansatz geht davon aus, dass der Führungsbeitrag des jüngsten, statusniedrigsten, introvertierten Gruppenmitglieds ebenso wichtig für das Gruppeninteresse sein kann wie die Aktivität eines formellen Vorgesetzten oder Managers, der einen hohen Status genießt, über weitreichende Erfahrungen verfügt und ein dominierendes Auftreten hat. Es kommt lediglich darauf an, ob der Führungsbeitrag wichtig ist - für die Gruppe oder die grössere Organisation. Infolgedessen ist es die Aufgabe aller Gruppenmitglieder einschließlich des formellen Führers, Führungsbeiträge zu leisten, die dem Gruppenziel dienlich sind, und solche zu verhindern, die es gefährden (vgl. Neuberger 2002, S. 327). Getreu der funktionalistischen Sichtweise kommt es nicht auf den offiziellen Status »Vorgesetzter« an. Führungsfunktionen können in dieser formalen Rolle konzentriert oder aber in der Gruppe breiter gestreut sein. Je nachdem, was gerade anliegt, wird mal der eine, mal die Andere zur Führungskraft.

Unternehmen gehen in der Praxis jedoch meist den anderen Weg, indem sie auf feste Ansprechpartner setzen, die quer durch die Organisation besetzt werden; dies gilt selbst für Projektgruppen.

Formelle Führer werden durch ihre Organisation autorisiert. In betrieblichen Institutionen entsteht Führung somit durchaus nicht überwiegend aus dem Aktionsmuster einer Gruppe im Sinne der Gruppendynamik, sie wird vielmehr von formellen Führern ausgeübt. Man kann deshalb nicht mehr von einem gänzlich gruppenbezogenen Führungsverhalten sprechen, sondern lediglich von einer modifizierten Gruppenführerschaft. Der formelle Führer befindet sich in einer Position, in der er eine Rolle zu übernehmen hat. Diese Führungsrolle fordert von ihm, dass er notwendige Anweisungen erteilt und Vorgehensweisen vorschreibt, beispielsweise

- er bestimmt, wer das Protokoll führt,

- er beendet die Diskussion,

- er bittet um formelle Anträge,

- er mischt sich in einen Konflikt ein,

- er fragt nach einer fachlichen Meinung.

Der ernannte Führer in einer formellen Führungsposition wird zweifelsohne den Gruppenprozess nicht blockieren. Er sollte zumindest der Gruppe mehr Vorteile verschaffen als sie behindern. In einer verzweigten Organisation können Gruppen nicht ohne formelle Führer erfolgreich bestehen. Der Idealfall ist, dass sie die Gruppe ständig voranbringen. Der praktische Weg sind den Gruppenzielen überwiegend dienliche Führungsbeiträge. Dann haben formell autorisierte Führungskräfte die reelle Chance, auch informell bestätigt zu werden (vgl. Bröckermann 2012, S. 315).

Wie eine Führungsrolle wahrgenommen wird, ist gewiss auch situationsabhängig. Daraus ergibt sich, dass eine Führungskraft je nach situativen Gegebenheiten einen anderen Führungsstil praktiziert und dass diese Führungsweise wiederum je nach Situation einen mehr oder weniger überzeugenden Führungserfolg oder gar einen Misserfolg nach sich zieht (siehe dazu auch 2.5., 2.6., 2.7).

Die normalen täglichen Aufgaben bedürfen keiner anordnenden Führung. Eine Führungsperson kann sich darauf beschränken, die von den Gruppenmitgliedern kommenden Führungsbeiträge aufzunehmen und gegebenenfalls zu nutzen.

Der ideale Führer ist flexibel genug, seine Führungsform zu variieren zwischen einem völlig führungslosen Verhalten - etwa beim Brainstorming - und strengem Bestehen auf persönliche Opfer fordernder Pflichterfüllung. Dies sind hohe Anforderungen an eine Führungskraft, die ein großes Verständnis für das Gruppengeschehen und seine Bedingungen voraussetzen. Grundlegend wird deutlich, dass Führungshandeln und Gruppendynamik als zwei Aspekte eines Erklärungskonzepts der Führung zu sehen sind.

1.7 Differenzierende Führung innerhalb einer Arbeitsgruppe

Führer-Mitarbeiter-Beziehungen entstehen als Folge einer Serie von Interaktionen zwischen den Interaktionspartnern. Zur Beschreibung der Interaktionsweise wird bei üblichen Führungsstil-Untersuchungen für eine gesamte (undifferenzierte) Gruppe der »durchschnittliche« Führungsstil erfasst, indem die verschiedenen Vorgesetzten-Verhaltens-Beschreibungen der einzelnen Gruppenmitglieder einfach gemittelt werden. Dadurch werden jedoch die Abweichungen von diesem Mittelwert ausgeblendet, denn diese sind ein Ausdruck für die interne Differenziertheit der Führer-Mitarbeiter-Beziehungen. Die praktische Erfahrung zeigt nämlich, dass sich ein Führer zu seinen Mitarbeitern keineswegs gleich oder ähnlich verhält (vgl. Graen/Uhl-Bien 1995, S. 1047). Eine detaillierte Betrachtung bedarf deshalb zweier Akzentsetzungen:

Die Interaktionsbeziehungen in Arbeitsgruppen sind zu einzelnen Mitarbeitern unterschiedlich, sie müssen deshalb in Zweierbeziehungen (dyadische Relationen) zerlegt werden, weil nur so auf die Eigenheiten einzelner Mitarbeiter eingegangen werden kann. Diese treten nämlich dem Vorgesetzten jeweils nicht in Summe und abstrakte Positionsinhaber gegenüber, sondern als konkrete einzelne Menschen mit Stärken und Defiziten, Wünschen und Ängsten, spezieller Vergangenheit und Zukunft. Diese Individualisierung der Perspektive bedeutet zunächst auch die Absage an die gewohnte Gegenüberstellung der Führungskraft und der undifferenzierten Gesamtheit einer Gruppe als Ganzes. Die Zweierbeziehung formt sich aus, indem sozusagen ausgehandelt wird, wie man miteinander umgehen soll oder will.

Andererseits kann eine Führungskraft nicht mit jedem Mitarbeiter gleich intensiven Austausch pflegen. Die Qualität der Beziehung zeigt sich in dem jeweiligen Verhandlungsspielraum, und zwar gemessen am Vertrauen, der übertragenen Verantwortung, Entscheidungsteilhabe und der Kommunikationshäufigkeit mit dem Vorgesetzten.

Im Laufe der Zeit bilden sich deshalb eine führungsinteraktiv privilegierte Innengruppe - auch als Vertrauenskader, trusted cadre oder in-group bezeichnet - und eine eher von distanziert-formalem Einfluss beherrschte Randgruppe - auch out-group, oder 'hired hands' genannt. Während der Kontakt mit den Mitgliedern der Randgruppe sich im Extremfall auf die Einhaltung und Überwachung des Arbeitsvertrags beschränkt (»supervision«), findet in den zur Innengruppe zählenden Dyaden eine weit darüber hinausgehende Führung (»leadership«) mit intensivem sozialem Austausch statt, der informell-locker, vertrauensvoll, respektierend und mit wechselseitiger Einflussnahme die Bedürfnisse der Geführten berücksichtigt.

Mehrere empirische Studien haben in längeren Zeitabständen jeweils die Größe des eingeräumten Verhandlungsspielraumes, den Beitrag des Führers und des Geführten zur Ausgestaltung der Austauschbeziehung und verschiedene Reaktionen der Geführten erhoben und miteinander in Beziehung gesetzt (vgl. Dansereau et al. 1975, zit. bei Staehle 1999, S. 365 f). Die Ergebnisse zeigen: die Geführten, denen vom Vorgesetzten ein vergleichsweise großer Spielraum eingeräumt wird, haben nach eigenen Angaben weniger Probleme mit ihrem Vorgesetzten et vice versa. Diese Mitarbeiter sehen ihren Vorgesetzten als jemanden, der ihnen Aufmerksamkeit widmet, sie unterstützt und ihnen gegenüber sensitiv ist. Die Geführten des Vertrauenskaders zeigen ihrerseits eine höhere Leistungsbereitschaft, die auch von den jeweiligen Vorgesetzten bestätigt wird. Diese Vorgesetzten nehmen das Verhalten der Geführten als ihren Erwartungen entsprechend wahr und sind der Meinung, dass sie den ihnen eingeräumten Spielraum nicht missbrauchen. Schließlich zeichnen sich die Mitglieder des Vertrauenskaders durch eine höhere Zufriedenheit aus und neigen, - das wurde speziell auch für Führungsdyaden auf unteren Managementebenen bestätigt, - weniger zu Kündigungen. Mitglieder der Outgroup haben häufiger Probleme mit ihrem Vorgesetzten, nehmen ihn als weniger sensitiv und unterstützend wahr und weisen auch eine geringere Zufriedenheit auf. Diese Geführten aus der äußeren Gruppe werden ihrerseits von den Vorgesetzten nicht ihren Erwartungen entsprechend wahrgenommen.

Die Entstehung von Zweier-Beziehungen, die der Innengruppe zugehören, und solchen zur Randgruppe zählenden erscheint meist unausweichlich, da ein Vorgesetzter nicht über die Kapazität verfügt, alle seine Mitarbeiter zu Kadermitgliedern zu entwickeln. Zur Leistungssteigerung ist es indessen vielmals erforderlich, zusätzliche Mitarbeiter in den Kreis des Vertrauenskaders einzubeziehen. Dazu kann ein Training nützlich sein, in dem die Vorgesetzten ihr Führungspotenzial entsprechend erweitern. Eine an den Ergebnissen des Führungsdyaden-Modells ausgerichtete Beförderungs- und Einstellungspolitik würde vor allem darauf abzielen, Menschen für Führungsaufgaben zu rekrutieren, die in der Lage sind, zu möglichst vielen Mitarbeitern intensive soziale Interaktionsbeziehungen zu entwickeln, und auf der anderen Seite nur bei möglichst wenigen Mitarbeitern Austauschbeziehungen auf formale Autorität zu stützen (vgl. ebda., S. 367).

1.8 Chaotische Beziehungen

Trotz aller Ordnungsversuche bei der Analyse des Führungsverhaltens und der Beziehungen zwischen Führungsperson und Mitarbeiter bzw. Mitarbeitergruppe lässt sich die in einer konkreten Situation angestrebte Erfolgswirkung nicht voraussagen oder garantieren. Die Wirkungsbezüge im Aufbau und in der Pflege von Beziehungen weisen Parallelen zu auch in der Natur vorkommenden chaotischen Prozessen auf. Die Analyse chaotischer Systeme zeigt die folgenden Gesetzmäßigkeiten (vgl. auch Withauer 2000, S. 108 ff und 134 f):

1. Chaotische Systeme sind nicht berechenbar,

2. kleine Schwingungen werden so lange verstärkt, bis sich das System neu konfiguriert,

3. kleinste Veränderungen beeinflussen das Ergebnis wesentlich und

4. chaotische Systeme sind instabil.

Diese Eigenschaften sind mit denjenigen von Führungsbeziehungen - und natürlich auch allen anderen sozialen Beziehungen - identisch. Dies zeigt sich vor allem in den folgenden beobachtbaren Eigenheiten:

1. Beziehungen sind nicht berechenbar.

Sympathie, Gleichgültigkeit oder Antipathie zweier Menschen lassen sich weder voraussagen noch berechnen. Erst im Erlebnisprozess der jeweiligen Partner entwickelt sich die Qualität der Beziehung, die schließlich den Führungserfolg wesentlich beeinflusst.

2. Kleine Übereinstimmungen werden so lange verstärkt, bis daraus eine tragende Beziehung entsteht.

Der »erste Eindruck«, das im zwischenmenschlichen Bereich gegenseitige sachliche und emotionale »Abtasten« führt zu einer positiven oder negativen Wirkung. Dieser Eindruck verstärkt sich mit jeder weiteren Erfahrung im gegenseitigen Umgang. Aus der Bestätigung gemeinsamer Werte entsteht ein gegenseitiges Verständnis, das sich dann erst langsam zu einer tragfähigen Beziehung entwickelt.

3. Kleine Veränderungen beeinflussen den Endzustand einer Beziehung wesentlich.

Kleine Unachtsamkeiten, ein unglückliches Wort im falschen Moment, ein unbedachtes Argument können eine sensible Führungsbeziehung - das Ergebnis - nachhaltig verändern. Sobald das emotionale Umfeld einer Beziehung, oft auch durch eine unbewusste Handlung gestört wird, ist die Beziehung gefährdet, weil sich diese Störung genauso aufschaukeln kann wie eine gemeinsame Übereinstimmung.

4. Beziehungen sind instabil.

Eine gut aufgebaute, tragende partnerschaftliche Führungsbeziehung bleibt nur dann stabil, wenn sowohl die Führungskraft wie auch jeder Mitarbeiter an dieser Beziehung arbeiten und sich dafür auch engagieren. Bleiben diese Anstrengungen aus, so zeigt die Beziehungserosion die Instabilität der Beziehung, in der nur wenig zu zerfallen braucht, bis sie sich ganz auflöst.

Diese typischen Eigenschaften einer Beziehung sind eigentümlich für »dissipative Systeme« und mithin kennzeichnend für chaotische Prozesse. Mit »Chaos« ist nicht gemeint, das System sei chaotisch. Der Begriff Chaos charakterisiert Verhalten und Veränderungen, die einer nicht erkennbaren nichtlinearen Ordnung folgen. Chaos erweist sich so als positiver Begriff, der - als Gegenpol der Ordnung - die Normalitäten des Alltags beschreibt. Ordnung ist dabei eine Momentaufnahme in einem chaotisch fließenden System. Die Analyse chaotischer Systeme zeigt die entsprechenden Gesetzmäßigkeiten wie sie vorstehend auch für soziale Systeme beschrieben sind (vgl. ebda).

Daraus kann gefolgert werden, dass Aufbau und Pflege von Führungs- und Einflussbeziehungen einer nichtlinearen Ordnung eines chaotischen Systems entsprechen. Jede sach- bzw. ordnungsorientierte Führung geschieht in einem chaotischen Umfeld der Beziehung (Sympathie, Antipathie, Zufriedenheit, Ruhe, Angst, Unsicherheit der Beziehung, Emotion, Empathie). Um Veränderungen oder Verhaltensmodifikationen zu bewirken, muss eine Führungsperson sogar Chaos fördern, und dies heißt, auch Instabilität akzeptieren. Das Ausmaß der Ordnung eines starren Systems korreliert mit dem Ausmaß der Unsicherheit und Unfähigkeit der Manager, sich Veränderungen anzupassen. Nur chaotische Systeme sind lernfähig - in geordneten Systemen findet keine Veränderung und kein Lernen mehr statt.

Konsequenterweise sind deshalb vorgegebene Verhaltensstrategien und *definierte Gesprächskonzepte ungeeignet* - im Einzelfall werden sie kontraproduktiv. Nur der Chef, der als Führungsperson situativ und gedankenschnell erahnt, wie seine Mitarbeiter fühlen und denken und der erahnt, wie ein Mitarbeiter gleich handeln wird und in dieser Ahnung schon seine Strategie aktualisiert hat, wird erfolgreich und nachhaltig Mitarbeiter führen - und nicht manipulieren - können. Die Interaktion mit Anderen, der gegenseitige und intensive Austausch zwischen Führungskraft und Mitarbeitern wird nur in durchlässigen »chaotischen« Systemen erfolgreich handhabbar. Für ein Führungstraining bedeutet dies, dass der Schwerpunkt sich verschiebt zugunsten gekonnter Kommunikation, Sensitivitätstraining und höhere mentale Fitness, wobei Führungspersonen lernen, die Ganzheit einer Führungssituation zu erfassen und diese einfühlsam zu lenken (vgl. Withauer 2000, S. 270 ff).

Kapitel 2: Authentisch sein im Führungsjob: Persönlichkeit und Stil

2 Führungsautorität und Selbstvertrauen

Führungsautorität und Selbstvertrauen beinhalten die Kenntnis und den Zugang zu den persönlichen Stärken und Wachstumspotenzialen, eigenen Vorlieben, Bedürfnissen und Abneigungen sowie eine möglichst bewusste Einschätzung und Bewertung der eigenen Gefühle, Charaktereigenschaften und Verhaltensweisen.

Autorität und Selbstvertrauen gehören eng zusammen. Aus Selbstvertrauen erwächst Vertrauen und wirkt insoweit auf die Wahrnehmung Anderer in der Kommunikation. Dies führt dazu, dass wir Menschen, die mit großem Selbstvertrauen auftreten, zugleich mehr Kompetenz und Autorität zuweisen.

Menschen, die eine natürliche Autorität oder Charisma ausstrahlen, wirken vor allem glaubwürdig, ernsthaft und aufrichtig, und solches Authentisch-Sein gewinnt Sympathien und stärkt die eigene Position. Sie vertreten einen klaren Standpunkt und gleichwohl gehen sie mit Anderen empathisch und respektvoll um. Mangelndes Selbstbewusstsein ist oft der Ausdruck der unzulänglichen Bewertung der eigenen Stärken. Selbstsicherheit auf Basis der persönlichen Identität und hohem Selbstbewusstsein ergibt Souveränität, die sich als innere Stärke und nach außen in hoher Sozialkompetenz zeigt.

Als Autorität respektiert zu sein, ist - besonders im Führungsjob - eine durchaus erstrebenswerte »Position«; sie bringt indes nicht nur Anerkennung, sondern auch Verantwortung mit sich. Autorität und Charisma als psychische Eigenschaften der Persönlichkeit kommen von Innen. Eine Voraussetzung für Charisma ist, dass die eigene persönliche Identität entwickelt und (selbst-)bewusst ist. Das Gute: Jeder von uns besitzt natürliche Autorität und persönliches Charisma – wenn auch mit und in unterschiedlichen Verhaltenstendenzen und Orientierung.

2.1 Über Haltungen, Fähigkeiten, Verhalten und Lernen

Im Umgang mit Anderen merkt man, dass man nicht so einfach sein Verhalten verändern kann, ohne als Voraussetzung dafür «sich selbst» als Person zu verändern. Genau so bedeutsam, wenn nicht bedeutsamer wie die vorhandenen Verhaltensfähigkeiten einer Führungskraft sind ihre Haltungen, Einstellungen und Werte. Ihnen liegen die Konzepte und Vorstellungen zugrunde, an denen sich das Interaktionsverhalten - und damit das konkrete Führungshandeln - orientiert: das Menschenbild, das Selbstbild, das Selbstverständnis als Führungskraft, Vorstellungen zu Bedingungen für eine erfolgreiche Zusammenarbeit, Annahmen über die Bedeutung der eigenen Person für eine erfolgreiche Unternehmenskultur, Ansichten darüber, wie Mitarbeiter motiviert werden müssen, Auffassungen über die Relevanz von Zielorientierung, Führungsinstrumenten, der Wirkung des persönlichen Kommunikationsverhaltens und vieles mehr.

Zusätzlich geht es natürlich auch um konkretes, kognitives Lernen und Erlernen bezogen auf Themen wie: Führungsinstrumente, Organisationsentwicklung, Führen mit Kenndaten, das Gestalten und Weiterentwickeln von Unternehmenskulturen, Leiten und Moderieren von Gruppenprozessen, Gesprächsführung, Konfliktmanagement, Changemanagement, Projektmanagement, Arbeitsorganisation, Mitarbeiterbeurteilung und -entwicklung und vieles mehr. Aber auch wenn diese Themen hauptsächlich mit dem Erwerb von Wissen zu tun haben, so müssen die konkreten Wege der Umsetzung und alle Instrumente und Techniken, auch zur Persönlichkeit passen und in den konkret-individuellen Kommunikations- und Führungsstil integriert werden.

Betrachtet man aus dieser Sicht die Haltungen und Einstellungen, die relevant sind für das Verhalten zum Funktionieren-lassen einer Organisation und der Menschenführung, so wird deutlich, dass sie sich auf Annahmen über die Wesensart des Menschen und die Wesensart zwischenmenschlicher Beziehung und Interaktion gründen. Und diesen Haltungen und Einstellungen liegen Annahmen über die Realität zugrunde, die nur partiell auf wirklichen Erfahrungen beruhen. Der größte Teil dieser grundsätzlichen Vorstellungen über den Menschen und seine Interaktion sind erstens gesammelte Erfahrungen im einem sehr spezifischen Kontext (Familie) und zweitens »erlebt« im zeitlichen Verlauf der individuellen persönlichen Geschichte in einem Zeitpunkt (frühe Kindheit), zu dem man noch nicht viele Fähigkeiten ausgebildet hatte. Die »Realitätskonzepte« und das »Setting der Beziehungs- und Interaktionsstrategien«, auf die man fortdauernd gleichwohl unbewusst irgendwie festgelegt ist, werden mithin von einer »tieferen« Ebene des Persönlichkeitssystems bestimmt und begrenzt. Wie man die »Realität« wahr-nimmt, wird zur Orientierung in der Realität zum einen bestimmt durch die Regeln und Interpretationsmodelle, die man in den Prozess solcher Betrachtungen hinein programmiert hat, zum anderen beinhalten sie Regeln für Aktion und Reaktion in dieser Realität (vgl. Lorenz 2009, S. 24 f).

Führungsseminare und eine große Anzahl von Managementratgebern sind deshalb nicht hilfreich, weil sie sich auf Verhalten beziehen. Hinzu kommt, dass sie in ihrer Verallgemeinerung die individuelle Realität der Führungskraft unberücksichtigt lassen und damit reduzieren und die Führungskraft mit dem doppelten Transferproblem alleine lassen. Doppelt, denn erstens müssen die neuen Betrachtungen auf die persönliche Führungsrealität »angepasst« werden und zweitens müssen die neuen Verhaltensstrategien und das damit einhergehende konkrete Verhalten, um authentisch zu sein, in die Persönlichkeit der Führungskraft - bzw. ihr Selbstbild - integriert werden. Für letzteres ergeben sich logischerweise zwei Möglichkeiten. Entweder ändert sich das

Selbstbild oder die Verhaltensweisen werden abgewandelt, um dem Selbstbild zu entsprechen. Wegen dieser komplexen und sehr individuellen Zusammenhänge, auf die viele Führungsseminare ohne Coachingansatz nicht angemessen eingehen können, ergibt sich eine nachhaltige Veränderung von meist nur weniger als zehn Prozent (vgl. ebda, S 25).

Das heißt aber nicht, dass man eine kognitive Auseinandersetzung mit Theorien, Konzepten und Modellen nicht braucht - im Gegenteil. Selbstverständlich muss eine Führungskraft sich mit Kommunikationstheorie, Führungsstilen, -techniken usw. auch theoretisch auseinandergesetzt haben. Führen ist ein eigenes Wissensgebiet - wie jedes andere Fachgebiet auch.

2.2 Drei Orientierungsbereiche zum Selbstlernen: Führungsrolle, Selbstreflexion, Empathie

Um im Führungsjob zu einer ansehnlichen Qualität zu gelangen, erfordert es eine Reihe von Kompetenzen, einiges an Erfahrung, spezifisches Wissen und »persönliche Reife«. Führungsarbeit ist ein selbstständiger, anspruchsvoller und komplexer Fachbereich. Daher stellt sich die Frage, wie lässt sich dieser Lernprozess hin zu hoher Führungsqualität überhaupt eigenständig und vor allen Dingen effektiv und effizient bewerkstelligen?

Augenfällig existieren drei »Lern- oder Entwicklungsfelder«, die den gesamten Lernprozess erst ermöglichen und ihn bei erhöhter Konzentration auf die damit verbundenen Qualifikationen erheblich beschleunigen. Gleichzeitig stellen sie die notwendige Authentizität sicher. Im eigentlichen Sinne handelt es sich um drei Orientierungsbereiche oder »Navigationskompetenzen« (vgl. Lorenz 2009, S. 31 f):

1. Orientierung in der **Rolle als Führungskraft:**
   Was genau sind die Anforderungen, die Erwartungen, die Möglichkeiten, Freiheiten, Pflichten und Ziele, die mit dieser Rolle verbunden sind? Wie kann ich in dieser Rolle meinen persönlichen Stil finden, wie kann ich in dieser Rolle mich authentisch verhalten?

2. Orientierung über »sich selbst« durch **Selbstreflexion:**
   Wie lassen sich im persönlichen Handeln Beziehungen mit anderen Menschen (Mitarbeiter) verbessern und optimieren. Interaktionen sind das »Arbeitsfeld« der Führungskraft, gleichzeitig sind die Interaktionen das Werkzeug des Managers zum Funktionieren-lassen der Organisation. Damit in einer Organisation Resultate erzielt werden, müssen die in ihr arbeitenden Menschen etwas miteinander tun - und zwar das Richtige.

3. Orientierung zum Gegenüber und dessen Persönlichkeit durch **Empathie:**
   Weil die Menschen oft ziemlich unterschiedlich sind und anders »funktionieren«, geht es zum Verstehen um die Fähigkeit, die internen kognitiven und emotionalen Prozesse anderer Menschen nachvollziehen zu können.

Die nachstehende Auflistung zeigt zusammengefasst, was Führungskräfte »wissen« müssen, damit sie erfolgreich eine Organisation »bewegen« können. Dabei ist der Begriff »Wissen« nicht bezogen auf faktisches Wissen, sondern meint genau diese Haltungen, Einstellungen, Bewertungen und »Realitätsbedingungen«, die dem erfolgreichen Führungshandeln zugrunde liegen (vgl. Lorenz 2009, S. 26 f).

W i s s e n ,   d a s s   . . .

man als eine Art Treuhänder persönlich die Verantwortung für einen wichtigen Unternehmensbereich übernommen hat.

man für das Ergebnis, die Effizienz und die Kultur eines „lebendigen" Systems (Organisation) verantwortlich ist.

diese Organisation und die darin ablaufenden Prozesse gestaltet, gelenkt und kontinuierlich optimiert werden müssen.

man zur erfolgreichen Steuerung einer Organisation geeignete Kennzahlen und Kontroll- bzw. Korrekturinstrumente braucht.

eine Organisation hauptsächlich aus Menschen besteht und die Ergebnisse von deren Kreativität und Leistungsbereitschaft abhängen.

das Schaffen und Optimieren von effektiven und effizienten Arbeitsbedingungen eine Kernaufgabe der Führung ist.

Teams (und andere Gruppen) anders funktionieren als einzelne Menschen.

man - neben der Struktur- und Prozessoptimierung - für die Gestaltung von menschlichen »Lebenswelten« verantwortlich ist.

man sich entscheiden muss, ob man sich wirklich selbständig arbeitende Mitarbeiter wünscht.

dann nicht nur Aufgaben, sondern Verantwortung delegiert werden muss.

selbstständig arbeitende Mitarbeiter Freiräume, Unterstützung und einen Orientierungsrahmen brauchen (Funktionsbeschreibungen, Ziele, Selbstverständnisse, Imagebestimmungen, Leitbilder, Aufgabendefinitionen, etc.) und dass dieser »Rahmen« - im Konsens - erarbeitet werden muss.

selbstständig arbeitende Mitarbeiter ehrliches Feedback brauchen und dass eine differenzierte, gemeinsame Leistungsbeurteilung mindestens einmal pro Jahr notwendig ist.

nur gut informierte und involvierte Mitarbeiter selbständig arbeiten können.

die Beziehung zum Vorgesetzten geprägt von gegenseitigem Respekt und Wertschätzung für den Mitarbeiter ein wichtiger Motivationsfaktor ist, dass das eigene Verhalten auf die Kreativität und Leistungsbereitschaft der Mitarbeiter hat und dass man die meisten Demotivationen bei Mitarbeitern selbst bewirkt.

ein ehrlicher, partnerschaftlicher Umgang und authentisches Verhalten die Kreativität und Leistungsbereitschaft der Mitarbeiter sichert.

die persönlichen Kommunikationsmöglichkeiten das wesentliche »Führungsinstrument« einer Führungskraft darstellen und dass diese begrenzt, aber erweiterbar sind.

man, um eine Organisation führen zu können, Selbständigkeit, Mut, Selbstbewusstsein und Konfliktbereitschaft benötigt.

es immer Konfliktfelder, Unzufriedenheiten und Ungerechtigkeiten gibt, die gelöst oder bearbeitet werden müssen und dass die Zusammenarbeit oft von vielen auszuräumenden Missverständnissen und Widersprüchlichkeiten geprägt ist.

hohe Ansprüche und Spaß an Leistungen etwas anderes sind als Angst.

man als Führungskraft ständig weiterlernt, Lernen keine Schande und Führungswirkung (Führungsautorität) keine angeborene Fähigkeit ist.

man trotz (oder gerade wegen) der eigenen persönlichen Entwicklung mit den vielen Führungsdefiziten seines Vorgesetzten umgehen können muss.

Diese Haltungen umzusetzen, braucht selbstverständlich auch die Kompetenzen hierzu. Aber oft sind vorhandene Kompetenzen, die von den »falschen« Haltungen eingesetzt werden, weniger nützlich als Haltungen, für die Kompetenzen zunächst nur rudimentär vorhanden sind, dann aber sukzessiv gelernt und optimiert werden.

Beim Erklimmen der Karriereleiter werden auf einzelnen Stufen der erstrebten Manager-Karriere spezifisch taugliche Managerfähigkeiten benötigt. Die Führungskompetenzen und Stärken, die Aufmerksamkeit gegenüber dem sozialen Umfeld, die Fähigkeiten zum Selbst- und Beziehungsmanagement sind sicherlich hierarchieabhängig. Neben den von außen kommenden Anforderungen sind die vorhandenen Potenziale eines Menschen - zu lernen und Fähigkeiten zu entwickeln - zunächst »Möglichkeiten«. Erst wenn aus den Potenzialen Fähigkeiten werden, kann man von nutzbaren Kompetenzen sprechen. Der Zuwachs an karriereziel-tauglichen Potenzialen verlangt jedoch Mühe und einen nachvollziehbaren Grund, sich dieser Mühe zu unterziehen. Die entsprechende Motivation kann nur zustande kommen, wenn der Wille zur schrittweisen Managerkarriere - für Menschen mit dem innerhalb ihres Berufslebens entwicklungsspezifischen Orientierungsmuster »Aufwärtsmobilität« und einer entsprechend erstrebten Karriere - die treibende innere Kraft ist.

Was ist das Ziel? Führungskompetenz ist nur dann wirkliche Kompetenz, wenn sie sich in "authentischem" Verhalten zeigt. Authentizität meint die Übereinstimmung des Verhaltens einer Person (Außen) mit den Werten, Haltungen, Denkweisen und Emotionen (Innen) derselben Person. Eine authentische Führungsperson wirkt echt, glaubwürdig und glaubhaft. Weil unsere Verhaltensmuster vielfach unbewusst gesteuert sind, ist es gar nicht einfach, zu wissen, wann es gelingt, "man selbst" zu sein. Über viele Jahre wird den meisten von uns ein "Identitäts-Ideal" verbunden mit einer spezifischen Selbstwahrnehmung antrainiert. Im Berufsleben helfen dann die Medien, Kollegen und Vorgesetzte, die Organisationskultur und vieles andere festzulegen, was wir sein sollten.

Kern der Authentizität ist das auch emotionale »Sich Einlassen« auf die gewählte Managerrolle und insbesondere die Menschen verbunden mit dem »Echt-Sein« in den Beziehungen. Dies widerspricht nicht dem in einer größeren Unternehmung verständlichen Anliegen, bezogen auf die eigene Person und mit Blick auf die potenziellen Karriereschritte ein persönliches Marketing zu betreiben. Voraussetzung sollte indessen sein, dass das, was man über sich selbst herausstellt, tatsächlich vorhanden ist – zumindest als Potenzial. Die 'antrainierte' Führungskraft wirkt unecht, aufgesetzt, unglaubwürdig und falsch. Fehlende Authentizität ist fühlbar, eine vertrauensvolle wirkliche Beziehung kann so nicht entstehen (siehe Näheres unter 3.).

2.3 Stilbestimmte Arten der Führung und Führungsverhalten

Wirft man einen Blick in den Führungsalltag, lässt sich wahrnehmen, dass Vorgesetzte sich recht unterschiedlich gegenüber ihren Mitarbeitern verhalten. Das Verhalten zeigt sich sowohl temporär wie auch situativ variabel, und es ist auch zu verschiedenen Personen unterschiedlich. Im Kontext von Organisationen besteht eine Vielzahl von Führungsbeziehungen, welche erhebliche Unterschiede aufweisen können. Dies bedeutet, dass unterschiedliche Führungspersonen in der Regel auch ein unterschiedliches *Führungsverhalten* zeigen. Während der eine Vorgesetzte vielleicht bestrebt ist, eine möglichst strikte Umsetzung seiner Anweisungen zu sichern, ist ein anderer eher an einem offenen Dialog interessiert.

Das Führungsverhalten des Führers bewirkt wiederum unterschiedliche Reaktionen bei den Geführten. Mitarbeiter erbringen mehr oder weniger Leistung, fühlen sich in ihrer Arbeit mehr oder weniger wohl und schätzen die Führungsqualitäten ihrer Vorgesetzten unterschiedlich ein. Diese Reaktionen differieren bei jedem einzelnen der Geführten.

Da offenbar das Führungsverhalten die Qualität der Führungsbeziehung entscheidend prägt, stellen sich mehrere Fragen:

- Weshalb tritt unterschiedliches Führungsverhalten im Alltag auf?

- Inwieweit lassen sich im Führungsverhalten Konturen feststellen, welche sich zur abgrenzbaren Beschreibung der Verhaltensweisen als ein Führungsstil eignen?
- Lassen sich für diese abgrenzbare Form eines stilkennzeichnenden Führungsverhaltens auf der Mitarbeiterseite wahrnehmbare Auswirkungen erkennen (wie z.B. Leistung, Anstrengung, Arbeitszufriedenheit)?

Die beiden ersten Fragen zielen auf die Erfassung und Beschreibung abgrenzbarer idealtypischer Führungsverhaltensweisen. Die letzte Frage gilt vor allem dem führungspraktischen Interesse, ob und inwieweit einzelne Führungsstile in einer Führungsbeziehung zur Erreichung bestimmter Handlungsergebnisse verwendbar sind.

Nicht jedes Verhalten einer Führungsperson gegenüber den Geführten ist Ausdruck eines Führungsstils. Jede Führungsbeziehung enthält eine Vielzahl von singulär gezeigten Verhaltensweisen, die nur einmalig vorkommen oder von einer einmaligen Situation herrühren. Aus solchen mehr oder minder zufälligen und ungeplanten Verhaltensweisen kann jedoch keine Erkenntnis zur nutzvollen Gestaltung von Führungsbeziehungen gezogen werden.

Wenn Verhaltensweisen in einer Führungsbeziehung eine gestalterische Wirkung haben sollen, dann müssen sie auch von einer gewissen Konsistenz geprägt sein. Eine verhaltensbezogene Präzisierung des Konstrukts »Führung« kann erfolgen, indem beobachtbares Verhalten in Bezug auf empirisch ermittelte Dimensionen des Führungsverhaltens charakterisiert oder durch Einstufung anhand idealtypischer Führungsstil-Taxonomien beurteilt wird.

Die Gestaltung der Führung, die Führungsformen sind danach zu unterscheiden

> wie das Führungshandeln geschieht;

hierbei geht es um das Aktionsmuster der Führung innerhalb der Gruppe, wie entschlossen der Führer auftritt und in welchem Maße er seinen Mitarbeitern ermöglicht, im Führungsprozess initiativ zu werden;

> welche Zielstruktur die Führung verfolgt;

dies äußert sich in der Wahl der Motivationsmethoden;

> in welcher Situation das Führungshandeln erfolgt;

diese kurzfristig als gegeben und wenig beeinflussbar angesehene Variable bestimmt den Führungserfolg erheblich mit.

Diese Differenzierungsaspekte können nicht unabhängig voneinander betrachtet werden. Immerhin kann gesagt werden, dass die Wahl der Führungsweise durch den Führer die Führungseffektivität bestimmt, wodurch sich wiederum die Führungsweise kennzeichnen lässt.

Es wird dienlich sein für die Beschreibung, wie Führungsaufgaben von den Führungskräften wahrgenommen werden, die Begriffe Persönlichkeitsstil, Führungsstil und Führungsform einzuführen.

Der *Persönlichkeitsstil* kennzeichnet Verhaltensmuster auf der Basis verhaltensbestimmender Persönlichkeitsmerkmale. Jede Führerperson verfügt über ein gewisses Spektrum von Verhaltensweisen, das sie der jeweiligen Situation entsprechend einsetzen kann. Es spricht jedoch Einiges für die Annahme, dass die Grenzen dieses Verhaltensspektrums durch bestimmte motivationale und kognitive Grundstrukturen der Führerpersonen entscheidend vorgeprägt sind.

Der Begriff *Führungsstil* kennzeichnet einerseits eine grundsätzliche Verhaltensdisposition auf der Basis einer bestimmten motivationalen Orientierung, wobei die Varianz des Führungsverhaltens in Bezug auf Verhaltensdimensionen beschrieben wird. Mit dem Führungsstil kann auch das Führungsverhalten der Mehrheit der Führungskräfte einer Organisation charakterisiert werden.

In der individuellen *Führungsform* manifestiert sich die führungsstilbezogene Verhaltensdisposition und zeigt sich in der besonderen situations- und aufgabenbezogenen Führungsweise einer einzelnen Person. Die Führungsform kann beschrieben werden durch mehrere Merkmale, die Führungselemente.

Die jeweilige Ausprägung der Merkmale, die die qualitativ gewählten Merkmale quantitativ präzisiert, ist eine Führungsvariable des Führenden. Die Kombination in bestimmter Weise ausgeprägter Führungselemente ergibt eine bestimmte Führungsform. Eine Stilrichtung der Führungsform wird erkennbar, wenn gewisse Merkmalsausprägungen der Führungselemente häufig von einer Führungskraft bevorzugt werden.

Die vorstehend bezeichneten Aspekte und Sachverhalte der Prägung der Führungsweise beziehen sich auf verschiedene Konkretisierungsstufen der Entwicklung vom intendierten zum schließlich realisierten Verhalten und müssen jedenfalls getrennt voneinander betrachtet werden, wenn die Ergebnisse von empirischen Untersuchungen richtig interpretiert werden sollen.

So ist es durchaus wirklichkeitsnah, dass eine Führungsperson mit autoritär/demokratisch-kooperativer Persönlichkeitsstruktur gegenüber ihren Mitarbeitern nicht notwendigerweise in allen Situationen autoritär/kooperativ auftritt; analog gilt das auch für die motivationale Orientierung aufgaben-/mitarbeiterorientiert. Folgende Beispiele mögen dies verdeutlichen:

Angenommen die Führungskraft hat einen führerzentrierten Persönlichkeitsstil, sie zieht es vor, den Ablauf des Führungsprozesses weitgehend von sich aus zu steuern und die Initiative nicht den Mitarbeitern zu überlassen. Es sei ferner angenommen, dass dieser autoritär eingestellte Vorgesetzte hauptsächlich motiviert ist, seine Aufgabe zu erfüllen. Bei dieser Konstellation erscheint es höchst naheliegend, dass er wenigen Wert auf zweiseitige Interaktionsbeziehungen zu seinen Mitarbeitern legt. Prinzipiell ist dies aber nicht auszuschließen, wenn man etwa an den autoritären *und* besorgten Patriarchen denkt, der genau »weiß«, was für den Mitarbeiter »gut« ist. Eine aufgabenbezogene motivationale Orientierung bedingt gleichfalls nicht automatisch aufgabenorientiertes Verhalten. So mag damit in manchen Situationen ein mitarbeiterorientiertes Verhalten vereinbar sein, beispielsweise dann wenn der Vorgesetzte einem Mitarbeiter bei der Lösung eines privaten Problems hilft und die Aufgabenerfüllung solange hintan stellt. Eine autoritäre, aufgabenorientierte Führungsperson entscheidet nicht in allen Entscheidungssituationen autoritär, sie wird vermutlich den Mitarbeitern umso mehr Einfluss auf die Entscheidungsfindung einräumen, je kompetenter sie sind. Es ist mithin keine irreale Vorstellung, dass ein autoritärer Vorgesetzter sich mitarbeiterorientiert verhält oder ein demokratisch-kooperativ eingestellter Manager autoritär eine aufgaben- und leistungsbetonte Entscheidung trifft. Prinzipiell ist auch zu beachten, dass das Konzept Aufgaben-/Mitarbeiterorientierung und das Konzept Kooperation/Autokratie nicht gleichgesetzt werden.

Der Betrachtung der individuellen Führungsformen sollen zunächst zur Charakterisierung persönlichkeitsrelevanter Verhaltensmuster die Persönlichkeitsstile, die Führungstypen bilden, vorangestellt werden

2.4 Verhaltensrelevante Charakteristika der Persönlichkeit des Führers

Menschen neigen dazu, bei Führungsstilen eine Haltung auszudrücken, die ihrem persönlichen Verhaltensstil entspricht. Dieses natürliche Verhalten kann entweder unterstützend oder dirigierend oder beides sein. Der persönlichkeitstypische Verhaltensstil ist in vielen Situationen durchaus auch effektiv, andererseits kann aber je nach Situation und Person auch ein ganz anderes Verhalten angebracht sein.

Die Analyse der eigenen Persönlichkeit mit der Feststellung der Intelligenzstruktur (Structure of Intellect - SOI) sowie eines Profils der Persönlichkeitsdominanzen - wie zum Beispiel durch die DISG-Analyse - ermöglicht ein Erkennen persönlicher *Stärken* und Defizitbereiche. Weil deren Ursachen in der zurückliegenden Ausbildung und Erziehung liegen und in der Regel unbewusst sind, ist eine *Selbstreflexion* geeignet, den Prozess der Selbstfindung zu unterstützen (vgl. Seiwert/Gay 1996, Spinola/Peschanel 1988).

Persönlichkeit bezeichnet Teilaspekte des handelnden Menschen wie Einstellungen, Werte, Bedürfnisse sowie psychische Funktionen des Erkennens, Denkens und Fühlens, welche einen Charakterzug ergeben. Typische Ausprägungen dieser Teilaspekte werden zu Persönlichkeitstypen zusammengefasst. Nach Allport (1959, S. 48) stellt Persönlichkeit "die dynamische Organisation der psychophysikalischen Systeme eines Individuums dar, die seine ihm eigene Anpassung an die Umwelt festlegen". Bedauerlicherweise haben sich in der Managementpraxis anspruchsvollere Theorien der Persönlichkeit wie der psychoanalytische Ansatz auf der Basis von Freuds Strukturmodell des Psychischen - Es, Ich, Über-Ich - oder lerntheoretische Ansätze nicht durchgesetzt. Führung ist ein multifaktorielles Geschehen (siehe Withauer 2016, Kap. 1, 2.), zu dessen Verständnis man bei jedem dieser Faktoren – Führungsperson, andere konkrete Personen als Geführte, Rahmenparameter durch gestaltetes und bedingendes Arbeitsumfeld in Form von Aufgaben, organisationale Struktur, Umwelt usw. – ansetzen kann. Trotz der Notwendigkeit zu reduzieren, ist die beliebte Betrachtung der Persönlichkeit und die dabei unterstellte Bedeutsamkeit nur noch dieses Faktors unzulässig vereinfachend.

a) *Eindimensional orientierter Persönlichkeitsstil*

C. G. Jung und H. J. Eysenck unterscheiden für die Charakterisierung der Persönlichkeit nach extrovertierter und introvertierter Orientierung. Extrovertiertheit und Introvertiertheit bezeichnen eine Grundhaltung bzw. einen Charakterzug, welcher in unterschiedlichem Maße partiell die Persönlichkeit eines jeden Menschen ausmacht (vgl. Jung 1939).

Beobachtet man eine Führungskraft über einen längeren Zeitraum, wird man ein relativ konstantes, sinnvoll strukturiertes, situationsinvariantes Verhaltensmuster in ihrem Führungsverhalten feststellen. Die Gemeinsamkeiten sind als Konkretisierung einer verhaltensorganisierenden Grundhaltung und Einstellung aufzufassen (vgl. Weibler 2016, S. 314 f). Diese personalen Charakteristika sind für eine Person immer ursächlich verhaltensbestimmend, also nicht nur in Erfüllung einer Führungsaufgabe. Das von Persönlichkeitsmerkmalen beeinflusste situationsbeständige Führungsverhalten wird durch eine charakterspezifische Grundeinstellung (Philosophie, Ideologie) gegenüber Menschen geprägt (vgl. Staehle 1999, S. 334). Diese Prägung soll als eindimensional orientierter *Persönlichkeitsstil* bezeichnet werden.

Durch die Einbeziehung von psychischen Funktionen, vor allem der motivationalen Orientierung, erfährt der Verhaltensstil eine weitere Differenzierung und Modifikation, wodurch sich *idealtypische* Führungsstile beschreiben lassen. Führungs*verhalten* beschreibt schließlich empirisch beobachtbare Beeinflussungsversuche einer Führungskraft in einer konkreten Führungssituation, die situationsabhängig variieren können.

Die Beschreibung von Führungsstilen auf der Grundlage der *Extrovertiertheit* als Persönlichkeitsmerkmal liefert Ansätze, welche ausschließlich nach dem in der Regel sich daraus ergebenden Kriterium, dem Entscheidungsspielraum der Beteiligten typisieren. Recht bekannt ist diese Typisierung von Tannenbaum und Schmidt (1958, S. 96), die die Extremwerte als autoritären und kooperativen Führungsstil bezeichnen. Die Grauzone zwischen den beiden Extremwerten ist breit gefächert (vgl. Bröckermann 2012, S. 274 f).

Diese Systematik ist als Heuristik für mögliche Führungsstile zu betrachten. Für verschiedene Stile sind mehrere Merkmale angegeben, sie beschreiben indessen eine vereinfachte Realität. Die Beschreibung solcher Grundformen von Führungsstilen liefert eine Klassifikation alternativer Führungsstile. Der eindimensionale Verhaltensansatz des unterschiedlichen Entscheidungsspielraums knüpft an die Persönlichkeitsdimension »extrovertiert« an und beschreibt als

Führungsstilalternativen einerseits hohe Teilhabe der Gruppe (kooperativ) und entgegengesetzt bei geringer Partizipation der Gruppe hohe Machtautonomie des Führers (autoritär).

Je eindeutiger Vorgesetzte die Gruppenaktivitäten kontrollieren und den autoritären Führungsstil praktizieren, desto weniger halten sie sich an die wiederholt belegte Erkenntnis aus den unterschiedlichsten Zweigen der Führungsforschung, dass man Mitarbeiter mit all dem, was sie bewegt, soweit wie eben möglich in die Zielsetzung, Planung und Organisation einbeziehen sollte (vgl. Bröckermann 2000, S. 306). Wer allein entscheidet und anordnet, setzt sich keinesfalls für die Partizipation der Gruppe ein und kümmert sich wenig um die Motive und Ziele der Mitarbeiter, in der Zusammenarbeit sind - zumindest auf längere Sicht - Konflikte vorprogrammiert. Die bislang dokumentierten Erkenntnisse der Führungsforschung lassen immerhin den Schluss zu, dass der kooperative Führungsstil in den meisten Fällen positiv zu bewerten ist (vgl. Bröckermann 2001, S. 307).

Abbildung 2.1 Eindimensionaler Verhaltensansatz der Führung

Autoritärer Führungsstil						Kooperativer Führungsstil
Führungskraft entscheidet und ordnet an	Führungskraft leistet Überzeugungsarbeit, bevor sie ihre Entscheidungen anordnet	Führungskraft entscheidet, gestattet jedoch Fragen, um Akzeptanz zu erreichen	Führungskraft informiert, die Mitarbeiter/innen können ihre Meinung äußern, bevor die Führungskraft ihre endgültige Entscheidung trifft	Die Gruppe entwickelt gemeinsam Vorschläge, die Führungskraft entscheidet sich für den von ihr favorisierten Vorschlag	Die Gruppe entscheidet, nachdem die Führungskraft zuvor das Problem aufgezeigt und die Grenzen des Entscheidungsspielraumes festgelegt hat	Die Gruppe entscheidet, die Führungskraft fungiert als Koordinator nach innen und außen
»Autoritär«	»Patriarchalisch«	»Informierend«	»Beratend«	»Kooperativ«	»Delegativ«	»Autonom«
Mitarbeiter gering partizipativ (führer-zentriert)			⇐⇒		Mitarbeiter partizipativ (gruppen-zentriert)	

Quelle: Tannenbaum/Schmidt 1958, S. 96, ergänzt nach Wunderer 2011, S. 209

Die Beurteilung der Führungsweise muss vorsichtiger ausfallen, wenn man auf das Führungs*verhalten* abstellt. Ein zeitlich begrenztes autoritäres Führungsverhalten kann durchaus angemessen sein, denn autoritäre Verhaltensweisen haben den Vorzug, dass sie äußerst schnell zu Ergebnissen führen. Zuweilen gibt es Situationen, in denen es zumindest ebenso wichtig ist, etwas schnell zu tun, wie unbedingt den eindeutig und unzweifelhaft richtigsten Weg zu wählen. Man denke etwa an die Feuerwehr im Einsatz oder ein Team von Ärzten bei einer komplizierten Operation. Hier können Fehlentscheidungen zwar zu fatalen Ergebnissen führen, ein Zögern wäre aber oft gleichfalls ein Fehler.

Ein kooperativer Führungsstil ist auch der *demokratische* Führungsstil. Hier werden die Mitarbeiter ebenfalls aktiv an Entscheidungen beteiligt, allerdings durch eine Abstimmung. Bei der Bereitschaft zu einem schnellen »let's vote« bleibt allzu leicht die Qualität des Tuns unbeachtet und mag leichtfertig sein.

Die meisten Darstellungen des eindimensionalen Verhaltensansatzes unterschlagen den wirklichen Extremwert für den Entscheidungsspielraum der Mitarbeiterinnen und Mitarbeiter, den Führungsstil, der *Laissez faire* genannt wird. Mit dem Laissez-faire-Führungsstil setzt man vollständig auf die Potenziale der Mitarbeiter, die sich frei und ungehindert entwickeln sollen. Bei diesem Führungsstil (vgl. Weibler 2016, S. 315 f) gibt man den Gruppenmitgliedern volle Freiheit. Die Führungskraft verhält sich grundsätzlich ebenso freundlich wie passiv. Sie macht keinerlei Einfluss geltend und bemüht sich lediglich auf Anfrage um die Rahmenbedingungen der Kommunikation, Motivation, Zielsetzung, Organisation und Zusammenarbeit. Die Mitarbeiter üben ausschließlich eine Selbstkontrolle aus. Der Führungskraft verbleibt in der Regel nur noch die grundlegende personelle Planung sowie die Aufbau- und Ablauforganisation.

Der Laissez-faire-Führungsstil wird in fast allen Publikationen negativ besprochen. Man argumentiert, die Mitarbeiter könnten bei solch »sanfter« Führung (vgl. Mintzberg 1999, S. 9 ff.) die ihnen gewährten Freiheiten ausnutzen und zu schlechter Leistung, Unordnung, Disziplinlosigkeit und Verantwortungslosigkeit tendieren. Diese Annahme wird indessen von der Praxis nicht bestätigt. Der Laissez-faire-Führungsstil findet sich vielmehr gerade dort, wo mit derartigen Missständen nicht zu rechnen ist, wo im Gegenteil jeder andere Führungsstil kaum erfolgreich sein würde, etwa im kreativen, wissenschaftlichen und forschenden Bereich.

b) *Mehrdimensionale Orientierung der Führung*

Eine weitere *Differenzierung der Führungsstile* ergibt sich, wenn man zur Typisierung menschlichen Verhaltens nicht nur das Ausmaß der mit einer extro- bzw. introvertierten Grundhaltung einer gehenden *Partizipation* berücksichtigt, sondern auch die durch eine günstige oder ungünstige Wahrnehmung ihres Umfeldes bestimmte *Beziehungsorientierung*. Der amerikanische Psychologe William M. Marston hat unter Zugrundelegung dieser wesentlichen Einflüsse oder Variablen ein praktikables Persönlichkeitsmodell entwickelt, das durch Studien vor allem bei »gesunden« Menschen getestet ist (vgl. Marston 1928). Das 2-Achsen-Modell mit jeweils zwei Polen ordnet Verhaltensstile im Hinblick auf die beiden vorgenannten Dimensionen, je nachdem ob eine Person

> von ihrer inneren Einstellung auf dieses Umfeld eher aktiv oder passiv reagiert, sowie
> ihre äußere Umgebung als eher günstig oder ungünstig wahrnimmt.

Diese beiden Doppel-Polaritäten wurden später modifiziert in

- *extrovertiert / introvertiert* und
- *aufgaben- / menschenorientiert.*

Abbildung 2.2 Dimensionen bzw. Orientierungen der Persönlichkeit

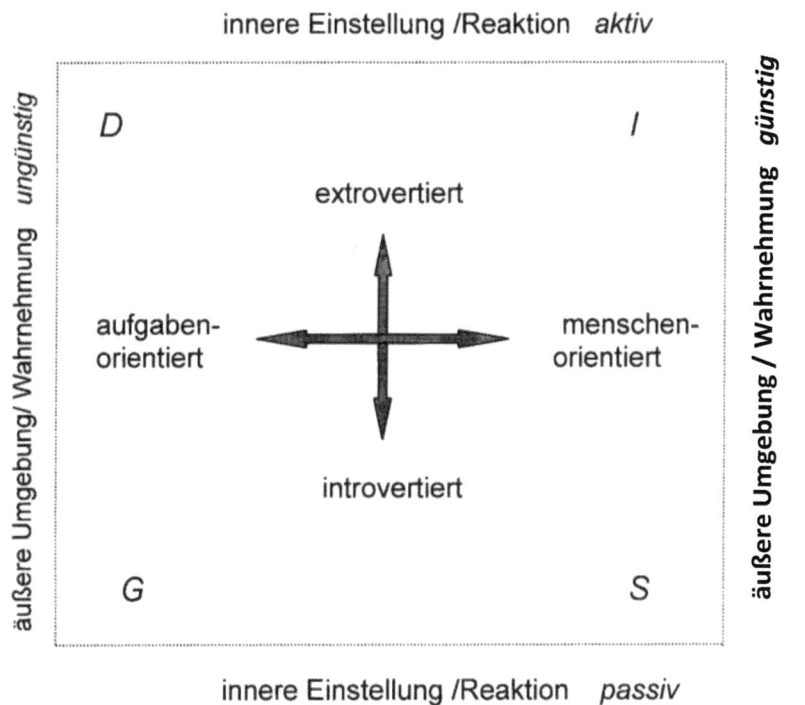

Quelle: Seiwert/Gay 1996, S. 14

Aus der Kombination der dimensionalen Persönlichkeitsorientierungen lassen sich *vier* Grundtypen der Persönlichkeit ableiten, die zugleich die *Verhaltensstile* D-I-S-G definieren:

SELBST – CHECK 1:

Kurztest: *Versetzen Sie sich in eine bestimmte, möglichst konkrete Situation, z.B. in Ihrem Arbeitsumfeld. Wählen Sie dann aus den vier Wörtern in Zeile A dasjenige aus, das Ihrer Einschätzung nach am ehesten auf Sie zutrifft. Schreiben Sie eine »4« in das Kästchen vor diesem Wort. Die anderen Verhaltensweisen in Reihe A versehen Sie in absteigender Folge mit »3«, »2« und »1«.*

Genauso verfahren Sie mit den Zeilen B bis J. Wichtig ist: Jede Zahl darf pro Zeile nur einmal vorkommen! Anschließend zählen Sie jede der vier Spalten zusammen und tragen unten in das Kästchen die Summe ein. Zur Kontrolle: die Gesamtsumme muss 100 ergeben. Es gibt hier keine »falschen« oder »richtigen« Antworten, die Begriffe stehen lediglich für Ihren bevorzugten Verhaltensstil in einer bestimmten Situation.

A	☐	egozentrisch	☐	enthusiastisch	☐	passiv	☐ perfektionistisch
B	☐	direkt	☐	gesellig	☐	geduldig	☐ genau
C	☐	kühn	☐	überzeugend	☐	loyal	☐ logisch
D	☐	herrisch	☐	impulsiv	☐	voraussagbar	☐ diplomatisch
E	☐	anspruchsvoll	☐	emotional	☐	teamfähig	☐ systematisch
F	☐	energisch	☐	selbstfordernd	☐	gelassen	☐ konventionell
G	☐	umtriebig	☐	beliebt	☐	verträglich	☐ sorgfältig
H	☐	abenteuerlustig	☐	einflussreich	☐	selbstgefällig	☐ gründlich
I	☐	entschlossen	☐	optimistisch	☐	gutmütig	☐ vorsichtig
J	☐	hartnäckig	☐	lebensfroh	☐	entspannt	☐ akkurat

☐ *Gesamtsumme **D***   ☐ *Gesamtsumme **I***   ☐ *Gesamtsumme **S***   ☐ *Gesamtsumme **G***

(Auswertung am Ende des Buches)

(entnommen aus Seiwert 1998, S. 206 ff; -
vgl. zum Original- DISG-Testmaterial: Gay 1998).

Der »dominante« Persönlichkeitstyp (D) beeinflusst gerne seine Umgebung, fühlt sich durch Widerstände herausgefordert und will Ergebnisse erzielen, ist wetteifernd, direkt und offen. Dominante veranlassen Dinge, zeigen von sich aus Initiative, stellen bestehende Zustände in Frage, treffen schnelle Entscheidungen, packen Probleme geradewegs an.

Der »initiative« Persönlichkeitstyp (I) ist vor allem kontaktfreudig, will soziale Beziehungen knüpfen und pflegen. Initiative tun Dinge nicht gerne allein, sie bevorzugen Aktivitäten in der Gruppe. Sie versprühen Optimismus und zeigen sich begeisternd, emotional, gesprächig und spontan.

Der »stetige« Persönlichkeitstyp (S) fühlt sich wohl in einer entspannten und freundlichen Atmosphäre, in der Sicherheit, klare Vereinbarungen und vorhersehbare Abläufe vorherrschen. Er fühlt sich herausgefordert, wenn er mit anderen zusammenarbeiten muss, um Ergebnisse zu erreichen. Stetige sind treu, loyal, zuverlässig, schaffen ein stabiles, beständiges Umfeld, entwickeln ein spezialisiertes Können. Eine stetige Person hört ruhig, gut und geduldig zu, ist vermittelnd und beruhigt andere.

Der »gewissenhafte« Persönlichkeitstyp (G) liebt Ordnung, Disziplin und bevorzugt bekannte und bewährte, präzise und in allen Details geplante Vorgehensweisen bei optimaler Qualität. Er folgt Anweisungen und Normen, denkt kritisch und prüft Genauigkeit, entscheidet analytisch und objektiver als andere. Gewissenhafte arbeiten sehr effizient, aber weniger effektiv, sie verlieren sich in Einzelheiten.

Die persönlichkeitstypischen Verhaltenstendenzen prägen zweifellos auch Spielarten der Führung, die als idealtypische Ansätze bezeichnet werden (vgl. Staehle 1999, S. 335 ff). Diese überdecken sich nicht genau mit den vier Grundtendenzen der Persönlichkeit, gleichwohl erscheint es nützlich, sie in den Rasterrahmen der Persönlichkeitsprägungen einzuordnen.

Die vier *bekanntesten idealtypischen* Persönlichkeitsstile sind: der autoritäre, der bürokratische, der kooperative und der laissez-faire-Stil. Ähnlich führerzentriert wie der autoritäre Stil wirken die *charismatische* sowie die *patriarchalische* Führung. Der bürokratische Stil orientiert sich am *demokratischen* Prinzip der Gleichbehandlung. Die Basis des kooperativen Stils ist die *kollegial-delegative* Zusammenarbeit. Der Laissez-faire-Stil kommt abgewandelt in *dezentrierten* Formen der Zusammenarbeit vor oder ist prägend für selbstorganisatorische Prozesse.

Ein *autoritärer* Führer nimmt wenig Rücksicht auf seine Mitarbeiter; die Führung ist despotisch und eher unpersönlich. Er bestimmt selbst sehr viel, übt eine detaillierte sachliche Kontrolle aus und erteilt Anerkennung und Missbilligung, ohne objektive Gründe anzugeben. Der autoritäre Führer weiß und kann alles besser, eigentlich könnte auf Diskussionen grundsätzlich verzichtet werden; aufgrund seiner extrovertierten Einstellung stellt er in einem Gespräch dennoch viele Fragen, greift oft ein, selten lässt er jedoch andere zu Wort kommen oder fragt nach ihrer Meinung. Keinesfalls darf eine gute Lösung von den Mitarbeitern kommen, und selbst wenn der Führer keine Idee gehabt hat, wird er einem Vorschlag nicht zustimmen, sondern lediglich erklären, er stimme mit ihm überein. Das höchste Lob des Mitarbeiters ist, die Meinung des Führers bzw. Vorgesetzten getroffen zu haben.

Abbildung 2.3 Persönlichkeitsgeprägte idealtypische Führungsstile

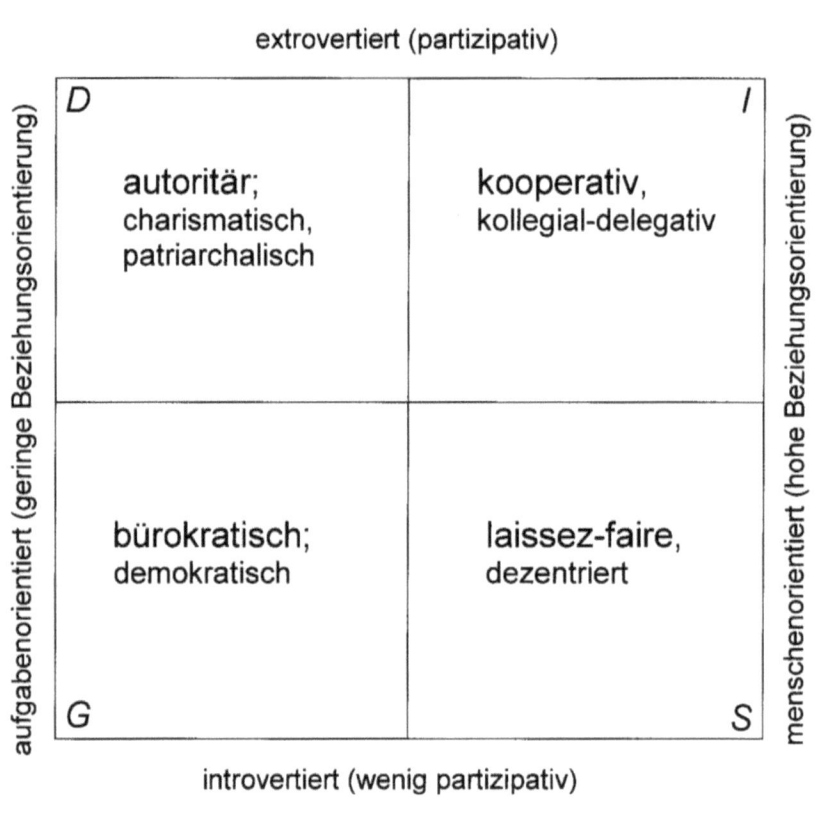

eigene Darstellung

Charismatische Führungskräfte verlassen sich auf ihre Einmaligkeit und Ausstrahlung, die sie ganz im Sinne der Deutung des klassischen Eigenschaftsansatzes der Führung als Gnadengabe verstehen (vgl. Neuberger 2002, S. 143 ff). Der charismatische Führer begründet seinen Herrschaftsanspruch mit seinen besonderen, einmaligen Persönlichkeitszügen und kennt folglich keinen Vorgänger, Stellvertreter oder Nachfolger. Charismatische Führer sind besonders gefragt in Krisen- oder Notsituationen, in denen der Glaube an eine Rettung durch den Führer die Zuversicht zu rationalen Problemlösungsstrategien verdrängt hat.

Patriarchalische Führungskräfte orientieren sich am Leitbild der Autorität und Güte des Vaters in der Familie (vgl. Neuberger 2002, S. 109; Bisani 2000, S. 756 ff). Die paternalistische Führung ist der Stil eines Despoten mit nach außen dargestelltem sozialem Verantwortungsgefühl gegenüber Mitarbeitern, deren Interessen er mutmaßlich am besten zu kennen glaubt und mithin in der Führungsbeziehung sie wirklich zu erkunden als entbehrlich ansieht. Der Patriarch zeigt sich zur Treue und Fürsorge gegenüber den Geführten verpflichtet und erwartet als Gegenleistung dafür Dankbarkeit, Loyalität, Treue und Gehorsam. Der Führungsstil ist oftmals in kleinen Familienbetrieben anzutreffen. Die Organisationsstruktur sieht lediglich eine Führungsinstanz vor und keinerlei Delegation von Entscheidungsbefugnissen.

Der *bürokratische* Führer trifft ebenfalls alle Entscheidungen allein, allerdings unter Beachtung der bestehenden Regeln, Satzungen, Vorschriften und Normen. Er hält stets das Reglement ein und erfüllt als Führer eine Funktion in einem System von Satzungen. Das Führungsverhalten ist nicht personengeprägt, sondern introvertiert unpersönlich, farblos und normengeprägt. Die Führung erfolgt durch Regeln und strenge diffizile Verfahren der Kommunikation. Gruppenmitglieder können Führungsbeiträge leisten, dies hat jedoch nicht spontan, sondern auf dem vorgeschriebenen Weg zu geschehen, um überhaupt beachtet zu werden. Die meist schriftlich zu formulierenden Führungsbeiträge sind ein Kennzeichen der Bürokratie. Auffällig ist, dass in bürokratischen Strukturen viele Mitarbeiter anzutreffen sind, welche als Geführte die Sachkompetenz des Bürokraten als Legitimation der Herrschaft akzeptieren. Damit wird der Führer so lange anerkannt, wie er die Regeln hochhält, an die alle glauben. Wenn die bürokratischen Regeln verletzt werden, muss der Führer einschreiten und wird dabei von den übrigen Gruppenmitgliedern unterstützt. Die Anordnung des bürokratischen Führers wird nur dann befolgt, wenn sie vorschriftsmäßig erteilt wird. Der Sanktionenmechanismus der bürokratischen Führung wirkt darauf hin, dass es keiner besser hat als die anderen.

Der *kooperative* Führer lenkt und koordiniert eine Zusammenarbeit in der Gruppe, die Geführten sind Mitarbeiter und Partner. Es liegt die Auffassung zugrunde, dass die Mitarbeiter in der Arbeit gleichzeitig ihre persönlichen Ziele realisieren können. Der kooperative Führer verpflichtet sich einer Aufgabe, seine Position ist eine Funktion in der Gruppe. Die auf Zusammenarbeit und Gemeinsamkeit abzielende Führungsweise ist kollegial-delegativ; sie ist nicht nur funktional an der Aufgabe orientiert, sondern sie ist zugleich eine humane Führung. Die kooperative Führung fordert die Mitarbeiter zu Führungsbeiträgen auf, aktiviert ihre Leistung, erteilt sachliche Informationen anstelle persönlicher Befehle und gelangt somit zu Maßnahmen, die die Gruppe entscheidet und verantwortet. Die Position des Führers ergibt sich aus seiner Stellung in der Gruppe als Kommunikationszentrum. Die kooperative Gruppe erwartet von ihrem Führer, dass er irreversibles Verhalten vermeidet; dies heißt, dass der Führer eine solche Sprache vermeiden muss, die er sich, wenn Mitglieder der Gruppe dieselbe ihm gegenüber entsprechend anwendeten, verbitten würde. Da er die Kommunikation in der Gruppe koordiniert und organisiert, hängt seine Anerkennung als Führer davon ab, wie er diese Informationsaufgabe bewältigt; negativ wird empfunden, wenn er jemanden vergisst, wenn er wichtige Informationen von Gruppenmitgliedern unterschlägt, wenn er Informationen zu früh oder zu spät weitergibt oder wenn er sie verfälscht. Keinesfalls darf der kooperative Führer zwangsweise Maßnahmen ergreifen; er würde Prestige und Einfluss verlieren. Informelle und formelle Positionen würden, da sich die Gruppe auflöst, nicht mehr übereinstimmen.

Eine durch Stetigkeit und Zuverlässigkeit geprägte Persönlichkeit neigt durch den *Laissez-faire*-Führungsstil dazu, mit gleichen Erwartungen an die Mitarbeiter vollständig auf deren Potenziale und ihre Entfaltung zu setzen. Die Führungskraft macht in einer menschenorientierten Haltung keinerlei Einfluss geltend, verhält sich introvertiert inaktiv, vollkommen neutral und gibt nur auf Anfrage Auskunft. Die Leistungen und das Verhalten der anderen kommentiert er höchstens. Die Gruppenmitglieder besitzen volle Freiheit bis hin zu ihrer Selbstkontrolle (vgl. Hentze et al. 2005, S. 239).

In *dezentriert* geführten Gruppen, z.B. manchen Kommissionen und Ausschüssen, kommt gemeinsames Handeln spontan zustande, da kein formeller Führer das Gruppengeschehen bestimmt. Weil der Führer schwer zu erkennen ist, erbringen kurzfristig und wechselweise andere Mitglieder der Gruppe Führungsbeiträge, die sich aber nicht zu einer festen Führungsposition verdichten. Die dezentrierte Gruppe ist tendenziell handlungsunfähig, da die widerstreitenden Meinungen nicht integriert werden. Weil sie sich nicht in irgendeiner Weise strukturiert, droht sie zu zerfallen.

Die dargestellten Verhaltensmuster sind Idealtypen der Führung. Zu ihrer Wirkung auf die Gruppe liegen zahlreiche und sich teilweise widersprechende Untersuchungen vor (vgl. Neuberger 2002, S. 426 ff; Withauer 1973, S. 121). Eine Beurteilung muss vorsichtig und differenziert ausfallen, zumal wenn man auf das Führungsverhalten und seine situative Bedingtheit abstellt. Erfolgsaussagen für die betrachteten Persönlichkeitsstile sind vor allem situativ zu relativieren.

Man kann davon ausgehen, dass Führer mit autoritärer/ kooperativer Persönlichkeit tendenziell dann erfolgreicher sind, wenn die Geführten durch ihre Sozialisation bedingt entsprechende Erwartungen haben. Eine Gruppe mit dem Bedürfnis nach autoritärer Führung, erwartet ja ausdrücklich, dass der Führer spürbare Macht ausübt, auf die Einhaltung der Gruppennormen achtet, die er selbst bestimmt und gegen die nur er verstoßen darf. Sanktionen gegen sich nicht konform verhaltende Gruppenmitglieder geschehen nicht durch Bestrafung, sondern mittels sogenannter Kanalisationen, durch die Arbeitsbedingungen geschaffen werden, die ein korrektes Verhalten erzwingen; z.B. wird einem häufig Zu-Spät-Kommenden der Hausschlüssel übergeben, verbunden mit der Bitte, morgens aufzuschließen. Eine Führungssituation kann ebenfalls bestimmte Verhaltensanforderungen bedingen, die von einer Person mit einer bestimmten Persönlichkeit leichter erfüllt werden können. So dürften in der militärischen Führung meist autoritäre Persönlichkeiten erfolgreich sein, eine bürokratische Persönlichkeit präferiert ein bürokratisches Umfeld.

Schwer vorstellbar ist heute eine autoritäre Führungsstruktur in Unternehmungen und das Bedürfnis nach einem überlegen starken Führer, damit der Gruppe Unzufriedenheit und Unsicherheit erspart wird. Ein zeitlich vorübergehend autoritäres Führungsverhalten kann jedoch dann angebracht sein, wenn es auf den Vorzug einer solchen Führungsweise, nämlich schnelles Handeln, ankommt und ein Zögern verhängnisvoll sein könnte. Dies gilt für solche Situationen, in denen es genau so wichtig ist, etwas schnell zu tun wie auch richtig zu handeln wie etwa beim Feuerwehreinsatz oder für den Arzt während einer schwierigen Operation. Es würde ebenfalls nicht der Gruppennorm widersprechen, wenn auch ein kooperativer Führer in dringenden Fällen das kooperative Prinzip aufgibt, z.B. wenn die Zeit zu ausreichender Information fehlt oder wenn ein Gruppenmitglied aus irgendwelchen Gründen nicht verstehen will oder kann.

Der Bestimmung von Persönlichkeitsstilen als der Beschreibung verhaltensrelevanter Charakteristika der Persönlichkeit der Führungsperson wurde das DISG-Persönlichkeitsmodell zugrunde gelegt. Für eine kategoriale Ordnung von Persönlichkeitsstilen bzw. persönlichkeitsgeprägter Führungsstile mag das zweidimensionale DISG-Modell eine geeignete Grundlage bieten. Zweifelhaft ist dabei jedoch die Dimension der Beziehungsorientierung, welche ja modellgemäß als ein Merkmal der Persönlichkeit aufgefasst wird. Fragwürdig erscheint zunächst die Ableitung der »Beziehungsorientierung« aus der umgebungsbeschreibenden Dimension »ungünstige« bzw. »günstige« Wahrnehmung sowie überdies bedeutungsmäßig inkongruent die Umbenennung dieser Dichotomie in das Begriffspaar »aufgabenorientiert« bzw. »menschenorientiert«. Eine treffsichere Bestimmung des Führungsstils aus einer Persönlichkeitsanalyse scheitert jedoch vor allem daran, dass das reale Führungsverhalten von der motivationalen Orientierung beeinflusst wird, welche erstens durchaus variabel und zweitens infolge eines stets mehrfach und komplex motivierten Verhaltens situationsbedingt ist. Die Bestimmung persönlichkeitsgeprägter Führungsstile ist mithin nicht ausreichend.

Führungskräfte sind sicherlich auch in der Lage, ihren Führungsstil zu wechseln. Dies zeigt sich *in verschiedenen situativ gewählten Führungsformen.*

2.5 Motivationale Verhaltensdisposition: der Führungsstil

Die Persönlichkeitsstruktur einer Führerperson bewirkt relativ situationsbeständige Verhaltensmuster: Wenn ein Mensch autoritär auftritt, muss dies weder geplant noch zielorientiert sein. Die motivationale Orientierung kennzeichnet für eine konkrete Führungsaufgabe in einer gegebenen Situation, dass der Führer die Absicht hat, also motiviert ist, in einer bestimmten Weise zu handeln. Dieser motivational bestimmte Führungsstil kann durch die Dimensionen entweder einer überwiegend aufgabenbezogenen Orientierung oder eher mitarbeiterorientierten Grundeinstellung präzisiert werden. Führung manifestiert sich über das aus einer grundlegenden Bedürfnisstruktur des Führers in verschiedenen Situationen resultierende Verhalten. Welche Verhaltenswirkungen eine bestimmte motivationale Orientierung hat, hängt von den Situationsbedingungen ab, mit denen der Führer konfrontiert ist und die ihn unter Umständen daran hindern, entsprechend seiner Motivation zu handeln.

Es darf wohl vermutet werden, dass Menschen verschiedene Ziele mit unterschiedlicher Priorität anstreben: Entsprechend der Annahme, dass sekundäre Motive erst wirksam werden, wenn die primären erfüllt sind, kann angenommen werden, dass Führer in ungünstigen Situationen zunächst eine Erfüllung primärer Bedürfnisse anstreben. Wenn diese Bedürfnisse befriedigt sind, was gleichbedeutend mit der Feststellung ist, dass die Situation für den Führer günstiger geworden ist, können sekundäre Ziele angestrebt werden. Personenmotivierte Führer widmen sich dann der Aufgabe, während aufgabenmotivierte Vorgesetzte es sich gewisser-maßen »leisten«, sich um gute Beziehungen zu ihren Mitarbeitern zu bemühen. Nach dieser Überlegung verhalten sich interpersonal-orientierte Führerpersonen in ungünstigen Situationen mitarbeiterorientiert und in günstigen Situationen aufgaben-orientiert, während aufgaben-orientierte Vorgesetzte in ungünstigen Situationen zunächst versuchen, ihre Aufgabe zu erledigen und sich in günstigen Situationen um ein gutes Arbeitsklima bemühen (vgl. Fiedler et al. 1979, S. 16).

a) Führungsformen und Verhaltensgitter

Die Führungsform ist die auf den einzelnen Führungsbereich bezogene situationsspezifische Ausprägung der Führungsbeziehungen (Bleicher/Meyer 1976, S. 136). Ein aufgaben-motivierter Führer muss sich nicht unbedingt aufgaben-orientiert verhalten. Es ist deshalb sinnvoll, Ver-

Abbildung 2.5 Einflusssegmente der individuellen Führungsform einer Führungsperson

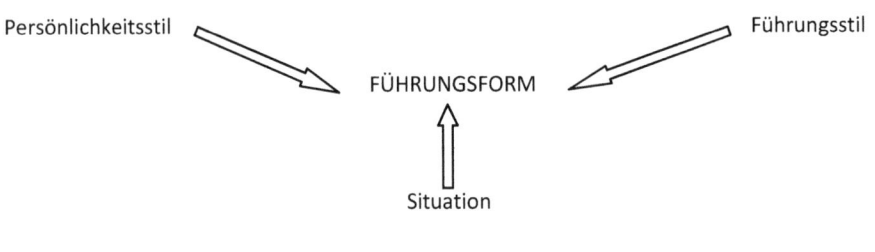

SELBST – CHECK 2 : Selbsteinschätzung praktischen Führungsverhaltens

Bewerten Sie die folgenden Abschnitte als eine Beschreibung Ihres Ichs, indem Sie Ihrer typischsten Führungsform die Zahl 1 zuordnen, der nächst typischsten Führungsform die Zahl 2 usw. bis 5, die für Sie die am wenigsten typische Führungsform ist. Wenn Sie die Wertung abgeschlossen haben, sollte jede Zahl von 1 bis 5 nur jeweils einmal vorkommen. Sie müssen sich jeweils entscheiden und können keine Bewertung auslassen.

a) Ich akzeptiere die Entscheidungen anderer. Ich schließe mich Meinungen, Verhaltensweisen und Vorstellungen anderer an oder vermeide, Partei zu nehmen. Wenn Konflikte auftauchen, versuche ich, neutral zu bleiben oder mich herauszuhalten. Da ich mich neutral verhalte, rege ich mich selten auf. Andere finden in meinem Humor keine Pointen. Ich strenge mich nur soweit wie unbedingt nötig an.

b) Ich lege großen Wert darauf, meine guten Beziehungen aufrecht zu erhalten. Anstatt meine eigene Meinung durchzusetzen, ziehe ich vor, die Meinungen, Verhaltensweisen und Vorstellungen anderer zu akzeptieren. Ich bemühe mich, keinen Konflikt entstehen zu lassen, wenn er aber auftaucht, versuche ich, die Wunden zu heilen und die Menschen wieder zusammenzubringen. Da Spannungen Störungen verursachen können, verhalte ich mich immer verbindlich und freundlich. Mein Humor zielt darauf ab, freundliche Beziehungen aufrecht zu erhalten oder, wenn Spannungen auftreten, die Aufmerksamkeit abzulenken. Ich führe selten, helfe aber, wo ich kann.

c) Ich lege großen Wert darauf, Entscheidungen zu treffen, die auch durchgeführt werden. Ich trete für meine Ideen, Meinungen und mein Verhalten ein, auch wenn ich manchmal jemandem auf die Zehen treten muss. Wenn Konflikte auftreten, beseitige ich sie oder setze mich durch. Wenn etwas schief läuft, verteidige ich mich, leiste Widerstand oder komme mit Gegenargumenten. Mein Humor trifft scharf. Ich treibe mich und andere.

d) Ich bemühe mich, durchführbare Entscheidungen zu erreichen, auch wenn sie nicht immer perfekt sind. Wenn Ideen, Meinungen oder Verhaltensweisen auftauchen, die sich von meinen eigenen unterscheiden, nehme ich eine mittlere Position ein. Wenn Konflikte entstehen, versuche ich, gerecht, aber fest zu bleiben und eine faire Lösung zu erreichen. Unter Spannung fühle ich mich unsicher, welchen Weg ich einschlagen soll oder wie ich meine Meinung ändern soll, um weiteren Druck zu vermeiden. Mein Humor dient dazu, mir und meiner Stellung zu helfen. Ich versuche, ein gutes, gleichmäßiges Tempo aufrechtzuerhalten.

e) Ich lege großen Wert darauf, gesunde und schöpferische Entscheidungen zu erreichen, die sowohl Verständnis wie auch Einverständnis herbeiführen. Ich höre gut zu und suche nach Ideen, Meinungen und Verhaltensweisen, die sich von meinen eigenen unterscheiden. Ich habe klare Überzeugungen, reagiere aber auf gute Ideen dadurch, dass ich meine eigene Meinung ändere. Wenn Konflikte auftauchen, versuche ich, die Gründe dafür herauszufinden und die Folgen zu beseitigen. Wenn ich erregt bin, beherrsche ich mich, obwohl meine Ungeduld sichtbar wird. Mein Humor passt zur Situation und ist richtungsweisend. Selbst unter Spannung bewahre ich mir meinen Witz. Ich lege meine ganze Kraft in die Arbeit, andere folgen mir.

(Auswertung am Ende des Buches)

haltensbereitschaft und tatsächliche Verhaltensformen voneinander zu trennen. Die Analyse von Führungsformen der Managementpraxis macht es notwendig, eine Abstufung hinsichtlich der Zielprägung der Führungsstile einzuführen. Persönlichkeit, Motivation und relativ stabile Aufgabencharakteristika bestimmen die Zielorientierung des Verhaltens als Ausdruck einer individuellen Führungsform.

Einen Ansatz, Führungsformen praktisch zu analysieren, bietet das »Managerial Grid« (vgl. Blake/Mouton 1968). Dieses Verhaltensgitter berücksichtigt zwei mögliche Orientierungen des Führungsverhaltens. Die Aufmerksamkeit kann sich einmal auf die fachlich- bzw. leistungsrelevanten Belange der Arbeit, andererseits auf die zwischenmenschlichen Beziehungen der Mitarbeiter richten oder auf keine der beiden Belange oder auf beide gemeinsam - in unterschiedlich starker Ausprägung. Auf die bisher verwendete Terminologie übertragen, kann die Zielprägung der Führungsform als Konfliktfall zwischen der Betonung von Zufriedenheitsaspekten und Leistungsaspekten gesehen werden.

Der zweidimensionale Verhaltensansatz von Blake/Mouton basiert auf den empirischen Untersuchungen einer Forschergruppe der Ohio-State-University. In diesen Studien wird das Verhalten von Führern als Interaktion zwischen Führern und Geführten modelliert. Mit Hilfe von Fragebögen sollte das Führungsverhalten als zentrale Variable differenziert und objektiv sowie standardisiert erfassbar gemacht werden (vgl. Yukl 2006, S. 49 ff). Die Forschungsergebnisse und die daraus resultierenden Führungskonzepte haben die Führungsforschung erheblich beeinflusst und die in den Unternehmen gebräuchlichen Führungstrainings bis heute geprägt (vgl. Staehle 1999, S. 839 ff). Blake/Mouton beziehen sich auf die beiden Hauptfaktoren der Ohio-Schule, »Consideration« (Beziehungs- oder Humanorientierung) und »Initiating Structure« (Aufgaben- oder Leistungsorientierung), und übernehmen ebenfalls die Annahme von der Unabhängigkeit der beiden Dimensionen. Die in der Praxis meist anzutreffende Annahme einer Dichotomie von personen- oder aufgabenorientiert im Denken der Führungskräfte soll deshalb abgelöst werden von einer integrativen Betrachtungsweise der beiden Dimensionen.

Eine andere Quelle sind Forschungsarbeiten aus einem großangelegten Forschungsprogramm an der University of Michigan. Die Michigan-Studien (vgl. Katz/Kahn 1966/1978) analysierten das Führungsverhalten speziell unter Effizienzgesichtspunkten und konzentrierten sich auf Zusammenhänge zwischen Führungsverhalten, Gruppenprozessen und Gruppenleistung (vgl. Northouse 1997, S. 32 ff). In der Unterscheidung der Führungsstile betrachteten die Forscher der Michigan-Schule zunächst die Mitarbeiter- und Leistungsorientierung wie bei der Ohio-Schule unter bestimmten Voraussetzungen ebenfalls als unabhängig, kommen in späteren Studien allerdings zu der Auffassung, dass zweidimensionale Konstrukte die Komplexität des Führungsphänomens doch nicht adäquat abbilden können (vgl. Staehle 1999, S. 345).

In dem von Blake/Mouton entwickelten zweidimensionalen Verhaltensgitter ist auf der Waagrechten in einer 9-stufigen Skala der Grad der Betonung produktiver Aspekte (concern for pro-

Abbildung 2.4 Das Verhaltensgitter

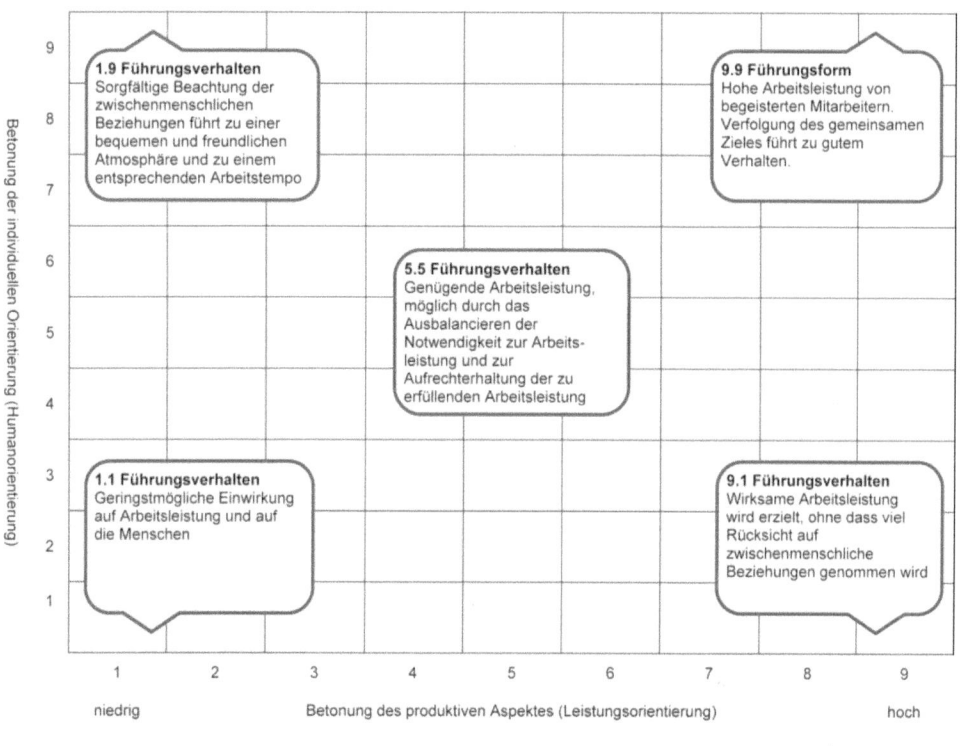

duction) und auf der senkrechten ebenfalls in einer 9-stufigen Skala der Grad der Betonung der individuellen Zufriedenheit (concern for people) eingetragen. Von den 81 theoretisch möglichen Kombinationen von Personen- und Leistungsorientierung werden jedoch nur fünf Felder deskriptiv herausgestellt.

Die Betrachtung produktiver Aspekte und der individuellen Zufriedenheit erscheint für leistungs- und ökonomisch orientierte Organisationen wohl gerechtfertigt, weil die Führungskräfte sowohl für das Leistungsergebnis ihres Aufgabenbereiches verantwortlich sind als auch für die individuelle Motivation und Zufriedenheit ihrer Mitarbeiter. Die Problematik besteht gerade darin, dass der Mensch Strukturelement der Leistungsorganisation ist, wodurch das Spannungsverhältnis zwischen humanen Ansprüchen des Individuums und ökonomischen

Ansprüchen des Betriebs entsteht. Dieser Zusammenhang wird im zweidimensionalen Koordinatensystem des Verhaltensgitters schematisch dargestellt. Die Abstufungen auf den Koordinaten bezeichnen die Intensität der Betonung der beiden Ziele »Humanorientierung« und »Leistungsorientierung«.

Eine nähere Betrachtung der Führungsformen im Verhaltensgitter wirft durchaus die grundlegende Frage nach den Möglichkeiten einer Berücksichtigung von humanen Ansprüchen der Zufriedenheit und leistungsbezogenen Ansprüchen der Aufgabe bei der Führung auf. In die Wahl der Führungsform geht ein, inwieweit man unterstellen kann, dass diese Ziele miteinander vereinbar sind. Die die Führungsform kennzeichnenden Motivationsmethoden sind ein wesentlicher Ausdruck der angenommenen Zielharmonie. Dies gilt sowohl hinsichtlich der Wahl positiver und negativer Motivation als auch in bezug auf den stufenmäßigen, der Höhe menschlicher Erwartungen entsprechenden Ansatz der Motivation. Die Ausrichtung von der führerzentrierten auf die gruppenzentrierte Führungsform zeigt sich in abnehmendem Formalisierungsgrad des Gruppengeschehens; die Aufgabendezentralisation, die Dezentralisation von Führungsbeiträgen und die Kommunikation sind Gestaltungskomponenten der Führungsform.

Die Problematik der Annahme einer gegebenen Zielharmonie zwischen Leistung und Zufriedenheit kommt implizit auch in der Beschreibung der Führungsformen im Verhaltensgitter zum Ausdruck. Es fällt auf, dass die Beschreibung der 5.5-Führungsform nicht recht gelingt. Hinzu kommt eine dezidiert normative Haltung, welche der fünf Alternativen als die »beste Theorie« gilt, insbesondere warum unter allen Umständen der 9.9-Stil als optimaler Führungsstil propagiert wird, wenn doch eine Führungsform situationsabhängig und für eine bestimmte Person die Funktion mehrerer Einflussfaktoren sein soll (vgl. Blake/Mouton 1968, S. 26). Die Unsicherheit rührt daher, dass die Konzepte »Orientierung« und »Verhalten« nicht deutlich voneinander abgegrenzt werden. Es ist nämlich durchaus denkbar, dass es eine »beste« Verhaltensdisposition gibt; welche Verhaltensakte jeweils erfolgreich sind, kann aber nur situativ erklärt werden.

In einer Neuinterpretation werden die beiden Dimensionen des Verhaltensgitters nicht weiter als unabhängig voneinander gehalten, sondern als interdependent angesehen. Um diese Auffassung auch äußerlich zu dokumentieren, werden die Skalenwerte nicht mehr durch einen Punkt, sondern ein Komma getrennt. Führungskräfte sollten nunmehr über eine dominante, situationsübergreifende 9,9-Strategie verfügen, die sie aber situationsabhängig taktisch variieren können. Mit der Erkenntnis, dass Verhaltensänderungen nicht ohne begleitenden organisationalen Wandel sinnvoll möglich sind, wird das Führungskonzept inzwischen eher als Ansatz des Management-Development verstanden (vgl. Blake/Mouton/McCanse 1993). Der situative Führungsansatz reserviert den 9,9-Stil nur noch für die strategisch übergreifende Führungsphilosophie (vgl. auch Staehle 1999, S. 842).

b) Führungselemente

Die Führungsformen werden beschrieben durch eine Mehrzahl von Merkmalen, welche sozialpsychologische und organisatorische Führungselemente darstellen. Dabei sind die beiden Kategorien von Führungselementen nicht unabhängig, sondern insofern interdependent, als bestimmte Führungsformen entsprechende Organisationsformen bedingen. Beispielsweise wird eine kooperative Führungsform die organisatorische Dezentralisation von Entscheidungen mit einer Delegation von Befugnissen und Verantwortung erforderlich machen (vgl. zu organisatorischen Führungselementen Withauer 2000, S. 233 ff). Die sozialpsychologischen Führungselemente greifen teilweise auf die Merkmale und Kategorien des Verhaltens in der Gruppe zurück (vgl. Withauer 2016, Kap. 3, 10.1).

SELBST – CHECK 3 :

Einige mögliche Ausprägungen sozialpsychologischer Führungselemente sind im Folgenden dargestellt. Um die auf Sie zutreffende Ausprägung zu kennzeichnen, lesen Sie bitte alle Behauptungen unter "1" (das heißt a 1, b 1, c 1, d 1, e 1) und wählen Sie diejenige Behauptung, die Ihre Verhaltensweise am besten beschreibt. Tun Sie das gleiche für alle Elemente "2" (a 2, b 2, c 2, d 2, e 2), indem Sie die für Sie typischste Behauptung mit einem Kreis versehen. Gehen Sie auf die gleiche Weise bei den Elementen "4", "5" und "6" vor.

Element 1: Initiative, Entscheidungen

a 1 Ich akzeptiere Entscheidungen anderer.

b 1 Ich lege großen Wert darauf, gute Beziehungen aufrechtzuerhalten.

c 1 Ich lege großen Wert darauf, Entscheidungen zu treffen, die durchgesetzt werden.

d 1 Ich suche nach Entscheidungen, die durchführbar, wenn auch nicht immer perfekt sind.

e 1 Ich lege großen Wert darauf, gesunde schöpferische Entscheidungen zu erhalten, die sowohl Verständnis wie auch Einverständnis herbeiführen.

Element 2: Normenübernahme, Solidarität, Überzeugung

a 2 Ich schließe mich den Meinungen, Verhaltensweisen und Vorstellungen anderer an oder versuche, nicht Partei zu ergreifen.

b 2 Ich ziehe vor, Meinungen, Verhaltensweisen und Vorstellungen anderer zu übernehmen, anstatt meine eigenen durchzusetzen.

c 2   Ich trete für meine Ideen, Meinungen und Verhaltensweisen ein, selbst wenn ich dadurch jemandem auf die Zehen treten muss.

d 2   Wenn Ideen, Meinungen oder Verhaltensweisen auftauchen, die sich von meinen eigenen unterscheiden, nehme ich eine mittlere Position ein.

e 2   Ich höre zu und suche nach Ideen, Meinungen und Verhaltensweisen, die sich von meinen eigenen unterscheiden. Ich habe klare Überzeugungen, reagiere aber auf gute Ideen, indem ich meine Meinung äußere.

Element 3: Konfliktverhalten

a 3   Wenn Konflikte auftauchen, versuche ich, neutral zu bleiben oder mich herauszuhalten.

b 3   Ich versuche, die Entstehung von Konflikten zu verhindern, wenn aber Konflikte auftauchen, versuche ich, die Wunden zu heilen und ein gutes Zusammenarbeiten sicherzustellen.

c 3   Wenn Konflikte auftauchen, beseitige ich sie oder setze mich durch.

d 3   Wenn Konflikte auftauchen, versuche ich, gerecht, aber fest zu bleiben und eine faire Lösung zu erreichen.

e 3   Wenn Konflikte auftauchen, versuche ich, Gründe dafür herauszufinden und die Folgen zu beseitigen.

Element 4: Temperament, Emotionen, Spannung

a 4   Ich rege mich selten auf, da ich neutral bleibe.

b 4   Ich weiß, dass Spannungen Störungen verursachen, deshalb reagiere ich auf eine verbindliche und freundliche Art.

c 4   Wenn Dinge nicht richtig laufen, verteidige ich mich, leiste Widerstand oder kontere mit Gegenargumenten.

d 4   Unter Spannungen fühle ich mich unsicher, welche Richtung ich einschlagen soll oder ob ich meine Meinung ändern muss, um weiteren Druck zu vermeiden.

e 4   Wenn ich erregt bin, beherrsche ich mich, obwohl meine Ungeduld sichtbar ist.

Element 5: Entspannung, Humor

a 5   Mein Humor wird von anderen als ziemlich verfehlt angesehen.

b 5   Mein Humor dient dazu, freundliche Beziehungen aufrechtzuerhalten oder, wenn Spannungen auftreten, die Aufmerksamkeit von der Bedeutung des Konfliktes abzulenken.

c 5   Mein Humor trifft hart.

d 5   Mein Humor dient mir oder meiner Stellung.

e 5   Mein Humor passt genau auf die Situation und ist richtungweisend, selbst unter Druck behalte ich meinen Sinn für Humor.

Element 6: Lokomotion, Leistungsstreben, Anstrengung

a 6   Ich strenge mich nur so weit wie nötig an.

b 6   Ich führe selten, helfe aber überall.

c 6   Ich treibe mich und andere.

d 6   Ich versuche, ein gutes gleichmäßiges Arbeitstempo zu erhalten.

e 6   Ich strenge mich kräftig an, andere folgen mir.

(Auswertung am Ende des Buches)

2.6 Führungsstil bei unterschiedlicher »Reife« von Geführten

Eine situative Relativierung des geeigneten Führungsstils versucht das »Reifegrad-Modell« (vgl. Hersey/Blanchard 1982, S. 150 ff). Es geht von den in den Ohio-Studien verwendeten Führungsverhaltensdimensionen aus. Die beiden Hauptfaktoren Mitarbeiterorientierung und Aufgabenorientierung werden wiederum als unabhängig voneinander gesehen, aber situativ relativiert.

Die situative Relativierung des geeigneten Führungsstils suchen Hersey/Blanchard zu leisten, indem sie zum zentralen, aber auch einzigen Situationsparameter den »Reifegrad« der Mitarbeiter erklären (siehe Abb. 2.6).

In einer späteren Veröffentlichung (vgl. Blanchard et al. 1985, S. 56, zit. bei Staehle 1999, S. 847) wird nicht mehr vom »Reifegrad« gesprochen, die Mitarbeiter werden vielmehr eingeordnet in Entwicklungsstufen anhand ihrer aufgabenrelevanten Kompetenz (Wissen, Können, Fähigkeiten, Erfahrung) und ihrer psychologischen Reife, ihres Commitments (Selbstvertrauen, Motivation, Einbindung, Verantwortungsbereitschaft):

Abbildung 2.6   Führung bei unterschiedlichen Personen

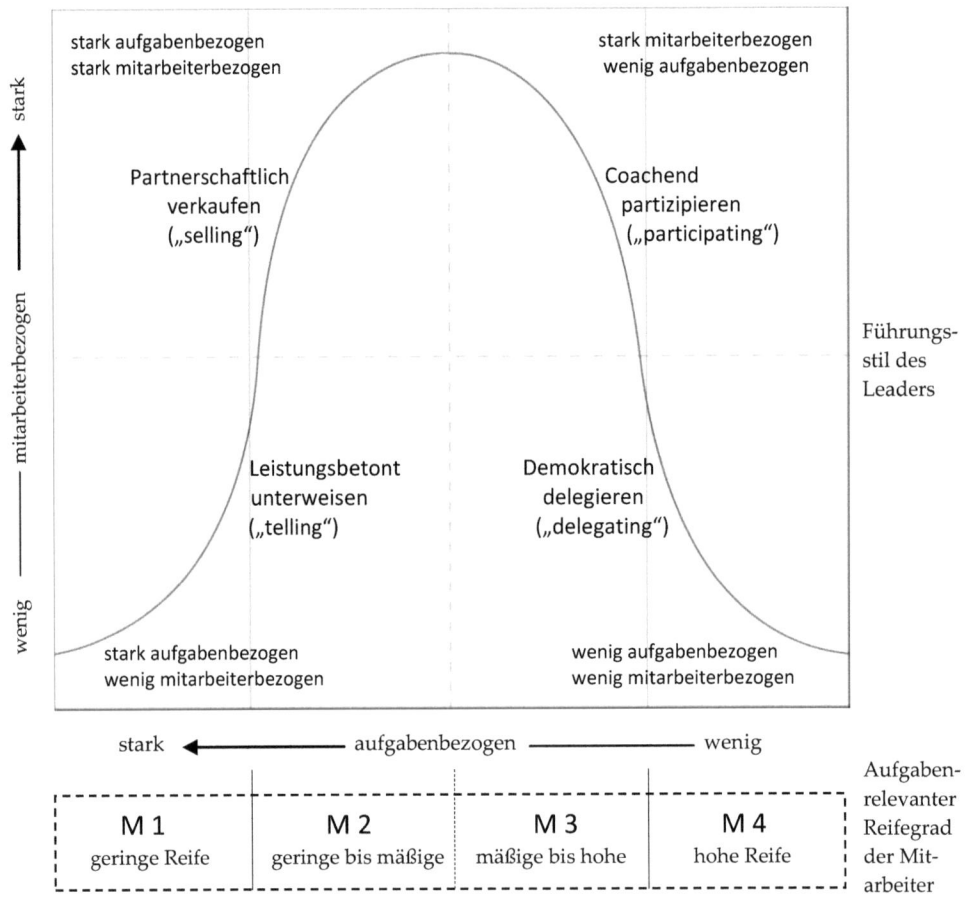

in Anlehnung an Wunderer 2011, S. 212
eigene Ergänzung

In einer normativen Einstufung unterstellen die Autoren einen Zusammenhang zwischen aufgaben-relevantem Reifegrad der Geführten, der Gruppe, dem Führungsverhalten des Vorgesetzten und der Effektivität. Bei verschiedenen Ausprägungen des Reifegrades resp. Entwicklungsgrades wird deshalb als situationsadäquater Führungsstil vorgeschlagen:

Entwicklungsebene	angemessener Führungsstil	
	nach Blanchard et al.	in Anlehnung an Hay/McBer
D 1: geringe Kompetenz, hohes Commitment	S 1: Directing	Leistungsbetont
D 2: etwas Kompetenz, geringes Commitment	S 2: Supporting	Partnerschaftlich
D 3: hohe Kompetenz, veränderliches Commitment	S 3: Coaching	Coachend
D 4: hohe Kompetenz, hohes Commitment	S 4: Delegating	Demokratisch

Die von Blanchard et al. gewählten Benennungen der Führungsstile S 2 und S 3 (vgl. Staehle, ebda.) erscheinen verfehlt und sind in der vorstehenden Übersicht miteinander getauscht, weil sie so die gemeinten Führungsstile treffender bezeichnen.

Das Reifegrad-Konzept wurde besonders von den Vertretern des Verhaltensgitters kritisiert, da die theoretischen Annahmen dubios und einseitig sowie die empirischen Belege gänzlich unzureichend seien. Dennoch erfreut sich der Ansatz angesichts seiner Plausibilität in der Praxis des Führungstrainings noch immer hoher Beliebtheit.

Die Führungsstil-Benennungen in der letzten Spalte sollen jeweils den gleichen gemeinten Führungsstil in der Spalte davor artikulieren. Da die S-Benennungen ansonsten nicht gebräuchlich sind, werden dort die Führungsstil-Begriffe gewählt, wie sie nachfolgend (siehe 2.7) bei der Darstellung der Ergebnisse über erfolgreiche und weniger erfolgreiche Führungsstile bezeichnet werden (vgl. Golemann 2000).

Das Konzept wurde besonders von den Vertretern des Verhaltensgitters kritisiert, da die theoretischen Annahmen dubios und einseitig sowie die empirischen Belege gänzlich unzureichend seien. Dennoch erfreut sich der Ansatz angesichts seiner Plausibilität in der Praxis des Führungstrainings noch immer hoher Beliebtheit.

Eine grundlegende Kritik an allen auf den Ohio-Dimensionen »*aufgabenorientiert – menschenorientiert*« aufbauenden Rastern zur Kategorisierung von Führungsstilen gründet sich darauf, dass die sozio-emotionale Qualität der Beziehungsgestaltung explizit berücksichtigt wird, dafür werden Machtaspekte allenfalls am Rande als Unterpunkt der Aufgabenorientierung (initiating structure) thematisiert. Hinzu tritt für die Dimension »Ziel- bzw. Aufgabenorientierung«, dass diese gar nicht zur Disposition stehen darf, weil *Leistung* als Erfüllungsgrad organisatorisch vorgegebener Aufgaben ein grundlegendes Effektivitätskriterium der Führung ist (siehe Withauer 2016, Kap. 1, 3.4), und deshalb kann sie auch nicht nur ein gestaltbares Stilmerkmal eines bestimmten wählbaren Führungsstils sein.

Deshalb plädiert Wunderer (2011, S. 210) für ein anderes zweidimensionales Raster zur Charakterisierung der Führungsstile mit den Ausprägungen »Partizipation« (Teilhabe) und »prosoziale Beziehungsgestaltung« (Teilnahme). In der Machtdimension der Führung wird die dem Mitarbeiter gewährte Entscheidungsteilhabe bzw. Autonomie abgebildet, die prosoziale Dimension der Führung charakterisiert die zwischenmenschliche Qualität der Führungsbeziehung, die sich in wechselseitigem Vertrauen, Unterstützung und Akzeptanz zeigt. Im Rahmen dieser Dimensionen lassen sich - durchaus ähnlich den dargestellten idealtypischen (siehe 2.4 b) Führungsstilen - Führungsstilrichtungen wie nachstehend (s. Abb. 2.7) verorten:

Abbildung 2.7 Führungstypologie mit Dimensionen »Teilhabe« und »Teilnahme«

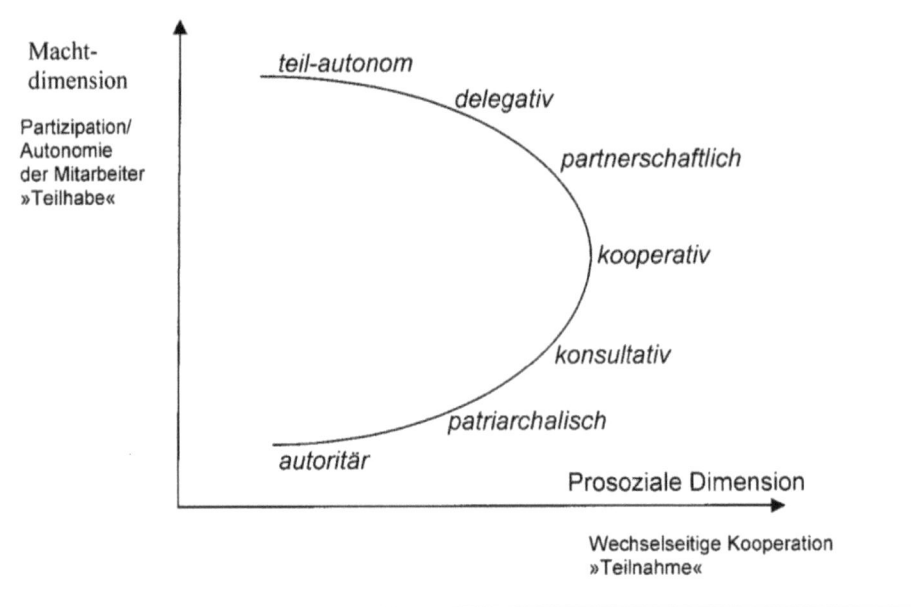

nach Wunderer 2011, S. 210, eigene Ergänzung

2.7 Erfolgswirksam erprobte und weniger erfolgreiche Führungsstile: das 3-D-Raster

Führungskräfte kümmern sich um das Funktionieren-Können und das Funktionieren-lassen der Unternehmung in ihrem Verantwortungsbereich. Ihre Aufgabe ist, dies effektiv zu tun und gute Ergebnisse zu erreichen. Erfolgskriterien der personalen Führung sind Leistung und Zufriedenheit der Mitarbeiter.

Die Führungsstilkonzepte haben bislang letztlich offen gelassen, welche Führungsweise Höchstleistungen erbringt und Zufriedenheit bewirkt. Ein Grund dafür ist, dass bis vor kurzem praktisch in keiner empirisch-quantitativen Untersuchung aufgezeigt werden konnte, welches Führungsverhalten konkret zu positiven Ergebnissen führt. Eine neuere Studie der Beratungsfirma Hay/McBer hat nunmehr etwas konkretere Aussagen erbracht. Der Untersuchung liegt eine Zufallsstichprobe von 3871 Personen in Führungspositionen zugrunde, die aus weltweit über 20 000 Führungskräften ausgewählt wurden. Die Studie erbrachte *sechs* unterschiedliche Führungsstile, die mit verschiedenen Komponenten der Persönlichkeit und der motivationalen Orientierung zusammenhängen. Jeder dieser Stile scheint einen direkten und ganz spezifischen Einfluss auf die Arbeitsatmosphäre in einer Unternehmung, einer Abteilung oder einem Team zu haben, ebenso wie auf den finanziellen Erfolg der Einheit.

Das sicherlich wichtigste Ergebnis der Studie ist: Erfolgreiche Chefs verlassen sich *nicht* auf einen Führungsstil allein. Sie wechseln im Lauf einer Arbeitswoche den Stil - im fließenden Übergang und in unterschiedlichem Maß -, je nachdem, was die Situation jeweils erfordert. Beim praktizierten Führungsstil handelt eine Führungskraft ähnlich wie ein Golfspieler, wenn man die Führungsstile in Analogie zu einem Satz Golfschläger sieht. Während des Spiels wählt der Golfer für jeden Schlag den geeigneten Schläger aus. Manchmal muss er erst nachdenken, aber gewöhnlich trifft er seine Wahl automatisch. Der Spieler schätzt die vor ihm liegende Aufgabe ab, greift zum passenden Schläger und setzt ihn ein. Entsprechend wählen erfolgreiche Führungskräfte den geeigneten effektiven Führungsstil (vgl. Goleman 2000, S. 9).

Die Studie hat sechs unterschiedliche Führungsstile betrachtet, welche auch aus bisherigen Beschreibungen bekannt sind. *Autoritäre* Führungspersönlichkeiten verlangen den sofortigen Vollzug von Anweisungen. *Autoritative* Führungskräfte rufen die Geführten auf, eine Vision mit zu verwirklichen. *Partnerschaftliche* Führer sind um emotionale Bande und Harmonie bemüht. *Demokratische* Führungskräfte streben nach Konsens durch Mitbeteiligung. Betont *auf Leistung bedachte* Führer erwarten von den Geführten hervorragende Leistung und Eigeninitiative. Und *coachende* Vorgesetzte bereiten ihre Mitarbeiter auf künftige Aufgaben vor.

Das Erfolgskriterium »Zufriedenheit« der personalen Führung wurde in der Studie durch die Beobachtung präzisiert, wie Führungskräfte das »Klima« in ihrem unmittelbaren Umfeld beeinflussen. Dieser zunächst konturlos erscheinende Begriff hebt von einer früheren und später modifizierten Definition ausgehend ab auf sechs Schlüsselfaktoren, die die Arbeitsumgebung in einer Unternehmung beeinflussen: *Flexibilität* in bezug auf die empfundene

Freiheit der Mitarbeiter zum Gehen neuer Wege unbehindert von bürokratischen Hürden; *Verantwortungsbewusstsein* auf Seiten der Mitarbeiter gegenüber der Unternehmung; *Höhe der gesetzten Leistungsstandards;* welche Bedeutung konkreten Leistungsrückmeldungen und angemessenen *Belohnungen* zukommt; *Klarheit,* die die Mitarbeiter bezüglich des Firmenauftrags und der Firmenwerte haben; Maß an *Engagement* für die gemeinsame Aufgabe. Diese Faktoren korrespondieren mit sämtlichen in der Maslow'schen Bedürfnispyramide enthaltenen Motiven; sie drücken also aus, welche Motive durch einen Führungsstil angesprochen werden.

Wie die Studie zeigte, wirken sich alle sechs Führungsstile auf jeden Aspekt des Betriebsklimas aus. Des Weiteren ließ sich ein direkter Einfluss des Klimas auf die »Leistung« belegen, vor allem der finanziellen Ergebnisse - auf Umsatzrendite, Ertragsentwicklung, Effizienz und Rentabilität. Manager, die Führungsstile einsetzten, die das Klima positiv beeinflussen, erreichten deutlich bessere Ergebnisse als jene, die das nicht taten. Das bedeutet jedoch nicht, dass das Betriebsklima der einzig maßgebliche Leistungsfaktor in einer Unternehmung wäre. Auch das wirtschaftliche Umfeld und die Wettbewerbsdynamik spielen natürlich eine erhebliche Rolle. Die Studie kommt immerhin zu dem Schluss, dass das Klima mit fast einem Drittel zu den Geschäftsergebnissen beiträgt.

Der Einsatz der Führungsstile wird von Goleman mit der sogenannten »emotionalen Intelligenz« in Verbindung gebracht (vgl. Goleman 1996). Emotionale Intelligenz bezeichnet das Vermögen, sich selbst und die Beziehungen zu anderen effektiv zu gestalten, und setzt sich zusammen aus vier grundlegenden Fähigkeiten Selbstreflexion (Gefühle wahrnehmen, Selbsteinschätzung, Selbstbewusstsein), Selbstmanagement (Sich beherrschen, Vertrauen aufbauen, Leistungsstreben und Tatkraft), soziales Bewusstsein (Empathie, Entscheidungsnetz knüpfen, Service-Orientierung) und Sozialkompetenz (Visionär sein, Fördern Anderer, Überzeugend reden und zuhören können, Beziehungskontakte, Teams fördern, Konflikte handhaben). Sie ist die wesentliche »Schlüsselqualifikation« heutiger Führungskräfte (vgl. dazu auch Kap. 5).

Von den untersuchten sechs Führungsstilen, die von Führungskräften eingesetzt werden, haben nur vier einen positiven Effekt auf Betriebsklima und Leistungsergebnis. Zur anschaulichen Darstellung der Befunde wird hier den bisherigen Dimensionen der Ordnung von Führungsstilen eine dritte Dimension hinzugefügt, die Effektivität.

Die Grundstile und ihre Benennung orientieren sich an den vier Quadranten des DISG-Modells. Damit wird die Rahmenstruktur bestehend aus der persönlichkeitsgeprägten Dimension »extrovertiert - introvertiert« und der durch die motivationale Orientierung bestimmten Dimension »aufgabenorientiert - menschenorientiert« beibehalten, nun jedoch zur Verdeutlichung der Wirkung von Führungsstilen die dritte Dimension »Effektivität« ergänzt. Führungsstile mit positiver Wirkung werden im Bild der vier Quadranten in Richtung großer Effektivität erfasst, diejenigen mit nachteiliger Wirkung sind im Vier-Quadranten-Bild in Richtung niedriger Effektivität dargestellt.

Abbildung 2.8: Erfolgreiche und weniger erfolgreiche Führungsstile
Quelle: eigene Darstellung mit innovativ-schlüssigen Bezeichnungen der Grund- und Effektivstilformen

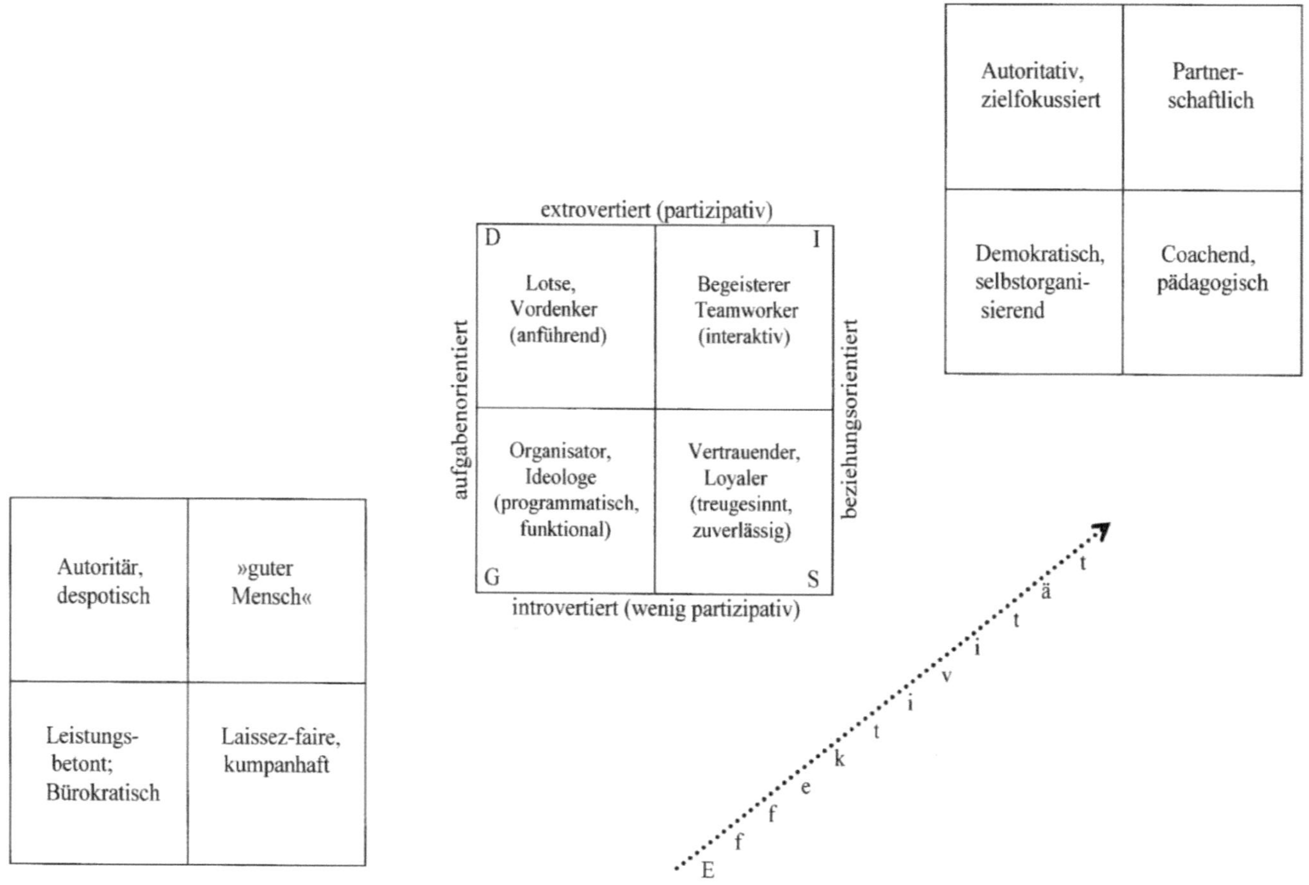

Autoritativ, zielfokussiert	Partnerschaftlich
Demokratisch, selbstorganisierend	Coachend, pädagogisch

Effektivität ↗

aufgabenorientiert — beziehungsorientiert

extrovertiert (partizipativ)

D	I
Lotse, Vordenker (anführend)	Begeisterer Teamworker (interaktiv)
Organisator, Ideologe (programmatisch, funktional)	Vertrauender, Loyaler (treugesinnt, zuverlässig)
G	S

introvertiert (wenig partizipativ)

Autorität, despotisch	»guter Mensch«
Leistungsbetont; Bürokratisch	Laissez-faire, kumpanhaft

Der *autoritäre* Stil ist in den meisten Fällen wenig effektiv. Nicht nur sein Einfluss auf das Betriebsklima ist höchst negativ, er engt auch die Flexibilität der Mitarbeiter stark ein, weil eine despotische Entscheidungsfindung und extrem autoritäre *handlungsfokussierte* personale Führung neue Ideen ersticken und schließlich unsinnig erscheinen lassen. Ähnlich schwindet das Verantwortungsbewusstsein: da Mitarbeiter selbst nicht initiativ werden dürfen, geht ihnen das Gefühl der Zugehörigkeit zur Organisation verloren ebenso wie die Bereitschaft, ihren Leistungsbeitrag selbst zu verantworten. Schließlich ergibt sich die Einstellung, den Vorgesetz-ten in keinerlei Weise zu unterstützen.

Die meisten leistungsstarken Mitarbeiter suchen Befriedigung in einer gut getanen Arbeit. Ein autoritärer Vorgesetzter untergräbt diesen Stolz, und damit gibt er eines der wichtigsten Führungsinstrumente auf, nämlich Menschen zu motivieren, indem ihnen verdeutlicht wird, wie sehr ihre Arbeit zur Erfüllung einer großen, gemeinsamen Aufgabe beiträgt. In der Folge nimmt das Engagement der Betroffenen erheblich ab. Sie werden ihrer eigenen Arbeit entfremdet und fragen sich nach dem Sinn ihres Tuns.

Der autoritäre Führungsstil ist mithin meist nicht zu empfehlen. In bestimmten Situationen eines Unternehmens allerdings ist der Stil geradezu notwendig, etwa bei einem Turnaround oder bei Drohung einer feindlichen Übernahme. Mit autoritärem Vorgehen kann in solchen Fällen gelingen, mit verfehlten geschäftlichen Praktiken zu brechen und die Mitarbeiter zu neuen Arbeitsweisen zu drängen. Der autoritäre Stil ist natürlich auch bei echten Katastrophen angebracht, einem Erdbeben etwa oder einem Großfeuer. Und er kann schwierigen Mitarbeitern gegenüber wirksam sein, bei denen alles andere versagt hat.

Der *autoritative* Führungsstil hat sich von den untersuchten sechs Stilen als der wirkungsvollste herausgestellt. Er verbessert das Klima in jeder Hinsicht. Autoritative Führer sind visionär und *zielfokussiert*; sie motivieren die Menschen, indem sie ihnen vor Augen führen, auf welche Weise ihre Arbeit zur Realisierung einer größeren Unternehmensvision beiträgt. Mitarbeiter, die für einen solchen Chef tätig sind, wissen um die Klarheit des Unternehmensauftrages, dass ihre Arbeit zählt und warum.

Auch das Engagement für die Ziele und Strategie des Unternehmens erhöhen autoritative Führer mit ihrem Verhalten. Indem sie die Aufgaben der Einzelnen zu Teilen eines visionären Ziels machen, definieren sie zugleich Standards, die sich auf die Vision beziehen. Beim Leistungsfeedback, sei dieses nun positiv oder negativ, ist allein maßgeblich, ob die Leistung die erstrebten Ziele verwirklichen hilft oder nicht.

Ein autoritativer Führer gibt Ziele vor, aber er lässt seinen Mitarbeitern im allgemeinen viel Spielraum, auf eigenen Wegen und mit eigenen Ideen vorzugehen. Er ermöglicht Innovationen und Experimente sowie das Eingehen von kalkulierten Risiken. Wegen seiner positiven Effekte taugt der autoritative Stil für beinahe alle Geschäftslagen. Von besonderem Wert ist er jedoch bei akuter Orientierungslosigkeit, denn dann zeigt eine autoritative Führungskraft einen neuen Kurs auf und begeistert die Menschen für neue visionäre Ziele.

Aber so wirksam dieser Stil auch sein kann, er kann nicht immer empfohlen werden. Beispielsweise ist autoritative Führung fehl am Platze, wenn ein Manager mit einem Team von Experten oder Kollegen zusammenarbeitet, die erfahrener sind als er selbst; sie könnten ihn als aufgeblasen oder realitätsfern wahrnehmen. Ebenfalls muss sich eine Führungskraft davor hüten, autoritativ herrisch aufzutreten, dadurch würde sie den kollegialen Geist eines erfolgreich arbeitenden Teams vertreiben. Von diesen Einschränkungen abgesehen hat sich gezeigt, dass ein Führer autoritatives Verhalten erfolgswirksam eher häufiger einsetzen sollte.

Der *partnerschaftliche* Stil. Während der autoritäre Vorgesetzte fordert »Tun Sie, was ich Ihnen sage« und der autoritative Chef drängt »Begleiten Sie mich auf meinem Weg«, betont der partnerschaftliche Führer »Für mich zählen vor allem die Menschen«. Einer solchen Führungskraft sind Menschen und ihre Gefühle wichtiger als Aufgaben und Ziele. Der Stil ist partizipativ auf Konsens ausgerichtet, der Führer setzt sich dafür ein, dass die Geführten sich wohl fühlen und zwischen ihnen eine Atmosphäre der Harmonie aufkommt (vgl. Withauer 2000, S. 228 f).

Der partnerschaftliche Stil - in der Hay/McBer-Studie »affiliativ« genannt (vgl. Goleman 2000, S. 14 f) - ist für die Kommunikation förderlich, und wer viel miteinander redet, inspiriert sich wechselseitig, schafft Vertrauen, sodass neue Vorgehensweisen erprobt und Risiken gewagt werden können. Die partnerschaftliche Führungskraft gibt nicht nur anlässlich der jährlichen Beurteilung anerkennendes Feedback, sondern auch für alltägliche Leistungen. Sie zeigt Empathie und schafft ein intensives Zusammengehörigkeitsgefühl.

Der partnerschaftliche Führungsstil sollte vor allem eingesetzt werden, wenn in einem Team Harmonie gefördert, die Kommunikation verbessert oder über eine emotionale Aufrichtigkeit zerstörtes Vertrauen und positive Beziehungen wiederhergestellt werden sollen.

Problematisch erweist sich der partnerschaftliche Führungsstil durch die einseitige Ausrichtung auf positives Feedback. Dadurch entsteht der Eindruck, es gebe keine Korrektur unzureichender Leistungen und mittelmäßige seien ausreichend. Orientierungslos bleiben Mitarbeiter bei schwierigen Aufgaben, zu denen sie eigentlich klare Vorgaben und Hilfen erwarten. In der Führungspraxis verbinden deshalb partnerschaftliche Führer ihren Stil zuweilen mit dem autoritativen Stil, wobei sie eine Vision verkünden, Leistungsstandards vorgeben und erläutern, wie einzelne Arbeiten zu den Zielen der Gruppe beitragen.

Der *demokratische* Führungsstil erzielt die besten Ergebnisse, wenn neue Ideen und Leitlinien von tüchtigen Mitarbeitern gebraucht werden, und dies insbesondere dann, wenn ein Chef nicht genau weiß, welcher Kurs der vorteilhafteste wäre. Aber selbst wenn eine Führungskraft überzeugende Zielvorstellungen besitzt, kann ihr der demokratische Stil mit dem Beistand der Mitarbeiter zu neuen Ideen für die Umsetzung dieser Ziele verhelfen. Weit weniger sinnvoll ist eine demokratische Führung natürlich, wenn die Mitarbeiter nicht hinreichend kompetent oder informiert sind, um fundierte Ratschläge geben zu können. Und fast von selbst versteht es sich, dass langes Suchen nach einem Konsens in Krisenzeiten abwegig ist.

Wenn sich eine Führungskraft Zeit für die Mitarbeiter und ihre Vorstellungen nimmt, baut sie Vertrauen, Respekt und Engagement auf. Indem sie Mitarbeitern ein Mitspracherecht bei Entscheidungen einräumt, die deren Ziele und Arbeitsweise beeinflussen, fördert sie Flexibilität und Verantwortung. Während die demokratische Führungskraft ihren Mitarbeitern zuhört, lernt sie, was sie tun kann, um das Arbeitsklima zu verbessern. Und sobald Menschen in einem demokratischen System beim Festlegen von Zielen und Leistungsstandards mitreden dürfen, können sie realistischer einschätzen, was erreichbar ist und was nicht. Wiewohl der demokratische Führungsstil eine Mitbeteiligung der Geführten anstrebt und kommunikativ ist, gründet er sich doch eher auf einer introvertierten Grundhaltung der Führungsperson und ist insofern programmatisch-funktional, weil die ordnende Wirkung des demokratischen Systems genutzt werden und über die Beiträge wichtiger Mitarbeiter Engagement und Konsens zustande kommen soll (siehe die Positionierung in Abb. 2.8).

Der demokratische Stil hat aber auch seine Nachteile. Deshalb ist sein Einfluss auf das Klima nicht so nachhaltig wie der einiger anderer Führungsstile. Es kann sehr belastend sein, wenn auf endlos langen Besprechungen nur über die verschiedensten Ideen geredet wird, kein klarer Konsens zustande kommt und das einzig sichtbare Ergebnis darin besteht, weitere Treffen anzuberaumen. Manche Führungskräfte nutzen das, um wichtige Entscheidungen hinauszuschieben in der Hoffnung, irgendetwas werde schon herauskommen, wenn alles nur lange genug beredet wird. Mitarbeiter fühlen sich jedoch dann eher verwirrt und führungslos. Bei einem solchen Vorgehen können am Ende sogar Konflikte eskalieren.

Demokratische Führung kann andererseits eine *gelenkte Selbstorganisation* begünstigen (vgl. Withauer 2000, S. 168 f). Selbstorganisation ist ein fundamentales Prinzip der Chaosforschung (siehe auch 1.7), einer Forschungsrichtung, die sich insbesondere der Frage widmet, wie generell Ordnung aus Unordnung (Chaos) entsteht, d.h. wie natürliche (und kulturelle) Systeme sich selbst organisieren. Die Vorteilhaftigkeit der Selbstorganisation zeigt sich in der besseren Kreation und Bewältigung visionärer und dynamischer Entwicklungen. Das praktische Selbstorganisationsverständnis stellt die Notwendigkeit eines Aktes der Fremdorganisation bzw. eines demokratischen, *impulsgebenden* Führungsstils heraus, wobei die »von außen« gesetzten Impulse im System selbstlenkend verarbeitet werden. Dadurch können Ordnungsmuster (Handlungsprogramme) als Resultat der Interaktionen im System entstehen. Diese sind dann zwar das Resultat menschlichen Handelns, aber nicht vorgängig menschlicher Absicht. Ein vortreffliches Beispiel für gelenkte Selbstorganisation und demokratische Führung ist das Erarbeiten komplexer Strategien als »globale Wege« zur Erreichung von Zielen.

Der *leistungsbetonte* Stil einer Führungsperson richtet sich auf das Setzen außerordentlich hoher Leistungsstandards sowohl für sich selbst wie auch für Mitarbeiter. Ein solcher Führer drängt sich und verlangt auch von den Mitarbeitern, Dinge immer besser und schneller zu erledigen. Wer leistungsschwach ist, fällt rasch auf und wird aufgefordert, mehr zu tun. Wer sich nicht nachhaltig bewährt, wird durch einen Fähigeren ersetzt. Bei all dem liegt die Annahme nahe, ein solches Führungsverhalten müsse beste Ergebnisse zustande bringen.

Die Studie zur Erfolgswirksamkeit der einzelnen Führungsstile konnte die positive Wirkung des Leistung einfordernden Stils nicht bestätigen (vgl. Goleman 2000, S. 16 f). Der wirkt sich vielmehr auf das Klima zerstörerisch aus. Viele Mitarbeiter fühlen sich von dem Leistungsanspruch des Vorgesetzten erdrückt, und so sinkt ihr Engagement. Hinzu kommt, dass der leistungsbetonte Chef nicht genügend einweist oder unterweist, wie etwas nach seiner Vorstellung erledigt werden soll. Er erwartet, dass die Mitarbeiter schon wissen, was sie tun müssen, oder er sagt sogar: »Wenn ich es Ihnen erst erklären muss, sind Sie hier fehl am Platze«. Solches Führungsverhalten lässt einem Mitarbeiter nur noch die Möglichkeit, den Willen des Chefs zu erraten, und zugleich kommt das ungute Gefühl auf, es werde ihm nicht zugetraut, eigenständig zu arbeiten oder die Initiative zu ergreifen. So schwinden Flexibilität und Verantwortung, und die Arbeit wird so sehr zu reiner Aufgabenverrichtung und Routine, dass sie langweilt.

Die Anerkennung von Leistungen wäre für eine leistungsbetonte Führungsperson völlig untypisch, allenfalls nimmt sie eine Sache selbst in die Hand, wenn sie glaubt, Mitarbeiter würden zu langsam arbeiten. Hohes Engagement von Mitarbeitern verlangt nach positivem Feedback, und wenn dies ausbleibt, sinkt ihr Einsatz, zumal unklar bleibt, in welchem größeren Zusammenhang dieser persönliche Einsatz steht.

Die negative Wirkung des leistungsbetonten Stils tritt nicht immer auf, wirkungsvoll kann er sich für hoch motivierte und kompetente Mitarbeiter erweisen, die nur wenig Richtungsvorgaben oder Koordination brauchen. So zeigte sich bei solchen Fachleuten, wie sie in Forschungsteams oder in juristischen Abteilungen zu finden sind, dass eine Erledigung der gestellten Aufgaben fristgerecht oder sogar vorzeitig zustande kam.

Ein *coachender* oder pädagogischer Führungsstil ist darauf gerichtet, Mitarbeiter ihre individuellen Stärken und Defizite erkennen zu lassen und mit ihren persönlichen und beruflichen Ambitionen zu verknüpfen. Coaching als Führungsstil bestärkt die Geführten darin, sich langfristige Entwicklungsziele zu setzen, regt einen zu ihrer Erreichung geeigneten Plan an und unterstützt in jeder Hinsicht seine Verwirklichung. Die coachende Führungskraft will durch die Delegation schwieriger Aufgaben und kurzfristig in Kauf genommener Fehler vor allem das Lernen fördern.

Wie die Studie der Führungsstile ergab, wird Coaching von den analysierten sechs Führungsstilen am seltensten eingesetzt. Zur Begründung wird von vielen Führungskräften die Befürchtung angegeben, sie könnten sich der persönlichen Weiterentwicklung der Mitarbeiter nicht widmen, da dies eine zu zeit- und kräfteraubende Aufgabe sei (vgl. Goleman 2000, S. 18). Diese Annahme stimmt indessen mit den praktischen Erfahrungen nicht überein, nach einem ersten Gespräch ist meist nur noch ein geringer oder gar kein weiterer Aufwand erforderlich.

Richtig ist allerdings, dass Coaching sich nicht unmittelbar auf die leistungswirksame Erledigung aktueller Arbeitsaufgaben auswirkt. Führungskräfte, welche diese Möglichkeit zu führen außer Acht lassen, verzichten auf den großen Vorteil, das Klima und die Leistung merklich positiv zu beeinflussen. Der positive Effekt eines coachenden Führungsstils auf die Leistung ist

Die sechs Führungsstile im Überblick

	autoritär	autoritativ	partner-schaftlich	demokra-tisch	leistungs-betont	coachend
Führermotivation und Führungs-absicht	Aufforderung, dass eine Anweisung sofort befolgt wird	Ansporn der Mitarbeiter, eine Vision zu verwirklichen	Schaffen von Har-monie und emotio-nalen Bindungen	Schaffen von Konsens durch Mitbeteili-gung	Setzen hoher Leistungs-standards	Mitarbeiter für die Zu-kunft vor-bereiten
Führungs-»Motto«	"Tun Sie, was ich Ihnen sage"	"Begleiten Sie mich auf meinem Weg"	"Für mich zählen vor allem die Menschen"	"Was halten Sie davon?"	"Machen Sie es wie ich, sofort und jetzt"	"Versuchen Sie doch dies einmal"
Benötigte »Schlüssel«-fähigkeiten	Tatendrang Tatkraft, Selbstkon-trolle	Selbst-vertrauen, Empathie, Wille zum Wandel	Empathie, Beziehungs-stärke, Kommuni-kation	Zusammen-arbeit, Führung im Team, Kommunika-tion	Gewissenh aftigkeit, Erfolgs-drang, Tatkraft	Förderung anderer, Empathie, Selbst-reflexion
Situation, zu der der Führungsstil am besten passt	in einer Krise, um Ausweg anzustoßen oder bei Problemen mit schwierigen Mitarbeitern	bei notwendiger visionärer Orientierung oder wenn die Richtung »klar« sein soll	zum Über-winden von Verstim-mungen in einem Team; zur Motiva-tion von Menschen in belastender Situation	um Engage-ment oder Konsens zu bewirken bzw. um Beiträge von wichtigen Mitarbeitern zu bekommen	wenn von einem hochmoti-vierten und tüchtigen Team schnelle Ergebnisse kommen sollen	um einem Mitarbeiter zu helfen, seine Leistung zu verbessern oder nachhal-tige Stärken zu entwickeln
Wirkung auf Zufriedenheit und Arbeitsklima	negativ	am klarsten positiv	positiv	positiv	negativ	positiv

Quelle: Golemann 2000, S. 12/13, eigene Ergänzung

in der Tat fraglich oder widersprüchlich. Dennoch dürfte Coaching die Ergebnisse schon deshalb eher verbessern, weil es einen fortlaufenden Dialog mit sich bringt, und der wirkt sich immer positiv auf das Klima aus. Die erwartbare rasche und konstruktive Rückmeldung gibt Mut zum Experimentieren, die Geführten wissen, was von ihnen erwartet wird, durch Coaching steigt das Engagement, weil ihm die indirekte Botschaft innewohnt »Ich glaube an Sie, ich investiere in Sie, und ich erwarte, dass Sie Ihr Bestes geben«.

Eine coachende Führung wird besonders erfolgreich sein, wenn Mitarbeiter um ihre bereits nutzvollen Stärken (!) und Defizite wissen und ein starkes Interesse zeigen, besser zu werden und durch die Förderung neuer Fähigkeiten vorankommen wollen (vgl. Withauer 2000, S. 268 ff). Der coachende Führungsstil scheitert jedoch oftmals daran, dass Führungspersonen mit »helfenden Beziehungen« nicht vertraut oder unbeholfen sind. Zum Beispiel zeigt sich dies beim notwendigen Leistungsfeedback, das motivierend oder auch angstauslösend oder entmutigend wirken kann. Im Rahmen eines ganzheitlichen Management-Development (siehe Kap. 5) gilt es deshalb, diesen Führungsstil als eine führungsbezogene »Schlüsselqualifikation« zu entwickeln.

2.8 Flexibler Führungsstil und situatives Gespür

Zahlreiche Untersuchungen wie auch die von Goleman begleitete Studie der Beratungsfirma Hay/McBer (vgl. Goleman 2000, S. 22) zeigen, dass der Erfolg einer Führungskraft mit der Zahl der Führungsstile, über die sie verfügen kann, wächst. Bei Führungskräften, die vier oder mehr Führungsstile anwendeten - insbesondere den autoritativen, den demokratischen, den partnerschaftlichen sowie den coachenden Stil -, stand es um die Arbeitsleistung und Zufriedenheit am besten. Wer als Führungskraft höchst effektiv ist, wechselt situationsabhängig von einem Führungsstil zu einem anderen. In der Hay/McBer-Studie konnte dieser Zusammenhang eindrucksvoll nachgewiesen und belegt werden sowohl für traditionsreiche Großfirmen wie auch junge Kleinunternehmungen, bei langjährig erfahrenen Managern, die genau erläutern konnten, wie sie führen und warum sie so führen, als auch bei Unternehmern, die nach ihrer Meinung rein intuitiv führten.

Der authentische persönlichkeitsgeprägte und individuell passende Führungsstil verlangt und ermöglicht, die durch *Selbstreflexion* erkannten Stärken angemessen umzusetzen, indem es gelingt, durch *Empathie* bzw. soziale Wahrnehmungsfähigkeit, das ist Feinfühligkeit, Verständnis und Gespür für andere, zielgerichtete Aktionen in Gang zu setzen, worauf diese Anderen im gewünschten Sinne reagieren; die ergänzende Führungseigenschaft ist deshalb Verhaltensflexibilität, das ist Beweglichkeit und Umstellungsfähigkeit des eigenen Führungsstils und -verhaltens.

Führungskräfte sollten ihr Führungsverhalten nicht mechanisch an einer vorgegebenen Liste von Situationen ausrichten, sie müssen flexibel reagieren. Sie müssen erkennen, welchen Einfluss sie auf andere ausüben und passen ihren Führungsstil so an, dass die besten Resultate zustande kommen. Solche Führungskräfte finden beispielsweise schon in den ersten Minuten eines Gesprächs heraus, ob ein fähiger, aber leistungsschwacher Mitarbeiter durch einen zuvor erlebten autoritären Führungsstil demoralisiert worden und mithin wieder motivierbar ist und sie verdeutlichen dem Betreffenden, warum seine Arbeit zählt oder geben ihm neue Impulse, indem sie mit ihm über seine Wünsche, Vorstellungen und Ziele reden, um Wege zu entdecken, seine Arbeit herausfordernder zu gestalten. Vielleicht signalisiert das erste Gespräch aber auch, dass das Gegenüber ein Ultimatum braucht: »Entweder Ihre Leistung wird besser, oder Sie verlassen uns«.

Nur wenige Führungskräfte verfügen über alle sechs Führungsstile, und noch weniger besitzen das Gespür, wann sie welchen wie einsetzen sollten. Erkennbar unsinnig dürfte jedenfalls sein, eine einheitliche Führungsform, einen Führungsstil, als »besten« oder einzig »richtigen« zu propagieren. In jedem Einzelfall muss geprüft werden, welche Führungsform dem jeweiligen Organisationsziel sowie der Ausgangssituation angemessen ist. »Management according to task« bedeutet, dass in die Wahl der Führungsform die Aufgabe, das Selbstverständnis der Gruppe, aber auch das Selbstverständnis des Führenden einzubeziehen sind. Die organisatorischen und gruppendynamischen Elemente der Führungsform bestimmen das Führungsverhalten, das sich wiederum durch sozialpsychologische, insbesondere motivationale Elemente beschreiben lässt.

Statt der Beherrschung sämtlicher Führungsstile durch eine Person ist auch die situative Führung durch Mitglieder eines Teams denkbar, wobei die Zuordnung der Führungsaufgaben an ein Teammitglied nach benötigtem Führungsstil geschieht, welcher bei den anderen Mitgliedern defizitär ist. Ein Produktionsmanager beispielsweise, der ein weltweites Fabriksystem erfolgreich über einen partnerschaftlichen Führungsstil lenkt, trifft sich auf seinen häufigen Reisen mit den Werksleitern, befasst sich mit deren Hauptsorgen und lässt jeden wissen, wie sehr er ihn persönlich schätzt. Die strategische Ausrichtung des Geschäftsbereichs auf äußerste Effizienz hat er vertrauensvoll überantwortet seinem Stellvertreter mit einem ausgeprägten Technikverständnis. Die Einhaltung der Leistungsstandards des Bereichs delegierte er an einen anderen Kollegen, der den autoritativen Stil hervorragend beherrscht. Zum Team gehört noch ein betont auf Leistung bedachter Manager, mit dem er die Fabriken gewöhnlich gemeinsam besucht.

Erstrebenswerter und herausfordernder ist allerdings, dass eine Führungskraft ihr eigenes Stilrepertoire erweitert. Dazu muss die Führungsperson zunächst herausfinden, mit welchen Kompetenzen ein unzureichend ausgeprägter Führungsstil zusammenhängt. Dann kann mit der Erkenntnis des hierfür relevanten Eigenschaftsbündels trainierend an dem Ausbau dieser Kompetenzen gearbeitet werden.

Eine partnerschaftliche Führungskraft besitzt beispielsweise Stärken in drei Bereichen der sozialen Kompetenz: Empathie, Aufbau von Beziehungen und Kommunikation. Empathie als das Gespür für die jeweilige Stimmung anderer eröffnet und hilft der partnerschaftlichen Führungskraft, angemessen auf die Gefühle der Geführten einzugehen. Der partnerschaftlichen Führungskraft fällt es auch leicht, neue Kontakte zu knüpfen, jemanden näher kennen zu lernen und Beziehungen zu pflegen. Hinzu kommt die Fähigkeit zu gedeihlicher zwischenmenschlicher Kommunikation, insbesondere weil sie das Richtige genau zum richtigen Zeitpunkt sagt oder eine passende Geste einsetzt.

Eine vorrangig zu forderndem Führungsverhalten tendierende Führungsperson, welche aber auch häufiger partnerschaftlich zu agieren sich wünscht, muss mithin die erwähnten emotional-intelligenten Kompetenzen stärken. Um ein anderes Beispiel zu nennen: Eine sich am liebsten autoritativ verhaltende Führungskraft, die auch den demokratischen Stil praktizieren möchte, müsste ihre Fähigkeiten zur Teamarbeit und Kommunikation trainieren.

Auch mit der Betrachtung personbezogener und situativer Aspekte zur Wahl der »richtigen« Führungsform wird Führung und Führungsverhalten dennoch nicht eine exakte Wissenschaft. Andererseits braucht personale Führung auch nicht völlig geheimnisumwittert bleiben. Die referierten Untersuchungen und Studien zeichnen zweifelsohne ein klareres Bild davon, was Führungskräfte tunlichst können sollten, um effektiv zu führen, und wie sich Erkenntnisse der Führungsforschung in angemessene Verhaltensweisen zum erfolgswirksamen Führungshandeln umsetzen lassen.

3 Vertrauen als Prämisse für gelingende Motivation und Führung

Die vertrauensvolle Zusammenarbeit zwischen Führer und Geführten erscheint als eine notwendige Selbstverständlichkeit für das Gelingen einer menschengerechten, vernünftigen Form der Führung. Umso erstaunlicher ist es, dass dieser Aspekt für die Ausrichtung der Führungsbeziehungen im Vergleich etwa zu Untersuchungen zur Motivation und zu Führungs-stilen weitgehend unbeachtet blieb. Einzig die von McGregor so genannte Theorie Y trägt das Leitbild einer vertrauensvollen Beziehung in sich (siehe Withauer 2016, Kap. 2, 6.6), ohne jedoch wesentlich zur Erhellung des Phänomens Vertrauen selbst beizutragen.

3.1 Vorteilhaftigkeit vertrauensvoller Beziehungen

Vertrauen ist immer zukunftsgerichtet, es ist zudem risikobehaftet und bringt deshalb mit sich, dass der Vertrauende verletzlich ist. Vertrauen ist jedoch auch ein Mechanismus zur Reduktion sozialer Komplexität (vgl. Luhmann 1989, S. 26), indem die Vielzahl an Handlungsmöglichkeiten reduziert wird auf kooperatives Verhalten. Dadurch werden teilweise Leistungen und Befindlichkeiten erleichtert und Handlungsmöglichkeiten erschlossen, die ohne Vertrauen unwahrscheinlich und unattraktiv wären. Umfangreiche Studien zur erfolgreichen Bewältigung anstehender Aufgaben konnten zeigen, dass kooperativ arbeitende Teams im Vergleich zu nicht-kooperativer Arbeitsweise überlegene Ergebnisse produzieren. Durch interpersonales Vertrauen geprägte Arbeitsbeziehungen erbringen mithin eine positivere Einstellung zur Aufgabe, höhere Bereitschaft zu gegenseitiger Unterstützung, intensiveren Austausch von Informationen und Ressourcen, verstärktes gegenseitiges Feedback, mehr Kreativität bei schwierigeren Aufgaben, fortwährende Suche nach Verbesserungen. Die Vorteilhaftigkeit kooperativer Zusammenarbeit darf auch für die positive Wirkung vertrauensvoller vertikaler Führungsbeziehungen angenommen werden.

Ein Paradoxon scheint zu sein, wenn man beobachten kann, dass Führungskräfte, welche durchaus die Motivationslehren und Führungsstilempfehlungen praktizieren, dennoch eine schlechte Stimmung in ihrem Führungsbereich, frustrierte Mitarbeiter und eine leistungswidrige Unternehmenskultur erreichen. Umgekehrt trifft man auf Manager, welche unüberseh-bar Führungs-, Verhaltens- und Motivationsfehler begehen und trotzdem eine ausgezeichnete Situation in ihrem Führungsbereich haben, positives Arbeitsklima und leistungsorientierte Mitarbeiter. Bei weiterem Erkunden dieses Phänomens erweist sich als entscheidend, inwieweit ein Chef das Vertrauen seiner Umgebung, seiner Mitarbeiter, Kollegen und Vorgesetzten zu gewinnen und zu erhalten verstanden hat. Falls die Leute zu ihrem Chef Vertrauen haben, spielen alle anderen Dinge eine vergleichsweise untergeordnete Rolle, dann kann die so geschaffene robuste Kultur der vertrauensvollen Zusammenarbeit dafür sorgen, dass die Menschen nachsichtig sind gegenüber den vielen Führungs-, Verhaltens- und Motivationsfehlern, die auch den besten Managern unterlaufen, ohne dass sie dies wollen oder oft nicht einmal merken. Gut geführte Organisationen und Führungsbereiche weisen so ein erhebliches Maß an »Dickfelligkeit« gegenüber Führungsfehlern auf, die zwar passieren, aber dann nicht so schwer wiegen.

Führungsfehler sollen damit keinesfalls entschuldigt oder gerechtfertigt werden. Deutlich werden mag nur: ohne ein ausreichendes Vertrauen sind die Bemühungen um Motivation, Organisationskultur und gutes Betriebsklima fragwürdig bis vergeblich; sie könnten schlimmstenfalls als besonders raffinierte Formen der Manipulation aufgefasst werden. Vertrauen ersetzt nicht Motivation, es wirkt indessen katalytisch, in aller Regel gelingt es unter dieser Bedingung müheloser, Mitarbeiter zu motivieren.

3.2 Entstehung und Aufbau von Vertrauen

Aus der Erkenntnis der Bedeutung des Vertrauens in der Führungsbeziehung ergibt sich die *führungspraktische* Frage nach den Faktoren bzw. Determinanten, welche die Entstehung von Vertrauen beeinflussen. Auf der Basis einer Literaturrecherche hat Weibler (vgl. 2016, S. 52 ff) folgende Faktoren der Vertrauensbildung gefunden:

»Vertrauensneigung« als persönliche Disposition des Führers:

Diese aus der Veranlagung kommende Disposition, das sogenannte Ur-Vertrauen, entwickelt sich schon im frühen Kindesalter vor allem in der Interaktion mit den Eltern und bleibt danach relativ stabil erhalten, entfaltet sich gleichwohl situativ unterschiedlich.

Vertrauenswürdigkeit der Zielperson, des Mitarbeiters:

Die subjektive Wahrnehmung der Vertrauenswürdigkeit wird von Ähnlichkeiten zur eigenen Person wie Alter, Geschlecht, Beruf, sozialem Status beeinflusst; hinzu kommen Kompetenz, Integrität/Loyalität, offene Kommunikation sowie Gutwilligkeit und Wohlgesonnenheit.

Reziprok miteinander erfahrenes konsistentes Verhalten und Verlässlichkeit:

Ein kooperativer Umgang miteinander pflegt ein konkretes vertrauensbildendes Prinzip: Meinen, was man sagt und das man auch tut! Halten, was man verspricht!
Dies kann nicht heißen, alles zu sagen, was man meint; als Führungskraft wird man sich stets überlegen müssen, was man sagt und vor wem und wann. Wenn man jedoch etwas sagt, muss es auch so gemeint sein. Eine Meinungsänderung als unschicklich anzusehen, wäre weltfremd, wer gut führen will, muss dies nur bekennen und plausibel begründen.

Mitbeeinflussung durch Vertrauen in das übergeordnete System:

Mit dem Systemvertrauen ist meist ein der organisationalen Ebene übergeordnetes System angesprochen wie etwa die Rechtsordnung. Gleichwohl kann es auch auf das Vertrauen zu der Organisation, der man selbst angehört, bezogen werden und ergänzt werden. Das Vertrauen in Institutionen ist deshalb möglich, weil diese Systeme Sicherheitsgarantien bereitstellen wie den guten Ruf in der Öffentlichkeit, Beschwerdewege, Haftung, die nicht an einzelne Personen innerhalb des Systems gebunden sind.

3 Instrumente zur Umsetzung führungsbezogener Gestaltungsabsichten

Führungsinstrumente bieten die Chance, bei der Gestaltung der Führungsbeziehungen unterstützend auf das Verhalten der Geführten einzuwirken. Sie lassen sich unterscheiden, ob sie auf die Qualifikation, die Motivation oder die Arbeitssituation des Mitarbeiters sowie auf die Führungskultur Einfluss nehmen. Die Mittel und Methoden der Führungsinstrumente sind in der Regel organisationsweit vorhanden, führungsspezifisch werden sie indessen nur dann, wenn ein Führer sich ihrer aktiv im Rahmen des Führungsprozesses bedient, das Verhalten eines Mitarbeiters effektiver auf erstrebte Ziele auszurichten (vgl. Weibler 2016, S. 366 f).

4.1 Anerkennung und Kritik

Das Führungsinstrument der Anerkennung und Kritik hebt sich insofern hervor, als es den Führungsalltag beständig zu prägen vermag und innerhalb einer Führungsbeziehung praktisch unvermeidbar ist. Immer wieder ist eine Führungskraft aufgefordert, erwünschtes Verhalten und Verhaltensergebnisse zu bestätigen und damit zu festigen und negatives Verhalten zu korrigieren und zukünftig zu vermeiden bzw. zu bessern. Mit seinen positiven oder negativen Äußerungen zu einem bestimmten Handeln von Geführten artikuliert der Führer seine positive oder negative Einschätzung dieses Verhaltens und will dadurch es in der von ihm erwünschten Weise beeinflussen. Anerkennung und Kritik begutachten zum einen das jetzige und *orientieren* über das zukünftig erwartete Verhalten und *motivieren* zu lobenswertem bzw. kritikvermeidendem Verhalten. Die Bedeutung dieses Führungsinstrumentes kann nicht überschätzt werden, weil Mitarbeiter recht sensibel auf Anerkennung und Kritik reagieren. Deshalb sollte es auch nicht vorkommen, dass - wie vielfach im Führungsalltag - eine gelungene Arbeit als selbstverständlich aufgefasst wird und unkommentiert bleibt, während ein unbefriedigendes Arbeitsergebnis eingehend destruktiv kommentiert wird. Ein solches Verhaltensmuster würde die persönliche Beziehung zwischen Mitarbeiter und Führungskraft arg belasten.

Eigentlich zeigt das Arbeitsverhalten der Menschen im Betrieb, dass sie gute Arbeit leisten und ihr Verhalten in der Regel nach den Wunschvorstellungen der jeweiligen Führungskräfte ausfällt. Demgemäß müssten positive Bewertungen durch Anerkennung häufiger geäußert werden als kritische Verhaltensaussagen. Tatsächlich scheint die Aufmerksamkeit von Führungspersonen mehr einer »Jagd nach Fehlern« zu gelten, als ihre Mitarbeiter bei »guten Taten zu *erwischen*«.

Anlässe und Gelegenheiten für eine Bestätigung bzw. Anerkennung sollten sein:

- jede Leistungssteigerung oder -verbesserung,
- überdurchschnittliche Arbeitsergebnisse,
- ein stetiges und gleichbleibend verlässliches Verhalten.

Anerkennung lässt sich *in vielfältiger Form* ausdrücken,

› verbal: durch Dank, Lob, Herausstellen;
› paraverbal: durch Mimik, Gestik, Augenkontakt;
› nonverbal: durch annähernde Körperbewegung ;
› direktes Handeln: durch Zuweisung einer chancenträchtigen Aufgabe;
› indirekt re-agieren: um eine Meinung bitten, um Rat fragen;
› materiell: Sonderurlaub, Prämie u.ä.

Destruktive Handlungsoptionen für die Äußerung von Kritik sind nur allzu geläufig wie etwa Vorhaltungen, Vorwürfe, Bloßstellung, Beschuldigungen. Die Wirkung auf die Mitarbeitermotivation ist fraglos äußerst negativ, weshalb nicht wenige Führungspersonen dazu neigen, auch kritikwürdiges Verhalten lieber nicht zu thematisieren, zumal sie sich auch selbst dabei ziemlich unwohl fühlen.

Ein objektiv wesentlicher Unterschied zwischen der Wirkung von Anerkennung und Kritik mit Blick auf den Geführten liegt in dem Sachverhalt, dass ihm Anerkennung die richtige Richtung signalisiert, Kritik gegebenenfalls nur die falsche (vgl. Weibler 2016, S. 383). Deshalb erscheint es stets notwendig, Kritik zu begründen und das alternativ erwünschte Verhalten deutlich zu beschreiben.

Im partnerschaftlichen Führungsstil hätte ein vernünftiges Kritikgespräch folgende Phasen:

- kurze Begrüßung;
- Kurzerwähnung der regelmäßig guten Zusammenarbeit und der auch jetzt nicht infrage stehenden Vertrauensbeziehung;
- Beschreibung des kritikrelevanten Verhaltens;
- Mitarbeiterseitige eventuell zwingende Begründung des Verhaltens – selten!
- Darlegung der negativen Auswirkungen des Verhaltens auf Betrieb oder Personen;
- Gemeinsam akzeptierte Absteckung des künftig erwünschten Verhaltens;
- Erläuterung und Vereinbarung künftiger sporadischer Kontrollen des verabredeten Verhaltens - (!!) als dann wahrscheinliche Möglichkeit der Anerkennung (!!)
- Verabschiedung und Gesprächsdank.

Anerkennung und Kritik als Führungsinstrument lassen sich lerntheoretisch begründen. Der Mensch zeigt verstärkt die Verhaltensweisen, welche ihm belohnt werden, und meidet diejenigen, welche keine oder gar eine negative Reaktion auf Seiten einer Bezugsperson hervorrufen. Empirisch abgesichert ist die Überlegenheit von Belohnungen gegenüber Bestrafungen (vgl. Weibler 2016, S. 386 f). Führungskräfte können mithin ein bestimmtes Verhalten ihrer Mitarbeiter anregen, stabilisieren oder verändern, indem sie deren als erwünscht erachtete Verhaltensweisen vor allem belohnend verstärken und nicht erwünschtes Verhalten zunächst durch einen Hinweis korrigieren und nur gelegentlich bestrafen. Ein oftmals positiv bewertetes Verhalten wird durch den einhergehenden Lernprozess zunehmend zum Regelverhalten und bedarf dann nur noch gelegentlich zur Stützung einer gezielten Anerkennung.

Ob das von einem Mitarbeiter gewollte Verhalten von ihm angenommen und befolgt wird, hängt auch davon ab, wie glaubwürdig das gewünschte Verhalten wahrgenommen wird. Diesbezüglich könnte sich ein Mitarbeiter orientieren am analogen Umgang mit Kollegen sowie an der Verlässlichkeit des Führerverhaltens. Sind in der Führungsbeziehung die Reaktionen auf identisches Mitarbeiterverhalten nicht konstant und mithin unberechenbar, ist auch der Mitarbeiter nicht in der Lage, eindeutige Erwartungen des Vorgesetzten zu erkennen und mag das geforderte Verhalten als unaufrichtig oder ungerecht empfinden. Ein weiterer

Aspekt des Vertrauens ist das beispielhafte Vorleben einer erwünschten Verhaltensweise durch die Führungsperson selbst. Befolgt der Vorgesetzte selbst die von ihm gewünschte Verhaltens-weise, dann fungiert er als Lernmodell und die Chancen für ein entsprechendes Mitarbeiterverhalten steigen (vgl. ebda, S. 385).

4.2 Mitarbeitergespräch, Personal- und Vorgesetztenbeurteilung

Gespräche sind in vielen Lebensbereichen gegenwärtig und in vielen Berufen - ob Verkäufer, Anwalt, Arzt, Politiker, Journalist - das elementare und gängige Mittel des Arbeitens. Dies gilt auch für Führungskräfte in der Zusammenarbeit mit Mitarbeitern. Die verbalen Kontakte machen nach den Ergebnissen mehrerer Studien, wenn man zu den Zweier-Gesprächen auch Diskussionen mit mehreren Personen und formelle Konferenzen einbezieht, zwischen 55 und 80 Prozent der Gesamtarbeitszeit aus. Das Mittel, das am häufigsten im Kontakt zwischen Führungspersonen und Mitarbeitern eingesetzt wird, ist das direkte Mitarbeitergespräch. Obgleich für solche Gespräche die hierarchische Distanz ein Charakteristikum ist und sie von anderen Gesprächsformen abheben, wird statt der Bezeichnung Führungsgespräch der Begriff Mitarbeitergespräch gewählt: die Unterredung wird denn ja zwischen zwei Angehörigen ein und derselben leistungsorientierten Organisation geführt, Führungskräfte sind in der Regel ohnehin auch unterstellte Mitarbeiter und es wird dadurch die erfolgsoptimale auch vertikal beabsichtigte Zusammenarbeit ausgedrückt (vgl. Neuberger 1998, S. 5).

Vergegenwärtigt man sich die Aufgaben einer Führungskraft wie

> Ziele setzen, Planen, Analysieren, Entscheiden, Organisieren, Probleme lösen, Koordinieren, Führen, Motivieren, Delegieren, Veränderungen einleiten usf.

dann dürfte sie keine dieser Aufgaben erledigen können, ohne in Kontakt mit ihren Mitarbeitern zu treten, zu informieren und informiert zu werden (vgl. Withauer 2016, Kap.1, 1.3). Die Funktionen des Managementprozesses als Ausdruck der Führungsaufgaben gehen einher mit Beratungen und Berichten, Anweisungen und Diskussionen, Telefonaten und Meetings, Anerkennung, Belehrung und Bekehrung, Beschwerden, Gespräche, Antworten, Fragen usw. Das was ein komplexes Geschehen in einer Organisation »im Innersten zusammenhält«, was die scheinbar intransparenten *Sachabläufe* koordiniert, sind Information und Kommunikation im weitesten Sinne.

Alltägliche Kommunikationsakte sind Informationen über die gegenwärtige Situation, über Probleme, Fortschritte, Vorschläge, Ideen, Maßnahmen, Ziele usw.

Darüberhinaus haben Information und Kommunikation eine oft überragende *psychologische* Bedeutung, die sich auf die Reizwirkung auf menschliche Motive gründet: Informiert sein heißt oftmals Macht und Einfluss haben, man fühlt sich herausgehoben, wenn man wichtige Dinge früher weiß als Andere (Status, Prestige); im Informieren drücken sich Zugehörigkeit und Akzeptiertsein aus, man pflegt Kontakte und 'bespricht' sich (Sozialkontakt); wer weiß, was vor sich geht, ist auf eventuelle Veränderungen vorbereitet, es werden klare Orientierungsdaten vorgegeben (Sicherheit); durch positive Rückmeldung und die Bekundung des Vertrauens fühlt man sich in seiner Leistungsfähigkeit bestätigt (Kompetenz, Anerkennung); die vielfach immense Neugier wird gestillt usw.

Angesichts der strategischen Bedeutung der Kommunikation in Unternehmen und anderen Organisation muss es verwundern, dass das »Mitarbeitergespräch« so selten als ausreichend fundiertes Führungsinstrument eingesetzt wird. Die Nutzung des Mitarbeitergesprächs als Führungsinstrument scheitert schlicht an dem Glauben, dass derjenige, der sprechen kann, auch ein Mitarbeitergespräch führen kann. Ein sachlich und psychologisch gelingendes Mitarbeitergespräch zeichnet sich indessen durch eine konstruktive und partnerschaftliche Haltung aus. Unqualifizierte Gespräche mit einem Mitarbeiter können allerdings jenen innerlich ziemlich verletzen oder sogar dessen »innere Kündigung« bewirken (siehe Withauer 2016, Kap. 2, 4.7).

Ein Kommunikationstraining für Führungskräfte zur Anwendung des Führungsinstruments »Mitarbeitergespräch« muss sich befassen mit den Themen Selbstbild, Bild vom Anderen, Entschlüsselung von Gedanken oder Absichten, Steuerung des Gesprächsgeschehens, Aufmerksamkeit sichern, Aktiv zuhören, konstruktiver Dialog und Feedback, Zwei-Weg-Kommunikation, Umgang mit Konflikten, welche sich auf Prinzipien gründen wie Offenheit, Verständniswillen, voneinander lernen, gegenseitige Akzeptanz und Kompromissbereitschaft.

Eine institutionalisierte und führungspolitische Ausprägung erfährt das Instrument Mitarbeitergespräch im Zuge von kommunikativen und kooperativen Personalbeurteilungen mit den Kategorien Potenzial- und Leistungsbeurteilung, Zielsetzungen (Management by Objectives) sowie Förderung und Entwicklung der Leistungsfähigkeit und -bereitschaft des Mitarbeiters (kompetenzorientiertes Personalmanagement). In einem in partnerschaftlichem Dialog geführten Mitarbeitergespräch wird durch wechselseitige Beurteilung und Rückmeldung die konstruktive Kommunikation erreicht. Dabei ändern sich die Rollen der Beteiligten. Die Führungskraft fungiert unter anderem als Coach und Mentor. Zugleich erhält auch der Mitarbeiter im Rahmen seiner »Führung des Chefs« neue Aufgaben: einmal über seine Selbsteinschätzung und Selbstführung, zum anderen als Beurteiler und Counseller seiner Führungskraft (vgl. Wunderer 2011, S 325 ff).

Weitergehend ist eine Vorgesetztenbeurteilung als systematische Einschätzung des Verhaltens des direkten Vorgesetzten durch die ihm unmittelbar zugeordneten Mitarbeiter. Diese Aufwärtsbeurteilung dient vor allem als Orientierungshilfe für das eigene Handeln der Führungsperson, die ja ohne entsprechende Informationen der Mitarbeiter die Führungsbeziehung nur aus ihrer Perspektive sehen kann. Als geeignete Methode werden zumeist Fragebogen eingesetzt, erkenntnisreicher, aber seltener praktiziert sind Interview oder Gruppengespräch.

4.3 Zielvereinbarung; Management by Objectives

Die Führung durch Zielvereinbarung ist die Konsequenz aus der Ausrichtung der Führung auf Resultate. Ziele bezeichnen zukünftige Zustände, die Verhaltens- oder Leistungsgrößen annehmen sollen. Sie werden unmittelbar aus dem Arbeitskontext abgeleitet. Das Instrument der Zielvereinbarung findet vor allem im Führungsmodell des *Management by Objectives (MbO)* seinen Niederschlag.

Mit der Zielvereinbarung ist eine Abkehr vom gewohnten Denken in Einzelaufgaben und Verfahren verbunden zugunsten der Ausrichtung auf das größere Ganze. Das Führungsinstrument MbO entlastet die Führenden erheblich von operativen Entscheiden und gibt den Geführten eine deutlich höhere Selbständigkeit in der Zielumsetzung, hinzu kommt die meist praktizierte Mitwirkung schon bei der Zielvereinbarung. Der ergebnisbezogene Maßstab der Zielerreichung kann geeignete Konsequenzen ziehen, zum Beispiel materielle Honorierung bei Zielerfüllung, Förderung und Fortbildung bei unbefriedigendem Zielerreichungsgrad. Damit wird eine (mit-)unternehmerische Ausrichtung der Führungskräfte und Mitarbeiter gefordert und gefördert (vgl. Weibler 2016, S. 409; Bröckermann 2012, S. 261 f., 400).

Der menschliche Leistungswille wird bei der Führung durch Zielvereinbarung mit dem Streben nach Selbstentfaltung verbunden. Diese These beruht auf den Prämissen des MbO über menschliches Verhalten:

- Kenntnis der Ziele fördert die Identifikation und Motivation;
- Beteiligung bei der Zielbestimmung fördert die Akzeptanz der Ziele;
- Mitarbeiter wollen die Bewertungskriterien ihrer Leistung kennen;
- Selbstkontrolle der Zielerreichung fördert die Leistung;
- transparente Bezahlung macht zufrieden, verfehlte Leistungsziele bringen nicht Tadel, sondern Förderung und Fortbildung.

Die Zielvereinbarung findet statt im Rahmen des institutionalisierten periodischen Mitarbeitergesprächs (vgl. Weibler 2016, S. 410 ff). Vor dem Mitarbeitergespräch formulieren Vorgesetzte und Mitarbeiter in Kenntnis des Organisationsplans der nächsten Periode separat ihre Zielvorstellungen, die sich auf der fachlichen Ebene mehrheitlich im Rahmen der Vorgaben der nächsthöheren Instanz bewegen müssen. Zu beachten ist dabei eine Ausrichtung an den Fähigkeiten des Mitarbeiters mit Einbezug von passenden Entwicklungsmöglichkeiten, auch um Motivationsdefizite durch Unterforderung zu vermeiden. Ebenfalls klar muss sein, dass die zur Zielerreichung notwendigen Ressourcen zur Verfügung stehen. Danach legen Vorgesetzte und Mitarbeiter in kooperativem Austausch ihrer jeweiligen Einschätzungen abschließend gemeinsam fest, welche Ziele erreicht werden sollen. Dies schließt auch die Fixierung von Zwischenergebnissen ein, um sinnvoll in regelmäßigen Zeitabständen einen Soll/Ist-Vergleich anstellen zu können.

Zielvereinbarungen sollen tunlichst nicht zu viele Ziele fokussieren. Der Erfolg einer Führung mit Zielen wird bestimmt von der Kräftekonzentration auf Weniges, nur so werden als richtig befundene Ziele realistisch erreichbar. Wenn die gesamte Tätigkeit eines Menschen durch Leistungsziele festgelegt würde, wären wertvolle Kreativitätspotenziale unbrauchbar. Bei zu vielen Zielen könnte zudem das Problem der Priorisierung auftreten, wenn nämlich im Zweifelsfall unklar wäre, welches Ziel gegenüber den anderen vorrangig zu verfolgen ist. Eine Faustregel für die Praxis ist die Beschränkung auf 3 bis 7 herausfordernde, aber noch realistische Ziele.

Die Zielvereinbarung ist summarisch betrachtet eine taugliche Möglichkeit, jeden Mitarbeiter nach seinen persönlichen Stärken optimal einzusetzen. Das Instrument bietet durch die sinnvolle Verknüpfung persönlicher und betrieblicher Ziele beiderseitigen Nutzen. In gewissem Ausmaß sind frühzeitig Motivationsdefizite und negative Einstellungen bei Mitarbeitern erkennbar. Auch der in Zeitabständen durchgeführte Soll/Ist-Abgleich begrenzt aufkommende Fehlentwicklungen.

4.4 Führungsgrundsätze

Führungsgrundsätze - auch Führungsrichtlinien, -anweisungen, -leitsätze – beschreiben Normen und Regeln der Führungsbeziehungen zwischen Vorgesetzten und Mitarbeitern. Sie sind meist dauerhafter Bestandteil einer *Unternehmensverfassung*, in welcher das Führungs-, Sozial- und Leistungsverhalten beschrieben wird, das zur Erfüllung eines einheitlichen Führungskonzepts beitragen soll (vgl. Hentze et al. 2005, S. 459 ff). Ausgehend von einem bestimmten Menschenbild werden Vorstellungen über den zu praktizierenden Führungsstil formuliert. In der Regel wird ein partnerschaftlicher oder autoritativ-delegativer Führungsstil propagiert. Obgleich in den einzelnen Bereichen einer Unternehmung wegen der unterschiedlichen Bedingungen kein einheitlicher Führungsstil praktiziert wird, versuchen Führungsgrundsätze einen generellen Rahmen für die Führungsgestaltung zu deklarieren und zu normieren.

Als hauptsächlicher Zweck von Führungsgrundsätzen wird die Effizienzsteigerung der Organisation angesehen. Sie benennen Verhaltenserwartungen, aus denen die Mitarbeiter das erwünschte Kooperations- und Leistungsverhalten ablesen können und sind so „eine gemeinsame, einheitliche systematische und transparente Orientierungshilfe" (Wunderer 2011, S. 391). Dadurch fördern und begünstigen sie das Zusammenwirken von Vorgesetzten und Mitarbeitern. Im Einzelnen regeln Führungsgrundsätze folgende Inhalte:

- Grundwerte der Führung und Zusammenarbeit (z.B. Vertrauen, wechselseitige Unterstützung, Leistungsprinzip),
- Partizipation der Mitarbeiter an Entscheidungen (z.B. Delegation, Konsultation),
- Instrumente der Führung und Zusammenarbeit (z.B. Information, Management by Objectives, Beurteilungs- und Fördergespräch, Konflikthandhabung, Entlohnung),

- Organisation (z.B. Aufgabenverteilung, Stellvertretung),
- Sanktionen für die Einhaltung/Nichteinhaltung der Führungsgrundsätze.

Idealerweise sollten Führungsgrundsätze zwischen den einzelnen Führungsebenen rollierend formuliert werden, wesentlich bestimmt werden sie faktisch jedoch durch das Top-Management. Den einzelnen Führungskräften steht dieses Instrument dann zwar ohne ihr »Zutun« zur Verfügung, es ist aber für ihre Absichten erläuternd und schwerpunktsetzend nutzbar (vgl. Weibler 2016, S. 415).

Der größte Schwachpunkt der Führungsgrundsätze ist oft die mangelnde Sanktionsfähigkeit, was eine geringe Verhaltenswirksamkeit ausmacht. Ihr Stellenwert ist von Mitarbeitern nur dann erkennbar, wenn andere Führungsinstrumente oder Postulate zur Mitarbeiterführung wie z.B. Mitarbeitergespräche, Personalbeurteilung, Aufgabenzuteilung, Zielvereinbarung, Anerkennung und Kritik mit den Führungsgrundsätzen vereinbar sind. Führungsgrundsätzen ermangelt es häufig an einer prägnanten Darstellung und verständlichen Formulierung. Neben diesen Formalien sollen sie mit Blick auf die Zukunft abgefasst sein und einen Realitätsbezug zur gelebten Führungs-»Kultur« innerhalb der Organisation aufweisen.

Kapitel 3: Management-Praxis in Karriere-Schritten

Die *Karriere* oder *berufliche Laufbahn* (franz. carrière) ist der Werdegang eines Menschen in seinem Berufsleben. Umgangssprachlich wird der Begriff Karriere dabei häufig verbunden mit Einfluss, Status und hohem Einkommen, sozialem Aufstieg, Veränderung der Qualifikation und Dienststellung, vielfach kann sich dabei auch die Zugehörigkeit zu einer sozialen Schicht ändern.

Unterschiedliche Karrierepfade bezeichnen individuelle Berufswege, welche dem einzelnen Mitarbeiter individualspezifische Orientierungsmuster innerhalb des Berufslebens bieten, die einen deutlichen Bezug zu persönlichen Bedürfnis- bzw. Motivstrukturen erkennen lassen.

Ein erstes derartiges Orientierungsmuster ist Management- bzw. Führungskompetenz. Es äußert sich vorrangig in dem Wunsch, Führungsrollen zu übernehmen. Erforderlich ist dazu neben interpersoneller Kompetenz und analytischen Fähigkeiten die Bereitschaft zur Übernahme von Verantwortung, geht es doch darum, Gruppenprozesse zu lenken sowie Problemlagen zu identifizieren, zu analysieren und situationsspezifische Lösungen zustande zu bringen. Die typische Entwicklungsrichtung ist »Aufwärtsmobilität«.

Für ein anderes Entwicklungsmuster ist charakteristisch, dass dieser Mitarbeitertyp die Herausforderung eines Spezialgebietes besonders schätzt. Die berufliche Orientierung ist die Fachkarriere. Der Aufstieg in einer Expertenlaufbahn erscheint besonders dann als erstrebenswert, wenn er sich innerhalb des Spezialgebietes vollzieht und nicht mit zusätzlichen gänzlich »fachfremden« Aufgaben verbunden ist.

Weitere Karriereanker für mögliche Karrierepfade sind »Varietät« in horizontaler Entwicklungsrichtung, funktions- bzw. bereichsübergreifende Kompetenz, »Autonomie« gepaart mit hoher Engagementbereitschaft, einsetzbare »Kreativität« oder auch »Sicherheit«. »Karriere« macht, wer etwa eine andere oder zusätzliche Tätigkeit oder Verantwortung übernimmt, die für die Organisation wichtig ist, und dadurch höher bewertet wird. Die hierarchische Einordnung des Einzelnen, personale Verantwortung und Zahl der Mitarbeiter, Status und Gehalt werden entkoppelt (vgl. Hentze et al. 2005, S. 451). Auch Führungskarrieremuster können unterschiedlich ausfallen je nach Ausmaß des Hierarchieaufbaus, zum Beispiel wenn durch mehr Eigenverantwortung, Selbstorganisation und größere Führungsspannen eine flachere Organisation besteht. Die bisher stark individualisierte Sicht von Aufstieg und Karriere wird zurückgenommen zugunsten von Teamorientierung und dem individuellen Beitrag zum Ganzen der Organisation.

Im folgenden werden Praxishinweise und -empfehlungen vorgestellt für Mitarbeiter mit dem Karriereanker »Aufwärtsmobilität«, die typisiert betrachtet beginnend mit einer »Führung von unten« über verschiedene Projektleiterpositionen ihre berufliche Führungslaufbahn konsequent verfolgen und auf den jeweiligen Karrierestufen ihr Führungspotenzial entwickeln und demonstrieren möchten.

5 Führung von Projektteams – gruppenzentrierte Führung

Projekte verändern unsere Welt: Der Bau eines Flughafens oder eines Krankenhauses, die Umorganisation eines Betriebs oder einer Behörde, die Umsetzung einer Unternehmensstrategie, die Errichtung einer Entsalzungsanlage, die Vorbereitung der Serienfertigung eines neuen Automodells, die Entwicklung von Produkten oder eines EDV-Programms, der Aufbau eines Datennetzes, eine Operninszenierung, der Umzug einer Betriebsstätte, all das sind Beispiele für eine Leistungserstellung mit Projektcharakter.

Sie unterscheiden sich von den kontinuierlichen Formen der Gruppenarbeit, welche integrierter Bestandteil der regulären Arbeitsorganisation sind und zur Bearbeitung der täglichen Arbeitsaufgaben eine ständige Zusammenarbeit erfordern. Beispiele sind mit zunehmendem Handlungsspielraum klassische Arbeitsgruppen, Fertigungsteams und teilautonome Arbeitsgruppen.

5.1 Projektgruppen und andere temporäre Teams

Ein Projekt ist allgemein eine inhaltlich und zeitlich abgegrenzte schwierige und gewichtige, relativ komplexe, oft anfangs intransparente, außerroutinemäßig erst- oder einmalige Aufgabenstellung. Kennzeichnend für die Projektarbeit ist ein umfassendes Führungskonzept - das Projektmanagement - und die Arbeitsform der Gruppenarbeit - die Formierung eines Projektteams und eine projektspezifische Organisation.

Andere temporäre Arbeitsgruppen sind Qualitätszirkel oder KVP-Teams für Kontinuierliche-Verbesserungs-Prozesse.

Projektgruppen erarbeiten Lösungen für neuartige, einmalige, inhaltlich und zeitlich abgegrenzte komplexe Problemstellungen, die meist mehrere Funktionsbereiche betreffen. Hierzu werden Mitarbeiter und Führungskräfte auf Grund ihrer Fachkompetenz ausgewählt. Es können vier verschiedene Typen nach dem Grad der organisatorischen Verselbstständigung des Projektziels unterschieden werden: erstens, die *Stabs-Projektorganisation,* bei der die Projektkoordination von Stäben als Einfluss-Projektmanagement wahrgenommen wird und die Projektmitarbeiter in ihren Stammabteilungen verbleiben; zweitens, die *Matrix-Projekt-*

organisation, die auf einer Kompetenzaufteilung in ein funktions- und ein projektorientiertes Leitungssystem beruht und bei der die Projektmitarbeiter zwar wie bei der Stabs-Projektorganisation in den Stammabteilungen verbleiben, jedoch projektbezogene fachliche Weisungen von dem Projektmanager bzw. der spezifischen Projekteinheit erhalten; drittens, die Schaffung *projektorientierter Teilbereiche,* d. h. die Aufgliederung von Fachbereichen, wie z. B. der Entwicklung nach Projekten, wobei hier der Projektcharakter fraglich wird; viertens, die *reine Projektorganisation,* bei der die am Projekt beteiligten Personen aus den verschiedenen Unternehmensbereichen für die Zeitdauer des Projekts freigestellt und als Task Force einen selbständigen Projektbereich mit ungeteilter Weisungsbefugnis des Projektleiters bilden. Abgesehen von der Schaffung projektorientierter Teilbereiche verändert die Einführung einer Projektorganisation nicht die vorhandene Organisationsstruktur. Während bei der Stabs- und Matrix-Projektorganisation Mitarbeiter neben ihrer Linienfunktion zeitanteilig auch Aufgaben in mehreren Projektteams bearbeiten können, arbeiten sie bei der reinen Projektorganisation für die Zeitdauer des Projektes kontinuierlich zusammen.

Die größten Vorteile von *Projektgruppen* werden in der bereichsübergreifenden Zusammenarbeit von Fachexperten und der damit verbundenen Problemlösungseffizienz gesehen. Die Zusammenführung von Experten außerhalb der Linienorganisation führt allerdings auch zu Konflikten um zeitliche und personelle Ressourcen und Macht zwischen dem Projekt- und dem Linienmanagement. Diese werden zum Teil in die Projektgruppen hineingetragen und führen neben bestehendem Bereichsdenken und mangelnder Qualifikation zur Teamarbeit zu gruppeninternen Spannungen. Konflikte zwischen Projekt- und Linienmanagement scheinen insbesondere bei der Matrix-Projektorganisation aufzutreten und dürften auf die funktions- und eine projektorientierte Kompetenzaufteilung zurückzuführen sein. Am klarsten ist dieses Kompetenzproblem bei der reinen Projektorganisation gelöst. Entsprechend finden sich auch empirische Belege, die sie als effektivste Form der Projektorganisation ausweisen. Allerdings eignet sich diese Form wohl nur für größere und längerfristige Projekte, da sie eine Umstrukturierung und entsprechende Personal- und sonstige Kapazitäten voraussetzt, die zudem kleinere Organisationen nur schwer aufbringen können.

Projektgruppen wurden vor allem im Bereich der Software-Entwicklung untersucht. Hier zeigte sich, dass die Zusammensetzung und Führung von Teams die Qualität der Teamarbeitsprozesse beeinflusst und diese wiederum in Zusammenhang mit dem Teamerfolg stehen. Qualitativ gute Teamprozesse beinhalten häufigen aufgabenbezogenen Informationsaustausch, der dazu führt, dass die Koordination und Konsensbildung in den Projektteams besser gelingt. Sie finden sich in Teams mit sozial kompetenten Personen mit ähnlichem Wissens- und Fähigkeitsstand, die sich dem Teamziel selbst verpflichten und als gleichberechtigte Mitglieder geführt werden. Diese Befunde dürften auch auf andere Formen der Gruppenarbeit übertragbar sein, wenn es um die Lösung komplexer Probleme geht, und damit auch auf teilautonome Arbeitsgruppen.

Ein Projekt managen heißt für einen Projektleiter, im Unternehmen »Unternehmer auf Zeit« zu sein. In der heutigen Praxis des Projektmanagements obliegt ihm die persönliche Verantwortung für die Realisierung der in der Projektdefinition festgelegten Projektziele: Termin, Kosten und Leistungs- bzw. Produktqualität.

Dem Projektleiter muss zur Erfüllung seiner Aufgaben ein Team zur Seite gestellt sein. In der Praxis orientiert man sich dabei in erster Linie daran, gute Fachleute zu gewinnen, die die für das Projekt notwendigen Qualifikationen mitbringen. An zweiter Stelle steht die Beachtung der Teamfähigkeit. Dem gesamten Projektteam die Projektverantwortung zu übertragen, hat sich nicht bewährt, als wichtig erweist sich indes die Fähigkeit zum Umgang mit anderen Menschen und dass die Teammitglieder auch in der Gruppe arbeiten wollen.

5.2 Karriere durch Projekte: Qualifikation für Gruppen- und Teamarbeit in Projekten

Typische Aufstiegspfade in betrieblichen Organisationen sind die »Karriere in der Linie« oder die »Karriere als Experte«. Eine zusätzliche und zunehmend praktizierte Chance des Aufstiegs bietet eine »Karriere in und durch Projektmanagement« (vgl. Kessler 1994 ff). Projektarbeit ist in vielen Unternehmen alltäglich, die bereichs- und hierarchiestufenübergreifende Kooperation, die firmenübergreifende und internationale Zusammenarbeit ist notwendig und üblich geworden, die Rolle des Projektleiters ist neben der funktionellen Hierarchie etabliert.

Projektleiter gelten als »Unternehmer im Unternehmen«. Sie müssen mit einem Team im Rahmen von Budget-, Zeit- und weiteren Rahmenvorgaben beweisen, dass sie Ziele erreichen und Strategien umsetzen können. Projektarbeit wird in manchen Unternehmen höher bewertet als Tagesarbeit, die als Routinearbeit abqualifiziert wird. Was liegt da näher, als den Trend zu mehr Projektarbeit zu nutzen und als potenzieller Aufsteiger im realen Umfeld eines Projekts sich für eine Managerkarriere zu empfehlen? Das erfolgreiche Projekt ist ja der Beweis für die Eignung zu Führungs- und Managementaufgaben. Als Projektleiter kann man demonstrieren, dass man

- vereinbarte Ziele sicher zu erreichen vermag,
- ein Team motivieren und zum Erfolg führen kann,
- unternehmerisch denken kann,
- ins bestehende Führungsteam passt.

Die Übernahme einer Projektleitung lässt sich gezielt für Kontakte innerhalb der Führungsriege zum weiteren Aufbau des sozialen Netzes nutzen. Wenn der berufliche Weg in Richtung Führung und Management gehen soll, dann ist zunehmend Projektmanagement das geeignete Sprungbrett für Karrieristen. Es geht den Entscheidern nicht nur um die Erreichung jeweiliger Projektziele, es geht auch um die wichtige Frage: wer von unseren Mitarbeitern zeichnet sich durch Führungsqualitäten aus - und wer nicht?

Für den Erfolg mit und eine Karriere durch Projekte lassen sich folgende beachtenswerte Ratschläge nutzen (vgl. Kellner 2000, S. 13 ff):

- Die Chance der persönlichen Anerkennung und Honorierung des eigenen Tuns nicht bis zum Projektende verschieben, sondern während des Projektverlaufs einfordern.

- Das neue Prestige als Projektleiter nutzen, sich zu wichtigen Meetings einladen lassen, sich dabei als konstruktiver Gesprächsteilnehmer erweisen, die Tugend der Bescheidenheit aufgeben, Zugehörigkeit zum Führungskreis demonstrieren etwa beim Postverteiler u.ä. Fakten.

- Sich der Führung widmen und Führungskompetenz zeigen, indem man Gruppenprozesse erspürt und steuert, Aufgaben delegiert, entscheidende Verhandlungen mit Außenstehenden führt, die Teammitglieder selbständig und fähige Leute ihre Arbeit nach ihrer eigenen Art tun lässt, Termintreue und Qualität der vereinbarten Arbeitsergebnisse und den Ressourcenverbrauch kontrolliert.

- Teamarbeit entbindet nicht von der eigenen Verantwortung und Entscheidung, auch ein partnerschaftlicher Führungsstil bedeutet nicht nur Moderation, sondern sich im Team beraten, dann selbst entscheiden und, gerade auch wenn sich dies später als fehlerhaft erweist, das »Wie« und »Warum« an die Mitarbeiter informieren und offen begründen.

- Kleinkrämerisches Image und Kontrollaktionen vermeiden, den Blick für die wesentlichen Dinge des Projektes behalten.

- Erfolgswillen und Optimismus ausstrahlen, mangelnde Erfolgserwartung demotiviert. Deshalb: realistische Ziele aushandeln und auf notwendige Ressourcen pochen.

5.3   Das Zusammenstellen des Teams

Das Team, das ein Projekt strukturiert, plant, entwickelt und ausführt oder die Ausführung steuert, ist die Schlüssel-Kompetenz-Einheit in einem Projekt. Der Projektleiter muss deshalb dieses Team - oft mit Hilfe eines zur übergeordneten Unterstützung eingesetzten Lenkungsausschusses - zusammensetzen mit der Absicht, aus den verschiedenen Individuen dann eine funktionierende, sich gegenseitig unterstützende Einheit zu formen (vgl. Haug 2016, S. 11 f ; Kolb 2009, S. 101). Hierbei ist man in der Praxis oft froh, wenn man gute Fachleute zusammen bekommt, die die für das Projekt notwendigen Qualifikationen mitbringen. Die Frage nach der erforderlichen Teamfähigkeit kommt dann erst an zweiter Stelle.

Projektziele können nur erreicht werden, wenn alle beteiligten Organisationseinheiten ihrer jeweiligen Verantwortung zur Projektrealisierung dadurch nachkommen, dass sie die notwendigen personellen Ressourcen zur Verfügung stellen; die im Projektteam arbeitenden Mitarbeiter vertreten durch ihre Arbeit die am Projekt beteiligten Fachabteilungen. So selbstverständlich diese Kernvoraussetzung ist, so häufig wird dagegen in der Praxis verstoßen.

Personelle Ressource bedeutet

- ✓ zeitliche Verfügbarkeit
- ✓ aufgabentaugliche Qualifikation.

Die Mitgliedschaft in einem Projektteam ist oft nicht für die ganze Dauer des Projektes erforderlich; es kann auf solche Zeitabschnitte beschränkt sein, in denen der Mitarbeiter mit seinem Wissen und Können der Aufgabenstellung am besten dient. So wird in der Regel das Team nicht beim Projektbeginn komplett bestehen, sondern über die Phasen Projektstrukturierung, Planung, Machbarkeitsstudie zunächst als Kernteam und dann erweitertes Team aufgebaut. Erst mit der Entscheidung und Beauftragung mit der Projektstudie und danach folgenden Realisierung des Projekts erreicht das Team seine volle Stärke (vgl. Kolb 2009, S. 23 und 103). Die nachteilige Versuchung bei den projektphasenbedingten »Teilzeitkräften« ist, dass sie in ihrer fachlichen Organisationseinheit gebraucht und beansprucht werden und deshalb im Projekt nur noch »nebenbei« mitmachen bzw. verfügbar sind. Auch aus dem Blickpunkt der Motivation wird die Projektarbeit im Zweifel zurückstehen. Projektarbeit bewegt sich im Spannungsfeld von Linien- und Projektorganisation. Der Widerspruch »Das Projekt hat hohe Priorität, aber keiner hat die notwendige Zeit« bringt das Projekt zwangsläufig von Beginn an in eine Schieflage. Deshalb ist statt oftmals unverbindlicher Prozentwerte für den zeitlichen Einsatz ein konstruktiver, basierend auf einer qualifizierten Aufwandschätzung sachlich fundierter Klärungsprozess unabdingbar, der den Projektzielen und dem Tages-geschäft gerecht wird, mit klaren schriftlichen Vereinbarungen zwischen den Beteiligten: zwischen dem Projektleiter, den Fach-/Linienvorgesetzten und dem betroffenen Mitarbeiter.

Die Aufgabentauglichkeit ist salopp angesprochen mit der Erkenntnis »Kopfzahl ist nicht identisch mit Kopfinhalt«. Die Qualifikation der Projektteammitarbeiter ist ebenso bedeutsam wie die zeitliche Verfügbarkeit. Um die geeigneten Mitarbeiter für das Projektteam zu bekommen, müssen notwendigerweise die qualifikatorischen Anforderungen für den jeweiligen Einsatz im Projekt oder für einzelne Abschnitte definiert werden.

Meist steht für die Aufgabentauglichkeit die fachliche Qualifikation im Mittelpunkt. Ergänzend sollte indessen auch auf die methodische und soziale Qualifikation der Teammitarbeiter geachtet werden. Für die Praxis ergeben sich mithin noch einige idealerweise anzustrebende aus der Erfahrung gestützte Empfehlungen:

Der Prozess des Zusammenfügens eines Teams unterschiedlicher Talente mit unterschiedlichen Kenntnissen, Erfahrungen, Temperamenten und Erwartungen ist vielschichtig und komplex. Er wird in der Wirtschaft oft und im öffentlichen kommunalen Bereich fast immer unterschätzt. Ein nicht zu großes Team erleichtert die nötige Kommunikation und Koordination in der Gruppe; in Lehrbüchern spricht man von 5 bis 7 Personen als einer idealen Gruppengröße. Solange die Zahl der Funktionsgruppen 12 nicht übersteigt und die Zahl der Mitarbeiter unter 40 ist, kann im Sinne einer flachen Hierarchie im Team auf weitere Vorgesetztenebenen außer dem Projektleiter noch verzichtet werden (vgl. Kolb 2009, S. 106).

Für die effektive Teamarbeit ist es dienlich, wenn die Teammitglieder im Umgang mit anderen Menschen sozialkompetent sind und auch in der Gruppe arbeiten wollen; eventuell aufgabenabhängig oder bei ausgesprochenen Individualisten kann es besser sein, sie liefern ihre Projektbeiträge besser zu, ohne Teammitglied zu sein. Ein nicht zu unterschiedlicher Fähigkeits- und Wissensstand der Mitarbeiter vereinfacht die Zusammenarbeit; vorantreibend erweist sich zudem eine in der Projektgruppe vorhandene Methodenkompetenz auf dem Gebiet der Projektplanung und -steuerung.

5.4 Führungsverhalten im Projektteam und situative Wahl des Führungsstils

Ein Projekt managen heißt für den Projektleiter: ihm obliegt die persönliche Verantwortung für die Einhaltung der gesetzten Leistungsziele sowie der Projekttermine und des Projektbudgets. Zugleich bedeutet dies, dass die Projektverantwortung nicht - wie häufig geschehen - vom gesamten Projektteam getragen wird.

Der Projektleiter ist im Projekt die zentrale Figur. Um ihn herum arbeiten die Mitarbeiter an der gemeinsamen Sache auf das Projektziel hin. Durch die übernomme Projektverantwortung ist der Projektleiter indes *nicht* Mitglied des Teams ! (vgl. Kellner 2000, S. 122)

Allenfalls bei kleineren Projekten, wenn der Projektleiter selbst unmittelbare Projektarbeit erbringt, mag man ihn noch als »Erster unter Gleichen« verstehen. Als Spitzenpersönlichkeit des Projekts vertritt der Projektleiter in jedem Falle das Projektergebnis gegenüber dem Auftraggeber.

Auch von den Mitarbeitern des Projektteams wird die Position des Projektleiters herausgehoben und kritisch wahrgenommen. Dem Kollegen sehen sie Schwächen eher nach als ihm. Vom Projektleiter eines Projektes verlangen die Mitarbeiter (vgl. Kellner, ebda.)

- Orientierung und Führung,
- die Schaffung eines leistungsorientierten und motivierenden Umfeldes,
- dass er eingreift, wenn Mitarbeiter untereinander Probleme haben,
- er sich schützend vor die Mitarbeiter stellt, wenn es Kritik von außen gibt,
- sich darum kümmert, wenn Ressourcen nicht bereit stehen.

Der Projektleiter steht im Fokus des Projekts. Er ist das Bindeglied zwischen einem organisatorisch vorgesehenen, ihn unterstützenden Lenkungsausschuss und dem Team und hält die Kontakte zu externen Fachkräften und anderen Auftragnehmern. Die Hauptaufgaben eines Projektleiters liegen in den folgenden Kategorien (vgl. Kolb 2009, S. 95 f; ausführlicher Haug 2016, S. 109 ff):

- Er trifft Entscheidungen im Rahmen genehmigter Budgets und Ressourcen und von vereinbarten Zeitplänen, z.B. Auftragsvergabe, Personalbedarf, Anordnung von Sondermaßnahmen.

- Er bereitet Meilensteine vor, z.B. Projekt-Status, erforderliche Genehmigungen, besondere Entwicklungen.

- Er führt das Projekt-Team durch:
    - Vorbild
    - Klare terminliche Zielvereinbarungen
    - Kontrollgespräche
    - Effiziente Meetings
    - Coaching
    - Herbeiführen von Unterstützung
    - Personalentwicklung

- Er koordiniert und kontrolliert die laufende Projektarbeit

- Er veranlasst laufende Qualitätsüberprüfungen:
    - intern und extern
    - fokussiert auf risikomindernde Maßnahmen
    - stichprobenweise.

- Er überprüft die Einhaltung verabredeter Methoden und Verfahren.

- Er plant, plant, plant!

- Er verantwortet die Projektkommunikation:
    - intern (mit Lenkungsausschuss, Pate, Team)
    - extern (mit Auftraggeber, verschiedenen Interessengruppen).

- Er organisiert eine einheitliche und schlüssige Dokumentation.

- Er klärt Konflikte.

- Er sammelt Kritik und Anregungen.

Für die Führung von Projektteams stellen sich insbesondere die Fragen nach der Beteiligung an Entscheidungen zusammen mit der Wahl des »richtigen« Führungsstils. Die Gestaltung der Führungsbeziehungen in der Projektarbeit wird bestimmt von verhaltensrelevanten Charakteristika der Persönlichkeit des Projektleiters und seiner dadurch mitgeprägten motivationalen Orientierung und ist zudem abhängig von den jeweiligen projektsituativen Bedingungen (siehe 2.4 bis 2.8).

Offenkundig ist ein autoritärer Führungsstil (siehe 2.7) in Projekten nicht angebracht, in denen von oft hochspezialisierten Teammitgliedern Kreativität erwartet wird, in denen die Zielsetzung zu Beginn häufig noch nicht klar definiert ist und in denen es darauf ankommt, dass die Entscheidungen von den Mitarbeitern auch akzeptiert werden.

Durch einen eher geeigneten *demokratischen* und *partnerschaftlichen* Führungsstil würde der Projektleiter sowohl Meinungen und Erfahrungen der Teammitglieder erfragen und berücksichtigen als auch das Team an Entscheidungen beteiligen.

Allerdings gilt diese Empfehlung vor allem für die frühen Projektphasen, in denen es darauf ankommt, die Projektziele zu präzisieren und Lösungen zu finden. Dabei hat sich herausgestellt, dass die beste Lösung erreicht wird, wenn man eine Gesprächssituation erzeugt, in der »dem zwanglosen Zwang des besseren Arguments« *(Habermas)* zum Durchbruch verholfen werden kann, indem zum Beispiel durch eine strukturierte Moderation jeder Beitrag gleichwertig behandelt und bei der Entscheidungsfindung entsprechend berücksichtigt wird (vgl. Haug 2016, S. 35).

In einer anderen, späteren Projektphase wird es notwendig sein, das Führungsverhalten an die veränderte Situation anzupassen. Wenn ein Projekt einmal so weit gediehen ist, dass die Ideen unter Zeit- und Kostendruck realisiert werden müssen, wird ein guter Projektleiter tunlichst einen direktiveren Führungsstil wählen und erfolgreich den *autoritativen* Führungsstil praktizieren (siehe ebda.). Bei Meinungsverschiedenheiten im Team beispielsweise, die sich auf die Projektausführung beziehen und in einer Diskussion nicht aufgelöst werden können, hat dann im Interesse der zügigen Durchführung der Projektarbeit das entscheidende Wort der Projektleiter.

Ein *coachender* Führungsstil dürfte geeignet sein, wenn Teammitglieder noch nicht die eigentlich erforderliche aufgabentaugliche Qualifikation aufweisen, aber das Interesse zeigen, besser zu werden und durch die Förderung ihrer Fähigkeiten vorankommen wollen.

Die Teamführung im Projekt geschieht regelmäßig in einem organisatorischen Rahmen, der als gestaltetes und bedingendes Umfeld (siehe Withauer 2016, Kap.1, 2.1 - 2.3) die Projektarbeit und das Projektmanagement beeinflusst. Deshalb werden für die erfolgreiche Projektleitung einige wichtige organisatorische Regelungen als notwendig erachtet (vgl. Kolb 2009, S. 96 ff). Hierzu zählt für den Projektleiter eine die Gesamtverantwortung und die dazu erforderlichen korrespondierenden Weisungsbefugnisse ausweisende Arbeitsplatzbeschreibung, die - falls organisatorisch vorgesehen - vom Lenkungsausschuss zu genehmigen ist. Weiterhin sind die Meilensteine im Ablauf der Projektentwicklung und -realisierung festzulegen, womit auch die Phasen definiert sind, deren Abschluss vom Lenkungsausschuss zu billigen ist. Desgleichen ist zu bestimmen, für welche Phasen deren Beginn vom Lenkungsausschuss zu genehmigen ist. Der Projektleiter sollte in einem frühen Stadium des Projekts mitarbeiten - am besten schon in der Strukturierungsphase der Zielidee, spätestens beim Erstellen der Machbarkeitsstudie -, dies gibt ihm noch weitgehende Vorschlags- und Gestaltungschancen und fördert seine Identifikation mit dem Projekt. Dies gilt auch für die Zusammensetzung des Projektteams mit dem Zugeständnis eines Vetorechtes auch bei einem etwaigen Abzug eines Mitglieds aus dem Team.

5.5 Das Projektteam zusammenführen: Teamentwicklung

Um in einem Projektteam die Art und Weise der Zusammenarbeit zu optimieren und seine Effektivität zu fördern, gehört es zu den Aufgaben eines Projektleiters, aus den verschiedenen Individuen eine funktionierende, sich gegenseitig unterstützende Einheit zu formen, ein Klima des Vertrauens und des Zusammenhalts in der Gruppe zu schaffen und die Motivation über alle Phasen des Projektes aufrechtzuerhalten (vgl. Kolb 2009, S. 101 ff ; Haug 2016, S. 67 ff). Teamentwicklung ist keine Einzelmaßnahme, sondern ein rollierender Prozess experimentellen Lernens. Dieser besteht und vollzieht sich in einer Folge von mehreren Workshops. Ziel eines jeden Workshops ist es, echte und konkrete Zusammenarbeitsprobleme aufzuspüren bzw. zu »erforschen« und nach Möglichkeit konkrete »Aktionen« zwischen den oder auch einzelnen Teilnehmern zu vereinbaren, welche die angesprochenen Probleme lösen und zukünftig vermeiden (»action research«).

Ein Team durchläuft in einem Projekt *vier* Entwicklungsphasen. Im folgenden sind beispielhaft Verhaltensweisen von Teammitgliedern in einem Startworkshop beschrieben, welche für die Teamentwicklung dysfunktional erscheinen und den Projektleiter herausfordern - zum einen, indem er Ziele klären und Aufgaben verteilen, zum anderen indem er unausgesprochene Fragen, Unsicherheiten oder Konfliktpotenzial erkennen, ansprechen bzw. klärend eingreifen muss (vgl. Schulz-Wimmer 2005, S. 51 ff).

> Orientierungsphase:

Es ist kurz vor Beginn des Workshops. Die meisten Mitarbeiter sind bereits anwesend; einige sind höflich, aber distanziert, vermitteln eher eine abwartende Haltung. Manche versuchen sich in den Mittelpunkt zu spielen und sprechen an, wie sie sich die Projektarbeit vorstellen. Viele beschränken sich auf Small Talk, einige wirken, als ob sie am liebsten wieder gehen wollten. Eines haben aber alle gemeinsam, sie wollen erfahren: Worum geht es? Wer sind die anderen? Was können sie? Was bringt mir das? Soll ich mich engagieren?

Der Projektleiter muss in dieser Phase die Teammitglieder einander näherbringen, damit sie sich auf den gemeinsamen Kurs begeben. Mit nachstehenden Angaben gibt er vermutlich die Informationen, an denen die Teammitglieder vorrangig interessiert sind und beantwortet ihre drängendsten Fragen:

- Er stellt die Agenda des Workshops vor,
- fordert zu einer Vorstellungsrunde auf,
- fragt nach Erwartungen und klärt diese.
- Er bittet das Team, gemeinsam vorläufige Teamregeln aufzustellen.
- Er betont nach unterschiedlichen Gesprächsbeiträgen die Gemeinsamkeiten,
- lässt ausreichend Zeit für Fragen und
- stellt insbesondere den ruhigeren Teilnehmern selbst Fragen.

> Konfliktphase:

Das Klima in der Gruppe hat eine Änderung erfahren. Es kommen erste Grundsatzdiskussionen auf, einige verteidigen schon recht heftig ihre Standpunkte, es sieht nach erster Cliquenbildung aus, andere scheinen sich zurückzuziehen, wieder andere wirken sehr angespannt. Kaum jemand spricht es aus, aber man spürt die eigentlichen Themen: Wer hat hier was zu sagen? Welches ist meine Position? Wieso der und nicht ich?

Der Projektleiter muss in diese »Positionskämpfe« eingreifen und geeignete sachliche Informationen liefern:

- Er spricht sichtbare Konflikte oder Konfliktpotenzial an,
- bleibt gleichwohl neutral und räumt Zeit zur Klärung ein,
- bietet zudem seine Hilfe an oder zieht einen externen Moderator hinzu.
- Er schafft Transparenz durch klare Informationen über Ziele, Termine und Kosten und erklärt nötigenfalls Hintergründe.

> Organisationsphase:

Das Team macht Fortschritte. Es gibt spürbare Anzeichen eines Wir-Gefühls. Einige machen Vorschläge, Umgangsformen zu vereinbaren, andere schlagen sogar feste Regeln vor, es zeichnen sich die Zuordnung von Aufgaben und die Rollenverteilung ab. Auch Angebote für Zieldefinitionen werden gemacht.

Der Projektleiter sollte diese Entwicklung betont unterstützen. Wichtig ist dabei auch die Klärung der eigenen Rolle:

- Er klärt Aufgaben, Kompetenzen und Verantwortungen.
- Er stimmt gemeinsame Verhaltensregeln ab bzw. bietet Strukturen und Regeln an.
- Stille Teammitglieder unterstützt er.
- Er verdeutlicht, wie seine Führungsrolle als Projektleiter sich in der Zusammenarbeit darstellt und auswirkt.

> Leistungsphase:

Nunmehr stimmt auch den Projektleiter frohgemut, mit den Teammitgliedern zu arbeiten. Sie kooperieren, jeder übernimmt Verantwortung, es herrscht allgemeine Zufriedenheit.

Der Projektleiter will nunmehr das Team auf diesem Leistungsniveau halten:

- Er kontrolliert konsequent die Arbeitsergebnisse und -fortschritte,
- sorgt für regelmäßige Ermittlung des Projektstandes durch Feedback in Meetings und Statusberichten,
- erarbeitet gemeinsam Maßnahmen zur Behebung von Planabweichungen.

5.6 Team Diversity Management - Führen gemischter Teams

In Projekten und anderen Aufgabenstellungen ist eine funktionierende Teamarbeit in Unternehmen zuweilen konfrontiert mit dem kreativen erfolgreichen Umgang mit gemischten Gruppen/Teams/Gremien. Die zunehmende Komplexität von Problemstellungen bedingt immer stärker eine flexible Zusammenarbeit unterschiedlicher Qualifikationen - fachlich, wie z.B. durch Expertenwissen, oder vom Rollentyp, wie z.B. Koordinator, Macher, Mitspieler, Perfektionist. Weitere Diversity-Parameter sind Alter, Geschlecht, Religion, kultureller Hintergrund, sozialer Status. Die demographischen Parameter nehmen direkten Einfluss auf Werthaltungen, den Charakters und im Weiteren auf die Fähigkeiten und Erfahrungen des Teammitgliedes und prägen hiermit sein Verhalten. Der individuelle Input jedes Teammitgliedes wirkt zusammen mit den vom sozialen Status beeinflussten Interaktionen auf den Gruppenerfolg.

Die Vielzahl instabiler Bedingungen verändert nachhaltig das unmittelbare Umfeld der Unternehmungen und bedingt bzw. beschleunigt tiefgreifende Wandlungsprozesse im Wettbewerbsumfeld der Organisationen. Daraus ergeben sich komplexe Problemstellungen, die zeitnah prozessorientierte Arbeitsweisen in fach- und bereichsübergreifenden Teams erfordern. So gewinnt die Projektarbeit als Veränderungsverfahren weit über die traditionell projektorientierten Branchen - wie Luft- und Raumfahrtindustrie, Bauwirtschaft oder Softwareentwicklung - hinaus an Bedeutung. Im Zuge der Globalisierung sind in Zukunft weltumspannende Teamnetzwerke zu beachten, die durch elektronische Medien verbunden rund um die Uhr an konkreten Problemlösungen arbeiten oder bestimmte Serviceleistungen erbringen, wobei die Übergabe von Teilarbeitsschritten und die inhaltliche Abstimmung nur noch über e-mail bzw. andere Kommunikationstechnologien erfolgen. Ein solches virtuelles Unternehmen erfordert im globalen Netzwerk mithin ein spezielles, Vertrauen schaffendes Team-Diversity-Management (vgl. Ladwig 2009, S. 392 ff).

Die Aufgaben von diversifizierten Teams können äußerst unterschiedlich sein, desgleichen ihre Zusammensetzung. Konkrete Beispiele sind Strategiezirkel zur strategischen Unternehmensplanung, marktorientierte F&E-Teams, Neuproduktentwicklungs-Teams, Expertenbeiräte.

Diversifiziertes Know-how und problemrelevante disparate Erfahrungen in einem Team können sehr vorteilhaft für die Zielsuche, die Lösung technischer Probleme und die Realisierung sein. Diversity in Bezug auf Werte kann bei schwerfälliger Kompromissbereitschaft zu zeitaufwändigen Schwierigkeiten bei der Zielsuche und Zieldefinition führen und die eigentliche Aufgabenlösung behindern und aufhalten. Zu homogene Teams andererseits mit zum Beispiel nur dominanten Teammitgliedern oder zu vielen Denkern mindern ebenfalls den Teamoutput.

Das Ansteuern gemeinsamer Ziele und die Führung eines Diversity-Teams ist situationsabhängig und muss sich nach Zusammensetzung, Aufgabenstellung und Reifegrad bzw. Entwicklungsstufe des Teams richten (siehe 2.6). Ein *leistungsbetont*-unterweisender Führungsstil ist geboten, wenn das Diversity-Team nur über einen geringen aufgabenbezogenen Reifegrad verfügt. Für ein Team auf reiferer Entwicklungsstufe ist ein *partnerschaftlicher* Führungsstil empfehlenswert. Mit zunehmender Reife kann sich die Führung mehr partizipativ ausrichten und einen *coachenden* Führungsstil anwenden, und in Teams in einer sehr hohen Entwicklungsstufe überlässt ein delegativ-*demokratischer* Führungsstil nach einer Zielklärung dem Team, eigenständig über Mittel und Vorgehensweise zu entscheiden.

Ein Team ist hoch entwickelt, wenn es über eine effiziente Arbeitsorganisation verfügt und über interne Interaktionsprozesse eine gute Gruppendynamik aufgebaut hat. Um den Gruppenerfolg eines Diversity-Teams längerfristig aufzubauen, kann es notwendig sein, die Entwicklungsstufe des Teams bzw. den Reifegrad einzelner Teammitglieder zu erhöhen. Ausgangspunkt ist eine Diagnose der entwicklungsbedürftigen und -fähigen Diversity-Parameter. Daraus lässt sich ein zielgerichtetes individuelles und kollektives Personalentwicklungsprogramm ableiten; mit qualifizierten Frauen zusammenzuarbeiten muss anders trainiert werden als die Aneignung von projektnotwendigem Know-how. Bewährte Praktiken der Personalentwicklung sind sog. Lernpartnerschaften und »Zwillings«-Programme.

5.7 Gespräche und Meetings in der Projektzusammenarbeit

Funktionale Projektarbeit ist auf effiziente und zufriedenstellende intensive Kommunikation angewiesen. Der Projektleiter ist in der Regel nicht mit formaler Macht ausgestattet, er muss durch das Wort überzeugen:

- Er braucht Informationen und muss die Vorstellungen, die Sichtweisen und Probleme der Fachabteilung bzw. der Projektmitarbeiter ermitteln.
- Führungskräfte eines Fachbereichs möchten vom Projektleiter über geeignete organisatorische und technische Möglichkeiten beraten werden.
- Der Projektleiter muss seinem Projektteam bzw. dem höheren Management die erreichten Schritte, den Stand des Projektes klar und verständlich vermitteln.
- In schwierigen Situationen muss der Projektleiter die unterschiedlichen Sichtweisen im Projektteam erkennen, ansprechen und zwischen Gruppierungen vermitteln.

Einzelgespräche mit den Teammitarbeitern und Team-Meetings sind deshalb notwendige Führungsaufgaben des Projektleiters. Die Anlässe für Gespräche mit einem Teammitglied bestimmen das Gesprächsziel und die Gesprächskultur, dazu seien die folgenden Empfehlungen gegeben (vgl. Kellner 2000, S. 167 ff):

Einstiegsgespräch zum Commitment
Dieses Vier-Augen-Gespräch will eine persönliche Beziehung schaffen, die Rolle und Aufgabe im Projekt darstellen sowie etwaige unterschwellige Widerstände aufspüren und in eine positive Haltung umwandeln.

Delegation und Zielvereinbarung
Ziele: Die Vereinbarung von Zielen richtet sich auf Ergebnisse und nicht auf die Wege. Das Wie der Zielerreichung ist Sache der Fachleute.
Abgrenzungen: Die Aktivitäten jedes Teammitglieds im Projekt sind allen bekannt. Keiner führt eine wesentliche Tätigkeit im Vorhaben aus, die nicht vorher besprochen wurde.
Verantwortlichkeit: Delegation geschieht stets an Einzelpersonen oder an Teams mit einem Verantwortlichen.
Kompetenzumfang: Was darf allein entschieden werden, was ist abzusprechen.
Bedingungen: eventuell einzuhaltende Regeln, Absprachen, Materialien.
Schriftliche Dokumentation: Wer macht was, bis wann, ist verantwortlich.
Kontrollen: Delegation bedingt Zwischenkontrollen, diese fördern das rechtzeitige Herangehen an die Aufgaben und decken korrigierbare Mängel auf.
Fehlerkorrektur: Festgestellte Fehler nie selbst beheben, nicht perfekt sein wollen, dies zeugt von neurotischer Delegationsscheu und disqualifiziert als Führungskraft.

Weitere Anlässe zu Gesprächen mit einem Teammitglied sind:
(siehe bei Kap. 2, 4.)

- Anerkennung und Bestätigung,
- Kritik an Leistungsmängeln,
- Kritik an persönlichem Fehlverhalten,
- Reden mit widerständigen Mitarbeitern.

Die erforderliche Zusammenarbeit im Projektteam verlangt vom Projektleiter *vorbereitete* und *gut geleitet* ablaufende Team-Meetings mit der Festlegung und dem *Beschluss von Folgearbeiten* (vgl. Kolb 2009, S. 107 ff).

In der *Vorbereitung* gibt neben Ort, Zeit, Dauer der Meetingleiter die Information über die Tagesordnung und die Art der Sitzung, wie zum Beispiel Koordination von Arbeiten, Information, Vorbereitung Meilenstein, Problemlösung, bittet um etwaige kurze Präsentationen und darum, entsprechend vorbereitet zu sein.

Eingeladen wird nur, wer bei der Sitzung gebraucht wird; die Sitzungsteilnahme ist kein Statussymbol! Außer bei reinen Informationssitzungen erweist sich eine Teilnehmerzahl von mehr als 12 als effizienzhemmend.

Periodische Routinesitzungen sind entbehrlich und nur zeitraubend. Jeder im Team kennt die Zeit- und Arbeitspläne des Projektes, Abweichungen davon werden sofort kommuniziert. Informationen über das Projekt (Arbeitsergebnisse, Entscheidungen, veränderte Rahmenbedingungen etc.) werden allen mitgeteilt. Zu einer notwendigen Sitzung wird zeitnah eingeladen.

Der geplante *Ablauf* des Meetings erfordert gleichfalls Disziplin und beginnt pünktlich.

Der Projektleiter präzisiert die Art der Sitzung und das Ziel. Ein praktisches Beispiel: "Ziel der heutigen Sitzung ist die Vorbereitung des wichtigen Meilensteins in 14 Tagen. Nach der jetzt abgeschlossenen Machbarkeitsstudie geht es um die Arbeiten zur Präsentation für den Meilenstein. Dem Projekt-Lenkungsausschuss gilt es die Machbarkeitsstudie in einer einstündigen Sequenz von Präsentationen vorzustellen und deren Akzeptanz zu ersuchen. Daraus ergibt sich unser Vorschlag, eine weiterführende Projektstudie und die dafür benötigten Ressourcen zu genehmigen. Die heutige Sitzung beabsichtigt, ein Konzept für die geplanten Präsentationen festzulegen!"

Die Atmosphäre einer Sitzung ist dafür entscheidend, ob sie effektiv abläuft. Der Meetingleiter muss eine Balance zwischen Straffheit und Lockerheit finden. Zu Wortmeldungen sollte ausreichend Gelegenheit sein – auch für die etwas scheuen. Eine positive, offene, unterstützende und hilfreiche Stimmung fördert das Wir-Gefühl. Man zeigt Respekt und Vertrauen zu den anderen. Gefühle wie Ärger und Zorn werden offen ausgesprochen und nicht unterdrückt. Konflikte und Probleme werden nicht »unter den Teppich gekehrt«, sondern aufgedeckt und diskutiert (vgl. auch Schulz-Wimmer 2005, S. 55 f).

Vor dem geplanten Ende der Sitzungszeit wiederholt der Meetingleiter zusammenfassend die Ergebnisse und Beschlüsse, die vergebenen Arbeiten werden terminiert. Über die Zusammenfassung erstellt der Protokollant ein Ergebnisprotokoll; der Sitzungsverlauf ist darin nicht geschildert. Das Protokoll wird den Teilnehmern sofort elektronisch übermittelt, allen übrigen Teammitgliedern ist es gleichfalls zugänglich.

Die *Folgearbeiten* betreffen aufgrund gefasster Beschlüsse vergebene Aufträge. Diese Aufträge müssen terminlich verfolgt werden; bewährt hat sich, hierfür das informell anerkannte Gruppenmitglied zu bestimmen, das auch Teammitglieder bei der Erfüllung der Aufträge kom-petent unterstützen und beraten kann.

Wer je in Projektteams gearbeitet hat, weiß, dass diese Forderungen kaum einmal alle erfüllt sind. Das macht sie aber nicht überflüssig. Sie stellen eine *Checkliste* dar, die man immer wieder einmal heranzieht, um kritisch über die Arbeit in der Gruppe nachzudenken und nötige Änderungen anzustreben.

6 Führung des Chefs – Führung von unten

Eine umfassende praktikable Definition von Führung in Organisationen beschreibt diese als das eigene sozial akzeptierte Verhalten, mit dem andere so beeinflusst werden, dass bei den Beeinflussten mittelbar oder unmittelbar ein intendiertes Verhalten bewirkt wird (vgl. z.B. Weibler 2016, S. 29). Die Vorstellungen gehen hierbei vielfach davon aus, dass dies durch eine hierarchisch höhergestellte Person geschieht, die in einem bestimmten Kontext Einfluss auf rangniedrigere individuelle oder kollektive Akteure nimmt und ihr Handeln konditioniert, anleitet oder coacht. Ein Blick auf die Führungswirklichkeit zeigt jedoch, dass die Einflussnahme zwischen Vorgesetztem und Mitarbeiter prinzipiell wechselseitig geschieht. Dies will die hier gewählte Definition der Führung ausdrücken, indem sie von der Einflussrichtung unabhängig sowohl die Beziehung von Führungskräften zu ihren unterstellten Mitarbeitern erfasst wie auch die »laterale Führung« unter Gleichgestellten sowie die »Führung von unten« (vgl. Neuberger 2002, S. 47, siehe auch Withauer 2016, Kap. 1, 1.6).

Ein geläufiges Beispiel für die Bedeutung des Einflusses »von unten« ist die Beziehung zwischen Chef und Sekretärin. Sie verfügt oft über ein erhebliches Einflusspotenzial, obschon sie hierarchisch und statusmäßig eigentlich dem Vorgesetzten nachgeordnet ist. Durch die Art und Weise, wie sie Informationen sammelt und selektiert, organisiert und koordiniert, als »Schnitt-stelle« nach außen und als Informationsstation für interne Mitarbeiter fungiert, gewinnt sie erheblichen Einfluss und avanciert sozusagen zur »grauen Eminenz« oder zum »guten Geist« (vgl. Wunderer 2011, S. 254).

6.1 Merkmale und Besonderheiten einer Führung von unten

Aus einer systemtheoretischen Managementperspektive erbringt jeder Akteur Führungsleistungen in einem selbstorganisierenden System. Management erweist sich mithin als eine »Eigenschaft des Systems« und findet *permanent* im gesamten System statt, jeder ist zumindest potenziell Gestalter bzw. Manager. Daraus wird gefolgert, dass dynamische, entwicklungsfähige Systeme deshalb mit *variablen Interaktionsspielräumen* ausgestattet sein *müssen*. Dies erweist sich in der fachlich anspruchsvollen Projektarbeit und bei hochqualifizierten Arbeitsgruppen als unumgänglich, wodurch Mitarbeiter - auch bei verhältnismäßig starkem hierarchischem Gefälle - dank hoher Fachkompetenz einen erheblichen Einfluss auf die Projektführung bzw. den formellen Führer der Gruppe gewinnen.

In der Wahl eines Führungsstils taucht die Führung von unten als konzeptioneller Bestandteil auf bei der stark wechselseitig ausgeprägten *partnerschaftlichen* Führung sowie zugleich lateraler Kooperation beim *demokratischen* Führungsstil (siehe 2.7). Kennzeichnend für beide vorgenannte Führungsstile ist, dass etwaige Konflikte nicht durch eine direkte hierarchische

Weisung lösbar sind und deshalb langfristig eine erfolgreiche Zusammenarbeit wesentlich über wechselseitige Abstimmung und Konsens erreichbar ist.

Im Einklang mit der gewählten Definition der Führung, welche das Phänomen unabhängig von der Einflussrichtung erfasst, sei eingegrenzt (Wunderer 2011, S. 254)

> »Führung von unten« bzw. synonym »Führung des Chefs« ist die wert-, ziel- und ergebnisorientierte, wechselseitige und aktivierende soziale Einflussnahme auf Personen einer höheren Hierarchiestufe zur Erfüllung gemeinsamer Aufgaben.

Anders als bei der Mikropolitik (siehe 9.) ist die Führung des Chefs oder die laterale Führung zwischen Kollegen nicht (nur) eigennützig motiviert, sondern vorrangig auf die Erfüllung gemeinsamer Aufgaben gerichtet.

6.2 Zunehmende praktische Bedeutung der »Führung nach oben«

Die führungsmäßige Zusammenarbeit in Organisationen zeigt, dass auch eine Führung »nach oben« eine tägliche Realität ist, dass auch die Führenden geführt werden und sich führen lassen müssen, auch wenn sie das nicht wollen oder es ihnen gar nicht auffällt. Gleichwohl zeigen sich heute Tendenzen, welche die Bedeutung der Führung von unten mehr denn je herausheben. Dies resultiert aus folgenden Einflussfaktoren (vgl. Wunderer 2011, S. 256 f):

- Qualifikationswandel der Mitarbeiter:

Die gestiegene Qualifikation der Mitarbeiter verbunden mit höherer Arbeitsteiligkeit in Teams führt zur *Vermehrung* von *Professionals*, denen der direkte Vorgesetzte fachlich häufig nicht mehr überlegen ist. Als Spezialisten können sie nun wirksam auf der Aufgabenebene Einfluss nehmen. Die Chefs übernehmen dann zunehmend Projektleiterrollen. Im weiteren Verlauf gewinnt die »Impresario-Rolle« an Bedeutung, in der die Führungskraft v.a. für die Gestaltung optimaler Arbeitsbedingungen ihrer Mitarbeiter zuständig ist. Diese Entwicklung berührt und wirkt sich aus auf das *Subsidiaritäts-* und das Substitutionsprinzip der Führung: Einerseits besteht Subsidiarität der Führung von oben durch die Selbstorganisation der zugeordneten Mitarbeiter, andererseits erfolgt eine zunehmende Substitution interaktiver durch strukturelle Führung, insbesondere über die Führungs-/Kooperationskultur.

Die skizzierten Tendenzen geben Führungskräften und Mitarbeitern vermehrt Gelegenheit, mit vereinten Kräften an der Entwicklung und Umsetzung von Innovationen zu arbeiten. Die Rollenverteilung kann sich dabei - vereinfacht ausgedrückt - wie folgt gestalten: Der Mitarbeiter liefert in der Rolle des Fachpromotors die zentralen inhaltlichen Inputs, während der Vorgesetzte mit Hilfe seiner Positionsmacht (Machtpromotor) und/oder seines Beziehungsnetzwerks (Beziehungspromotor) v. a. die Realisierung der Ideen vorantreibt. Führungskraft und Mitarbeiter können somit also effektive Promotorengespanne bilden.

- Wandel im Organisationsverständnis:

Das sich wandelnde Organisationsverständnis geht in die gleiche Richtung: eine Dezentralisierung der Führungsorganisation, die Reduzierung von Führungsebenen, die Möglichkeit von Mitarbeitern, zu »eskalieren«, also nächsthöhere Ebenen bei wichtigen, aber umstrittenen Entscheiden in Anspruch zu nehmen sowie die Delegation von Verantwortung sind hier nur einige Schlagworte zum »*Empowerment*« der Mitarbeiter durch führungsorganisatorische Konzepte.

- Technologischer Wandel:

Der technologische Wandel erleichtert den direkten und schnellen Zugriff der Mitarbeiter zu zahlreichen Informationen (z. B. e-mail, Inter- und Intranet etc.) und verstärkt so die *Unabhängigkeit des Mitarbeiters*.

- Wertewandel:

Der Wertewandel hat auch zu einem Bedeutungsverlust formaler Autorität im Führungsprozess in allen Organisationen (Unternehmen, Militär, Ausbildungsinstitutionen) geführt. Entsprechende Sozialverfassungen (insbesondere Unternehmens- und Führungsgrundsätze) wollen den Einfluss von Mitarbeitern über konsultative, kooperative bzw. delegativ-autonome Führungskonzepte erhöhen. Dabei erhalten im Führungsprozess Werte wie *Unabhängigkeit*, *Gleichberechtigung* oder *Überzeugungsfähigkeit* wachsendes Gewicht. Dagegen nimmt die Bedeutung von Gehorsam, formaler Autorität und Unterordnung ab.

- Wandel im Führungsverständnis:

Die skizzierten Einflussfaktoren haben auch eine Änderung im Selbstverständnis der Führungsfunktion bewirkt. Im Vordergrund stehen nun die strategische Einflussnahme, die Sicherung einer fördernden Arbeitssituation über strukturelle Führung sowie die Anregung zu erhöhter Eigenverantwortung und stärker ergebnisorientierter Führung.

Die fünf Einflussfaktoren wirken in die gleiche Richtung. Sie reduzieren, modifizieren oder substituieren insbesondere die formale Autoritätsgrundlage und Macht der direkten Vorgesetzten im Führungsprozess und erweitern den Einflussbereich der Mitarbeiter. Eine an gemeinsamen Zielen orientierte Einflussnahme der Mitarbeiter auf ihre Vorgesetzten leistet unter den heutigen Bedingungen einen entscheidenden, unverzichtbaren Beitrag zum Unternehmenserfolg. Sie ist zugleich eine wesentliche Voraussetzung für mitunternehmerisches Denken und Handeln der Mitarbeiter und dient damit der Förderung internen Unternehmertums (ausführlich siehe Wunderer 2011, S. 50 ff).

6.3 Einflussdimensionen und Strategieansatz einer »Führung von unten«

Die *Führung von unten* kann einerseits »von oben« gewollt und durch *systemisch-strukturelle* Gestaltung initiiert sein, Vorgesetzte räumen den Mitarbeitern Einflusskompetenzen ein und akzeptieren diese interaktiv. Zum anderen können die Mitarbeiter *von sich aus* initiativ werden.

Bei der vorgesetzteninitiierten Führung von unten steuert der Vorgesetzte etwa durch einen konsultativen Führungsstil und noch stärker bei kooperativer und delegativer Führung die Einflussnahme des Mitarbeiters (siehe den Ansatz von Tannenbaum/Schmidt, unter 2.4 a). Sie kann strukturell über Funktionen und Programme des Personalmanagements gefördert werden; hierzu zählen Personalentwicklung, Führungsschulung, Qualitäts- und Kreativitätszirkel sowie Führungsgrundsätze und Führungskultur.

Die *mitarbeiterinitiierte* Führung *von unten* wird vor allem durch die Mitarbeiter veranlasst. Mitarbeiter initiieren und gestalten Einfluss, was vor allem *interaktiv* geschieht und partnerschaftlich gelebt wird. Neben die partizipative Dimension (»Machtgestaltung«) tritt als zwischenmenschliche Komponente von Einflussformen zwischen Führungskraft und Mitarbeitern die prosoziale Dimension (»Beziehungsgestaltung«). Aufgrund der fehlenden formalen Macht bietet in der Führung von unten der Einfluss vor allem durch Freundlichkeit über die Beziehungsebene die besseren Erfolgschancen.

Über Befragungen gewonnene Analysen konnten in der Praxis folgende sieben Einflussstrategien - gegebenenfalls in Kombination - gegenüber dem Chef und Kollegen aufspüren (vgl. Weibler 2016, S. 140):

➢ Rationales Überzeugen bzw. sachliches Argumentieren
  (sachbetonte Diskussion, vorbereitete Schriftstücke mit Zahlen, Schaubildern etc.)
➢ Besondere Freundlichkeit, unterstützendes oder einschmeichelndes Verhalten
➢ Bestimmtheit, Druck machen, hartnäckige und konsequente Zielverfolgung
➢ Aushandeln, Verweis auf geltende Werte/Normen oder bisherige Praktiken
➢ Konsultation des Vorgesetzten, Einbinden durch Bitte um Rat
➢ Koalitionsbildung mit Gleichgesinnten
➢ Höhere bzw. übergeordnete Instanzen einschalten

Die in den USA und der Schweiz durchgeführten Befragungen zeigen, dass Mitarbeiter v.a. über die zwei erstgenannten Strategien (rationale Begründung, Freundlichkeit) sowie über Koalitionsbildung versuchen, ihre Vorgesetzten in ihrem Sinne zu beeinflussen, gegenüber Kollegen werden oft übergeordnete Instanzen eingeschaltet; die Dimension Bestimmtheit ist dagegen bei den Vorgesetzten populärer (vgl. Wunderer 2011, S. 258 ff). Die Einflussnahme von unten geschieht in der Praxis oftmals nicht nur im Verhältnis zu einem Geführten, vielfach wirken Beziehungsnetzwerke mit Absprachen von Mitarbeitern untereinander (vgl. Weibler, 2016, S. 141), wodurch sich Einflussmöglichkeiten nach oben konzentrieren bzw. verstärken.

6.4 Interaktive Ansätze und Handlungsempfehlungen zur Führung von unten

Initiativen von Mitarbeitern zur Führung von unten sind sicherlich nur dann passend und erfolgreich, wenn eine Personal- und Führungspolitik ihren förderlichen Beitrag dazu leistet. Partnerschaft kennzeichnet eine interaktive Ausrichtung des Handelns auf Akzeptanz, Toleranz, Loyalität, Vertrauen. Sie ist grundlegend für hohe Motivation und überdurchschnittliches Engagement. Gleichwohl stellt sich die Frage nach der praktischen Ausrichtung einer intendierten Führung von unten.

a) Motivfokussierte Ausrichtung des Verhaltens

Die motivfokussierte Einflussabsicht auf einen Anderen knüpft an seine Motive als Beweggründe seines Verhaltens an. Je besser die Beweggründe erkannt werden, umso besser kann man das Verhalten einschätzen, sich darauf einstellen und konstruktive Vorschläge und Lösungen finden. So kann man vor Fehlinterpretationen des Verhaltens weitgehend schützen und manche Auseinandersetzungen und Kämpfe lassen sich vermeiden.

Die Frage nach den Motiven zum Beispiel des Chefs als Bezugsperson für die Führung von unten lässt sich mittels einer Motivanalyse angehen (siehe hierzu Withauer 2016, Kap. 2, 4.2). In der Regel wird man nicht die Zeit haben, in einem Gespräch die Motivlage zu analysieren. Die Verhaltensbeobachtung und die Analyse der Verhaltensergebnisse scheinen praktisch die einzig gangbaren Wege zu sein. Dabei sollte beachtet werden, ob das betrachtete Verhalten tatsächlich immer auf eine bestimmte Art und Weise geschieht.

Eine erste allgemeine Analyse können die folgenden Fragen liefern (vgl. Drühe-Wienholt 2006, S. 24):

- Wer ist Ihr Chef? Welche Qualifikationen und Kompetenzen besitzt er (sie)?
  Wo vermuten Sie seine (ihre) Potenziale?

  ....

- Was macht er gern?

  ....

- Was befürwortet er? Was sind seine Lieblingsthemen?

  ....

- Wie kommuniziert er?

  ....

- Was ist sein Arbeitsstil?

....

- Was lehnt er ab?

....

- Was verärgert ihn? Wie können Sie ihn verärgern?

....

Nach diesem ersten Bild von der Führungsperson bzw. vom Chef geht es um die fallbezogene Motivbetroffenheit. Unser Verhalten wird von unseren Bedürfnissen und unseren Erwartungen an andere bestimmt, diese Bedürfnisse zu erfüllen. Außerdem spielen unsere Ängste, Wut und Aggressionen eine Rolle für unser Verhalten - auch wenn es sich hierbei eher um Tabuthemen handelt. Wenn man weiß, welche Bedürfnisse der Chef hat, was ihn ängstigt und was ihn verärgert, kann man ihn noch besser verstehen und sein Verhalten richtig einschätzen.

Außer der Bedürfnisanalyse des Chefs ist zudem erforderlich, die eigenen Bedürfnisse und Erwartungen an den Vorgesetzten kennenzulernen und zu fragen, was ihn fürchtet oder verärgert. Als zweiter Schritt gilt es, sein Verhalten - aus der eigenen Perspektive - zu analysieren. Als dritten Schritt finden Sie heraus, wie Sie die zukünftige Beziehung zu Ihrem Chef konstruktiver gestalten und Ihre Vorhaben und Ideen mit weniger Reibungsverlusten einbringen können. Ziel ist es, dass die Verhaltensweisen des Chefs besser eingeschätzt und verstanden werden, was nicht bedeutet, sich fortan zu verstellen und nur alles recht zu machen.

Das folgende Fallbeispiel, das keinen Einzelfall beschreibt, sondern eher recht typisch das Arbeitsverhältnis zwischen Vorgesetztem und Mitarbeiter charakterisiert, illustriert das Vorgehen (entnommen aus Drühe-Wienholt 2006, S. 25-29):

"Stellen Sie sich folgende Situation vor: Ihr Chef ist Abteilungsleiter, sehr viel beschäftigt, immer in Eile und jagt von einem Termin zur nächsten Besprechung. Zwischen Tür und Angel gibt er Ihnen knappe Anweisungen zu Projekten. Sie wissen dann schon, was Sie tun sollen. Ihm ist es wichtig, dass Sie diese Aufgaben so schnell wie möglich erledigen. Da Sie schon längere Zeit mit Ihrem Chef zusammen arbeiten, kennen Sie seinen Arbeitsstil. Sie schätzen Ihren Chef eigentlich auch und arbeiten gerne für ihn, deshalb versuchen Sie, sich so gut wie möglich auf ihn einzustellen. Seine Anweisungen erfüllen Sie sehr genau, strukturiert und schnell. Es verärgert Sie allerdings immer wieder, dass er Sie nicht über kurzfristige Veränderungen auf dem Laufenden hält und Sie Arbeiten deshalb »für die Tonne« machen. Außerdem delegiert er zu viele Aufgaben und verliert sie dann aus den Augen. Ihrem Ärger machen Sie manchmal Luft: entweder indem Sie

ein langes Gesicht ziehen, wenn er Ihnen wieder einen Auftrag aufs Auge drückt, der am besten bis gestern erledigt werden muss und Ihre gesamte Planung über den Haufen wirft, oder indem Sie zynische Bemerkungen von sich geben. Ihr Chef kann beides zwar gar nicht leiden, aber das ist Ihnen dann auch egal. Außerdem würden Sie sich freuen, wenn er Sie von Zeit zu Zeit mal dafür lobt, dass er sich immer auf Sie verlassen kann - und dass Sie ihm zutragen, was in der Abteilung so los ist und wie es den anderen Mitarbeitern geht."

Aus der Sicht des Mitarbeiters zeigt sich folgende Perspektive:

Ihre Perspektive

So handeln sie:	Ihre Bedürfnisse	So werden Sie behandelt:
* Sie erfüllen die Anweisungen Ihres Chefs exakt, strukturiert und zügig	Sie brauchen von ihm: Anerkennung, Lob, Loyalität, Freundlichkeit	* Er gibt knappe, präzise Anweisungen
* Sie stellen sich auf ihn ein.	Sie ärgert an ihm:	* Er will Aufgaben so schnell wie möglich erledigt haben
* Sie machen zuweilen ein langes Gesicht	Er gibt wichtige Informationen nicht weiter, delegiert zu viel	* Er informiert sich nicht über Veränderungen
* Sie sagen ihm, was Sie ärgert	Sie fürchten:	
* Sie geben manchmal zynische Bemerkungen von sich	Sie werden seinen Ansprüchen nicht gerecht	

Um was »kämpfen« Sie bei Ihrem Chef: Dass er Sie auch in stressigen Situationen einbezieht; dass er Ihr Engagement nicht immer für selbstverständlich hält.

In der nächsten Abbildung wird die Perspektive des Chefs für sein eigenes Verhalten eingenommen, wie er Sie und sich sieht und welche Bedürfnisse er von Ihnen als sein Mitarbeiter erfüllt sehen möchte:

Die Perspektive des Chefs

So handeln Sie:	Bedürfnisse des Chefs	So handelt Ihr Chef:
* Sie führen Ihre Aufgaben sehr selbständig aus	**Er braucht von Ihnen**	* Er gibt knappe, präzise Anweisungen
* Sie arbeiten sehr exakt	Zuverlässigkeit, Mitdenken, Hartnäckigkeit, Stimmungsbarometer	* Er ist immer unter Zeitdruck
* Sie müssen genau gesagt bekommen, welche Aufgaben höchste Priorität haben	**Ihn ärgert an Ihnen:**	* Er achtet auf Effizienz
		* Er muss viele Aufgaben bewältigen
* Sie reagieren oft zu emotional	Dass Sie manchmal launisch sind und laut werden	* Er trägt sehr viel Verantwortung
* Sie sind zuweilen beleidigt	**Er fürchtet:**	* Er kann gut delegieren
* Sie können Kritik nicht gut vertragen	Ihre Offenheit, dass Sie ihn im Stich lassen	* Er muss immer informiert sein

Um was »kämpft« der Chef: für mehr Sachlichkeit und Effizienz.

In diesen Aspekten sieht der Chef seine Bedürfnisse noch nicht so ausreichend befriedigt, wie das seinen Vorstellungen von einer guten Arbeitsbeziehung entspricht.

Wenn Sie sich die Zeit nehmen und die Beziehung zwischen Ihnen und Ihrem Chef (im Anschluss an das Fallbeispiel) mit Hilfe dieser Fragen analysieren, werden Sie vermutlich überrascht sein, wie gut Sie Ihren Chef kennen und wie treffsicher Sie ihn oder sich einschätzen können.

Wie Sie in den beiden vorangegangenen Abbildungen sehen konnten, haben sowohl Sie als auch Ihr Chef Bedürfnisse, die der andere jeweils nur teilweise erfüllt und für deren Befriedigung sie beide kämpfen. Jeder von Ihnen ärgert sich bisweilen über das Verhalten des anderen, das heißt nicht nur, Sie regen sich über Ihren Chef auf, sondern sicherlich wissen auch Sie ganz genau, wie Sie ihn zur Weißglut bringen können. Außerdem haben Sie beide Befürchtungen und Ängste vor bestimmten Verhaltensweisen des anderen. Insgesamt befindet sich die Arbeitsbeziehung zwischen Ihnen und Ihrem Chef in einem Ungleichgewicht - nicht in hierarchischer Sicht, sondern in Bezug auf Ihre Bedürfnisse und Ihre Zufriedenheit mit dieser Beziehung.

Wie könnte man nun in dieser Beziehung eine Balance herstellen? Die nachstehende Abbildung zeigt den Weg auf:

Die neue Beziehung in Balance

So handeln Sie:	Bedürfnisse	So handelt Ihr Chef:
* Sie führen Aufgaben sehr selbständig aus		* Er gibt knappe, präzise Anweisungen
* Sie arbeiten sehr exakt.	Sie geben ihm, was er braucht	* Er muss viele Aufgaben bewältigen
* Sie reagieren zukünftig diplomatischer: erst denken, dann reden.	Sie akzeptieren ihn	* Er muss immer informiert sein
* Sie reagieren nicht mehr laut und emotional.	Sie unterlassen, was ihn ängstigt	
* Sie entspannen sich und sorgen so dafür, ihre Frustration zu dämpfen		

Sie erfüllen Ihre Wünsche, ohne gegen den Chef zu sein. Da Sie dieses Buch lesen und sich mit dieser Frage auseinandersetzen und Ihr Chef vermutlich andere Dinge tut, muss es Ihnen überlassen werden, diese Balance herbeizuführen.

Der Mitarbeiter erkennt die Wünsche des Chefs und unterstützt diese. Wie die vorstehende Abbildung verdeutlicht, hat der Mitarbeiter sein Verhalten verändert, nämlich indem er das

Verhalten, das seinen Chef verärgert, korrigiert, also nicht mehr launisch reagiert und laut wird. Das heißt nicht, dass er nie mehr laut wird, sondern nur deutlich seltener. Und wenn er sich zukünftig über seinen Chef aufregt, weiß er dennoch, dass er ihn nicht unbedingt bewusst verärgern will. Zum anderen wählt er Verhaltensalternativen, die frustmindernd wirken und zu mehr Gelassenheit führen.

Betont sei nochmals, dass es hierbei nicht um »alles recht machen« geht und allein die Wünsche und Bedürfnisse des Vorgesetzten maßgeblich sind. Das Ziel ist vielmehr ein ausgeglichenes Verhältnis für beide Beteiligte in Bezug auf ihre Wünsche und Erwartungen. Für den Mitarbeiter heißt dies, die Verhaltensweisen zu dezimieren, welche den Chef ärgern und ängstigen.

Die für das vorstehend behandelte Beispiel gefertigten Abbildungen können als Arbeitsvorlagen dienen, wenn es um eine andere Analyse der Beziehung Mitarbeiter-Chef aus den Perspektiven des Mitarbeiters, des Chefs sowie für die zukünftige Beziehung in Balance geht.

b) Anknüpfung an persönlichkeitsstilgeprägte Verhaltenspräferenzen

Eine weitere Möglichkeit der interaktiven Führung von unten eröffnet die Nutzung von Erkenntnissen aus der Persönlichkeitsforschung. Die Unterscheidung von Persönlichkeitstypen beschreibt, dass Menschen unterschiedliche Verhaltenspräferenzen besitzen, die sie deshalb praktizieren, weil ihnen die präferierte Verhaltensdimension leichter fällt, weniger Aufmerksamkeit und Anstrengung verlangt und mit gleichbleibender Qualität gelingt. Die gegensätzliche Ausprägung mag durchaus ebenfalls glücken, weil sie mühevoll gelernt wurde, gleichwohl entspricht sie nicht den persönlichen Vorlieben.

Das DISG-Persönlichkeitsmodell ist ein Vier-Komponenten-Modell, das aus der Kombination der dimensionalen Persönlichkeitsorientierungen vier Quadranten bzw. Grundtypen der Persönlichkeit ableitet, die zugleich grundlegende Verhaltensstile definieren (siehe Kap.1, 2.4 b; Abb. 2.4). Durch die auf unterschiedliche Weise eingesetzten Sinne und Verstandeskräfte ergeben sich neigungs- und erfahrungsgeprägte Verhaltenspräferenzen. Wenn sich ein Mensch meist in seiner ihm eigenen Weise verhält, dann tut er das, weil dies für ihn typisch ist. Wenn dieses Verhalten aus anderer Sicht ärgerlich, verfehlt oder störend erscheint, entspricht dies keineswegs solcher Absicht. Es ist vielmehr Ausdruck einer unbewussten oder oft sogar bewussten Eigenheit dieses Menschen. Im Übrigen können verschiedene Ausprägungen einer Präferenz zu gleich guten Ergebnissen führen.

Die Anknüpfung an persönlichkeitsstilgeprägte Verhaltenspräferenzen für eine Führung von unten geht davon aus, dass ein Mitarbeiter seine Anliegen und Ziele leichter umsetzen kann, wenn er sich auf die typischen Vorlieben seines Chefs einzustellen vermag. Wenn er seine Ideen an seinen Chef herantragen möchten, dann muss er in der Kommunikation seine Vorlieben berücksichtigen. Dem Mitarbeiter wird das leicht fallen, wenn er ähnliche Präferenzen hat wie sein Chef. Dann läuft in der Interaktion meist automatisch alles richtig.

Wahrscheinlicher und schwieriger ist der Fall, wenn Mitarbeiter und Chef entgegengesetzte Vorlieben in Bezug auf ihren Kommunikationsstil haben. In solcher Führung nach oben bedarf es hierzu geeigneter Strategien. Wichtig ist dabei, dass der Mitarbeiter seine Vorlieben nicht aufgeben und sich seinem Vorgesetzten vollkommen anpassen, sondern dass er ihm auf vertrautem Terrain begegnen und seine Sprache sprechen sollte.

Zur Typisierung von Verhaltenspräferenzen soll hier das analog auf dem DISG-Persönlichkeitsmodell aufbauende Modell des Myers-Briggs Typenindikators MBTI zugrunde gelegt werden (vgl. Bents/Blank 1992).

Die Polarität »extrovertiert« ↔ »introvertiert« wird im MBTI unterteilt in die Aspekte bzw.

Dimensionen	*Ausprägung der Präferenzen*	
1. Wohin richten Sie Ihre Aufmerksamkeit?	auf die Umwelt, Mitmenschen, Beziehungen	auf die Innenwelt, Nachdenken, eigene Ideen
2. Wie nehmen Sie Informationen auf?	mit allen Sinnen, detailbezogen, rational	intuitiv, holistisch, irrational

Die Polarität »aufgabenorientiert« ↔ »menschenorientiert« wird im MBTI unterteilt in die Aspekte bzw.

Dimensionen	*Ausprägung der Präferenzen*	
3. Wie treffen Sie Entscheidungen?	logisch, sachverständig, gerecht, objektiv	einfühlsam, empathisch, harmoniebetont, subjektiv
4. Wie organisieren Sie ihre Umwelt?	planvoll, organisierend kontrollierend	flexibel, spontan, freibleibend, regellos

Für den Umgang mit persönlichen Präferenzen ist es wichtig zu bedenken, dass es sich hier um Beschreibungen handelt, nicht um Bewertungen. Keine Präferenz ist besser oder schlechter als die andere.

Analysieren Sie Ihre Abteilung und vor allem Ihren Chef. Wer hat welchen Entscheidungsstil? Wer hat welchen Wahrnehmungsstil? Was passiert, wenn verschiedene "Typen" aufeinander treffen? Hinterfragen Sie jede Entscheidung vor dem Hintergrund des Myers-Briggs Typenindikators. Bisher unverständliche Verhaltensweisen Ihres Chefs oder der Kollegen werden so für Sie transparent, nachvollziehbar und für die Zukunft in einem gewissen Rahmen steuerbar.

Welche *Empfehlungen* gelten nun, wie man sich als Mitarbeiter auf bestimmte Verhaltenspräferenzen einstellen kann:

a) Wenn Ihr Chef seine Aufmerksamkeit nach außen richtet

¤ *Beispiel:*
Ihr Chef redet gerne und viel. Themen, die ihn beschäftigen, möchte er mit Ihnen diskutieren. Sie wissen aus Erfahrung, dass Besprechungen mit ihm zeitlich leicht aus dem Ruder laufen.

- Diskutieren Sie Themen, bei denen Ihr Chef sich gut auskennt oder die er mag.
- Geben Sie unmittelbar Feedback und verbale Anerkennung.
- Zeigen Sie offenes Interesse und Begeisterung durch Ihre Körpersprache: lehnen Sie sich nach vorne, nicken und lächeln Sie, halten Sie Augenkontakt.
- Zeigen Sie, dass Sie bereit sind, sich heiklen Themen und kritischen Diskussionen zu stellen.
- Nicht alle seine Sätze sind bereits ausformuliert, manches ist nur laut gedacht.

b) Wenn Ihr Chef seine Aufmerksamkeit nach innen richtet

¤ *Beispiel:*
Ihr Chef ist kein Freund der vielen Worte. Er sagt Ihnen kurz und knapp, was er von Ihnen erwartet. Manchmal fällt es Ihnen auch schwer nachzuvollziehen, wie er gerade auf bestimmte Ideen kommt, weil er Ihnen den größeren Zusammenhang seiner Gedanken nicht dargestellt hat.

- Praktizieren Sie aktives Zuhören.
- Denken Sie nach, bevor Sie reden oder lassen Sie Ihren Chef wissen, dass Sie gerade laut denken.
- Sprechen Sie langsam und ruhig. Machen Sie Pausen und warten Sie auf eine Antwort oder Reaktion.
- Erwarten Sie keine sofortige Antwort oder Entscheidung.
- Bleiben Sie bei einem Thema und konzentrieren Sie sich auf dieses. Für ein weiteres Thema gibt es einen neuen Termin.
- Fassen Sie am Ende des Gespräches das Gesagte zusammen und besprechen Sie mit Ihrem Chef Ihre abschließenden Gedanken und Ihr weiteres Vorgehen.

c) Wenn Ihr Chef eine Vorliebe für Wahrnehmung mit allen Sinnen hat

¤ *Beispiel:*
Ihr Chef ist ein Freund von Zahlen, Daten und Fakten. Informationen möchte er gerne als Tabellen oder Auflistungen aufbereitet haben. Er will auf einen Blick sehen, was Sache ist und was die Fakten für die Praxis bedeuten.

- Denken Sie praktisch und überlegen Sie, wie man die Dinge umsetzen kann.
- Bereiten Sie konkrete Beispiele vor, die belegen, dass Ihre Ideen funktionieren.
- Stellen Sie Informationen nacheinander vor, springen Sie nicht themenmäßig.
- Hören Sie den Fakten genau zu und verbinden Sie neue Ideen mit bereits funktionierenden, eingespielten Prozessen.
- Bedenken Sie, dass Ihr Chef nicht unbedingt immer Veränderungen sucht.
- Vermeiden Sie den Gebrauch von Metaphern, Analogien und anderen Formen abstrakter Kommunikation. Verwenden Sie stattdessen Worte und Bilder aus dem Alltagsleben.

d) Wenn Ihr Chef eine Vorliebe für intuitive Wahrnehmung hat

¤ *Beispiel:*
Ihr Chef ist ein Freund von Visionen und Perspektiven. Das Alltagsgeschäft interessiert ihn nur am Rande. Hauptsache es läuft. Im Gespräch sucht er Sie als Sparrings-Partner, um sich mit Ihnen über seine Ideen auszutauschen. Diese Gespräche ufern bisweilen aus und am Ende wissen Sie manchmal gar nicht mehr, wie Sie überhaupt auf diese Themen gekommen sind.

- Verzetteln Sie sich nicht in Fakten und Details. Denken Sie an Möglichkeiten, mögen sie auch auf den ersten Blick an den Haaren herbei gezogen sein.
- Geben Sie einen Überblick, betrachten Sie ein Thema aus der Vogelperspektive. Einigen Sie sich auf die wichtigsten Punkte, fügen Sie notwendigenfalls einzelne Details hinzu.
- Zeigen Sie zukünftige Möglichkeiten Ihrer Ideen auf. Konzentrieren Sie sich auf langfristige Perspektiven.
- Lassen Sie Ihren Chef seine Ideen, Visionen und Träume einbringen.
- Machen Sie einen Realitätscheck, ohne die Ideen Ihres Chefs abzuwerten.

e) Wenn Ihr Chef das Logische und Sachverständige bevorzugt

¤ *Beispiel:*
Ihr Chef ist hart, aber fair. Er trifft Entscheidungen um der Sache willen und weil es ums Prinzip geht. Wann er Sie das letzte Mal gelobt hat, wissen Sie nicht mehr genau. Er schätzt Sachlichkeit, Klarheit und dass die Dinge auf den Punkt gebracht werden.

- Seien Sie objektiv und stellen Sie Ihre Kompetenz unter Beweis.
- Betrachten Sie Themen aus einer Distanz und reden Sie logisch und objektiv.
- Diskutieren Sie schlüssig, vernünftig, klar und präzise. Vermeiden Sie zu leidenschaftliche und emotionale Beiträge bei Diskussionen.

- Zeigen Sie Ursache-Wirkungs-Ketten und Vor- und Nachteile von Themen, Frage- oder Problemstellungen auf.
- Konzentrieren Sie sich gleichermaßen auf Aufgaben und Ziele wie auf die involvierten Personen.
- Akzeptieren Sie kritisches Feedback, ohne es persönlich zu nehmen. Geben Sie selbst offenes und ehrlich gemeintes Feedback und positive Rückmeldungen.

f) Wenn Ihr Chef eine Vorliebe für Harmonie und Empathie hat

¤ *B e i s p i e l :*
Ihr Chef hat immer ein offenes Ohr für die Sorgen seiner Mitarbeiter. Sie wissen, dass Sie, wenn Sie der Schuh drückt, zu ihm gehen und mit seinem Verständnis rechnen können. Er kümmert sich sehr darum, dass das Betriebsklima in Ihrer Abteilung stimmt. So gibt es beispielsweise regelmäßig gemeinsame Abendveranstaltungen und der Betriebsausflug ist auch noch nie ausgefallen.

- Nehmen Sie sich Zeit, eine positive Beziehung zu Ihrem Chef aufzubauen. Finden Sie heraus, was ihm wichtig ist.
- Denken Sie an sein Bedürfnis nach Harmonie und eine positive Atmosphäre.
- Suchen Sie zuerst Verbindendes und Themen, bei denen er Ihnen voll und ganz zustimmt, fordern Sie ihn erst später heraus.
- Vermeiden Sie Kritik und Bewertungen. Seien Sie freundlich und umgänglich, bieten Sie Ermutigung und Unterstützung an.
- Berücksichtigen Sie persönliche Bedürfnisse als Entscheidungskriterien, zeigen Sie die Auswirkungen von Entscheidungen auf betroffene Menschen.
- Möglicherweise mag Ihr Chef keine Wettbewerbssituationen. Versuchen Sie Gewinner-Gewinner-Ergebnisse zu schaffen.

g) Wenn Ihr Chef planvolle, organisierte und kontrollierte Situationen liebt

¤ *B e i s p i e l :*
Ihr Chef ist ein Freund des Planens, von Meilensteinen und Terminen. Er möchte immer genau wissen, wann er welche Unterlagen von Ihnen bekommt. Zeitliche Verzögerungen kann er überhaupt nicht ausstehen. Planungen sind seiner Meinung nach dazu da, eingehalten und nicht ständig über den Haufen geworfen zu werden.

- Fällen Sie Entscheidungen, die andere betreffen, so schnell wie möglich. Entscheiden Sie schneller, als es Ihnen vielleicht lieb ist.
- Vermeiden Sie es, zu viele Optionen und Handlungsalternativen aufzuzeigen, konzentrieren Sie sich auf die wichtigsten Punkte.

- Planen Sie Termine und Fristen, geben Sie Ihre Aufgaben und Projekte zuverlässig und rechtzeitig ab.
- Vermeiden Sie kurzfristige Veränderungen von geplanten Prozessen und etablierten Vorgehensweisen. Gehen Sie strukturiert und mit klar formulierten Erwartungen vor.
- Fokussieren Sie die Wahl- und Handlungsmöglichkeiten, die Sie sehen, bevor Sie sie Ihrem Chef mitteilen.
- Vermeiden Sie es, unerwartete Gesichtspunkte und Wahlmöglichkeiten in ein Projekt einzubringen - insbesondere in letzter Minute.

h) Wenn Ihr Chef es liebt, flexibel und spontan zu bleiben

¤ *Beispiel:*
Ihr Chef zeigt sich, wenn es um Entscheidungen geht, fast stets unschlüssig, zögerlich und bedrängt. Sie haben ihn schon oft angesprochen, dass Sie bezüglich des Kunden eine Entscheidung von ihm brauchen? Und was passiert? Nichts - er sagt, dass er sich noch bestimmte Punkte durch den Kopf gehen lassen muss.

- Drängen Sie Ihren Chef nicht zu Entscheidungen. Gestehen Sie ihm - in Ihren Augen vielleicht zu viel - Zeit zu, Wahl- und Handlungsmöglichkeiten abzuwägen.
- Planen Sie bei allen Besprechungen Zeit für Diskussionen ein. Berücksichtigen Sie auch Puffer bei Ihren Planungen - möglicherweise wirft Ihr Chef alles wieder über den Haufen.
- Beschreiben Sie Situationen und Problemstellungen, ohne sie zu bewerten. Vermeiden Sie im Gespräch Schlussfolgerungen.
- Seien Sie offen für sich verändernde und dynamische Informationen, Situationen und Bedingungen.
- Seien Sie bereit, erste Schritte zu unternehmen ohne bereits den ganzen Plan zu kennen oder zu wissen, wohin die Reise letztendlich geht.
- Bieten Sie Ihrem Chef möglichst viele Wahlmöglichkeiten und Optionen zu einem Thema an. Stellen Sie Fragen, um dann mehr Informationen zu bekommen.

Mit den vorstehenden Empfehlungen, sich als Mitarbeiter auf den bevorzugten Kommunikationsstil seines Chefs einzulassen und »seine Sprache« zu sprechen, sollte es möglich sein, besser von ihm verstanden, geschätzt und respektiert zu werden. Durch eine solche Führung von unten kann er die eigenen Ideen und Vorstellungen ungezwungen und locker einbringen und sich entsprechend positionieren.

6.5 *Strukturale* Verankerung der Führung von unten

Die strukturale Begünstigung der Führung von unten beginnt bei der Förderung von Management- und Handlungskompetenzen auch bei Personen, die nicht formelle Führungskräfte sind. Zu diesen sogenannten »Schlüsselqualifikationen« zählt führungsbezogen die soziale Kompetenz, insbesondere kommunikative Fähigkeiten auf der Sach- und Beziehungsebene durch eine offene Einstellung zu Anderen, Zuhören-können, Einfühlungsvermögen (vgl. Withauer 2000, S. 262 ff). Zu ihrer Entwicklung können als Formen helfender Beziehungen eingesetzt werden Instruktion, Coaching und Mentoring, aber auch systematische Wege der Selbstentwicklung durch mentales Training (vgl. ebda, S. 269 ff).

Neben der programmatischen Unterstützung der Führung von unten etwa durch Führungsgrundsätze oder die Betriebsverfassung kommt einer unterstützenden Führungskultur zentrale Bedeutung zu. Sie beginnt in *Führungsleitbildern* mit der Betonung einer gewollten Kooperation und Partnerschaft und zeigt sich in *symbolischen Handlungen* des Managements mit einer Abkehr von einer hierarchie- und statusbezogenen Denkhaltung und der vertrauensvollen Übertragung von Befugnissen und das Schaffen sozialer und organisatorischer Umfelder, welche das eigenverantwortliche Handeln der Mitarbeiter und Initiativen fördert.

7 Führung in der Linienposition eines Geschäfts- oder Arbeitsbereichs

In der Führungsposition für eine betriebliche Organisationseinheit übernimmt der Chef Verantwortung für eine Gruppe von Menschen, von denen jeder seine eigenen Vorstellungen und Haltungen pflegt. Diese Problemsicht ist dadurch charakterisiert, dass das Handeln der Führungskräfte in einem Ausschnitt des umfassenderen sozialen Systems Unternehmung betrachtet wird. Gleich ob es sich um eine Gruppe, ein Team oder eine Ansammlung von Einzelkämpfern handelt: es geht stets darum, dass diese Mitarbeiter mit ihrem Chef etwas Nutzbringendes vollbringen.

7.1 Ausgangssituation beim Start als Bereichsleiter

Der Eintritt in die Position einer Bereichs-Führungskraft verändert sowohl das eigene Leben wie auch das der für die Zusammenarbeit zugeordneten Mitarbeiter. Wenn die Position ohne gewachsene Rahmenbedingungen und Werte übernommen wird, also neu geschaffen oder zuvor nicht besetzt war, dann entfällt der Vergleich mit dem Wirken eines Vorgängers. Dies kann ein Vorteil sein, dann lassen sich die Umgangsformen und Regeln der Zusammenarbeit nach eigenem Ermessen formen, sie werden als erstmalig und neu betrachtet. Übernimmt man jedoch eine Führungsposition, deren Pfade in der Vergangenheit durch die Spuren eines Vorgängers geprägt wurden, dann werden Vergleiche angestellt, Sprüche und Gerüchte über die ach so guten (?) alten Zeiten, über »früher« eben.

Vielfach wird die Leitung einer Organisationseinheit neu besetzt, weil »sich etwas verändern soll« - und zwar möglichst zum Positiven. Im Idealfall findet man wohlinformierte Mitarbeiter »in freudiger Erwartung« vor. Das größte Interesse dieser Menschen ist, zu erfahren, was sich ändern soll. Statt über die eigenen Leistungen der Vergangenheit zu berichten ist deshalb eher gefragt, mit den Mitarbeitern über die Zukunft zu sprechen, Vorstellungen zu entwickeln über das, was man gemeinsam erreichen will.

Anfangs wird man den neuen Führer sorgfältig »beschnuppern«, man schaut das fremde Gegenüber zunächst interessiert, aber genau an. Deshalb ist das wichtigste Anliegen für ihn, möglichst schnell sich als glaubwürdig zu erweisen. Sowohl »nett« sein wie auch »distanziert« bleiben, ist dem abträglich. Das Ziel ist Respekt! Als gute Spielregeln haben sich erwiesen:

> Ganz natürlich und authentisch bleiben!
> Bestimmtheit zeigen, vielleicht sogar Strenge.
> Unbedingt konsequent sein.
> Fair und gerecht bleiben!

Diese Grundsätze sind anzuwenden auf typische Vorkommnisse beim Karrieresprung : Überblick gewinnen, Informationen beschaffen, enttäuschte Karrierehoffnungen eines Mitarbeiters, Setzen von Prioritäten, Zeitmanagement, »Du« oder »Sie«, Vorbild sein, mit Vorgesetzten reden, Stress verarbeiten.

7.2 Führer- und Manager-Rollen

Die Führung von Mitarbeitern heißt, andere durch eigenes, sozial akzeptiertes Verhalten so zu beeinflussen, dass die Beeinflussten zwanglos das tun, was man von ihnen erwartet (vgl. Withauer 2016, Kap. 1, 1.6). Diese Definition ist indessen eine einseitige, verengende Betrachtungsweise von Führung. Ein Vorgesetzter ist einiges mehr als »nur« Führer von Unterstellten. Deshalb muss mindestens ab der Leitungsposition für einen leistungserbringenden Arbeitsbereich (Abteilung, Geschäftsbereich) diese Festlegung relativiert werden, zusätzliche Anforderungen werden sichtbar. Zur interaktionellen Führung treten mit je höherer Hierarchiestufe Funktionen, die man den Managementaufgaben zurechnet. Beim Führen sind Führer und Geführte Subjekte, anders ist dies beim Management, bei dem sich das Handeln auf Objekte beziehen kann wie Verträge, Zahlungsströme, Pläne, Institutionen, Strukturen usw. (vgl. Neuberger 2002, S. 31). Management ist nicht nur »Menschen führen«.

Die Führungsposition vereinigt realiter ein heterogenes Bündel von Rollen in *einer* Position. Diese von Mintzberg (vgl. Mintzberg 1991; Neuberger 2002, S. 328) abgefassten 10 Arbeitsrollen sind in Abb. 7.1 aufgeführt.

Abbildung 7.1 Manager-Rollen nach Mintzberg

Interpersonale Rollen
> Repräsentator
  Erfüllen zeremonieller Aufgaben für die Organisationseinheit.
> Führer
  Interaktive Beziehungen zu Mitarbeitern etablieren und pflegen.
> Liaison
  Kontaktnetzwerk zu Personen außerhalb der Organisation schaffen.

Informationelle Rollen
> Beobachter
  Informationen aus dem Kontaktnetz, vielfach Gerüchte, Hörensagen.
> Verteiler
  Weitergeben erhaltener Informationen an Mitarbeiter.
> Sprecher
  Informieren von auf den Arbeitsbereich einflussreicher Personen.

Entscheidungsrollen
> Unternehmer
  Für entwicklungsorientierten innovativen Wandel sorgen.
> Störungsregler
  Beilegen von Problemen intern oder extern zur Umwelt.
> Ressourcen-Zuordner
  Zuteilen von Ressourcen an Personen oder Gruppen.
> Verhandler
  Aushandeln von bestimmten zukünftigen Aktivitäten der Organisation.

Quelle: Neuberger 2002, S. 328

Angesichts dieser weiten und zunehmenden Vielfalt an Aufgaben als Vorgesetzter auf dem Führungskarrierepfad »nach oben« ist es hilfreich, den eigenen Managementbereich und die Führung der Mitarbeiter nunmehr grundlegend - und bisherige Ratschläge ergänzend - an mehreren Komponenten effektiver Führung zu orientieren. Dieses Komponentensystem entspricht der geistig-mentalen Grundlage und fundamentalen Regeln, wie sie zunächst für das Selbstmanagement von Führungskräften herausgearbeitet wurden (vgl. Malik 2014).

Die Führung von Mitarbeitern beginnt mit dem Nachdenken über die Führung der eigenen Person. Ein Chef muss Zeit für seine Mitarbeiter haben und das »Richtige« tun. Einer, der in der Tageshektik untergeht, hat weder Zeit zum Denken »über den Tag hinaus«, noch kommt er zum eigentlichen Führen. Mancher kommt damit dennoch irgendwie zurecht, aber selbstverschuldete Endtermin-Hektik und selbst erzeugter Stress als Dauerzustand sind eher kreativitätsfeindlich und wirken sich negativ auf die Zusammenarbeit aus.

7.3 Postulate zur effektiven Mitarbeiterführung

Die Postulate effektiver Mitarbeiterführung können durch ein Netzwerk (siehe Abb. 7.2) dargestellt werden, das aus zwei wesentlichen Subsystemen oder Teilkreisläufen besteht.

Im Zentrum dieses Netzwerkes steht die Ausrichtung auf *Resultate*, denn das ist es, was von Mitarbeitern erwartet werden muss. Resultate, insbesondere die richtigen Resultate, kann man nur erzielen, wenn der Vorgesetzte sich selbst klar ist über den *Sinn des Beitrags*, den der Mitarbeiter leisten soll und dies auch über Ziele und Erwartungen kund tut. Ein effektiver Leistungsbeitrag stellt sich leichter und wahrscheinlicher ein, wenn für die jeweilige Arbeit die *Stärken* nutzbar sind, dies setzt das Wissen des Führers voraus, zu wissen was ein Mitarbeiter wirklich kann. Klarheit über den Beitrag führt zur Konzentration auf die richtigen *Prioritäten*, und dies wiederum bestimmt die Verständigung über die *benötigte Zeit*, die für die Erzielung von Resultaten zu verwenden ist. Die Ausrichtung auf die Stärken von Mitarbeitern, aber auch diejenigen der Kollegen, Vorgesetzten und die eigenen ist die einzige Chance, realistische Erwartungen über die Leistungsfähigkeit eines Menschen zu bilden und oftmals auch die Grundlage der tragfähigen intrinsischen *Motivation*.

a) Resultate einfordern

Die Ausrichtung auf Ergebnisse ist im Denken und Handeln von Menschen weitgehend unterentwickelt. Fragt man Führungskräfte oder Mitarbeiter danach, was sie in ihrem Unternehmen tun, dann beschreiben sie fast ausnahmslos ihre Tätigkeiten, erzählen wie sehr sie gefordert sind, welche Mühe sie sich geben und wie viel Stress sie ausgesetzt sind. Nur zirka ein Fünftel berichten danach von den Ergebnissen ihres Tuns. Solches Verhalten ist wohl ein Indiz für das Denken und Wahrnehmen der meisten Menschen: sie sind eher input- als outputorientiert. Was zählt, ist allerdings der Output! Deshalb ist es unumgänglich, dass Füh-

Abbildung 7.2 Fünf Postulate zur effektiven Mitarbeiterführung

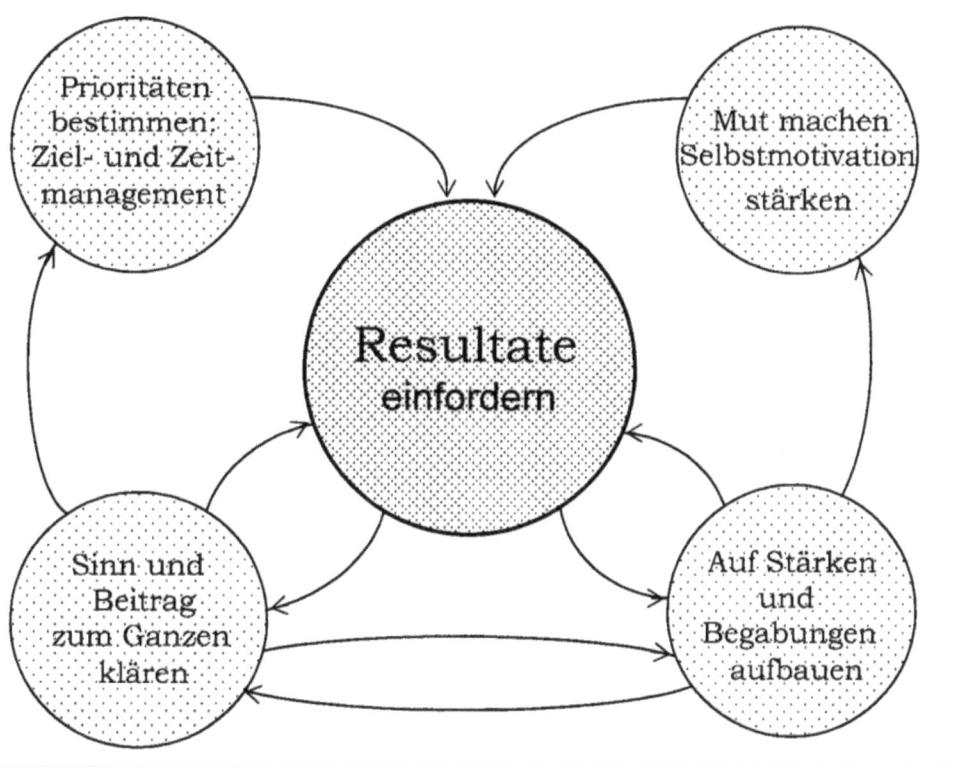

Quelle: in Anlehnung an Malik 2014, S. 73 ff

rungskräfte sich selbst und gleichfalls ihre Mitarbeiter auf Resultate hin orientieren müssen. Diese Ausrichtung des Handelns auf Resultate ist keineswegs selbstverständlich, die Praxis zeigt, dass die Wirklichkeit fast sämtlicher Organisationen der modernen Gesellschaft anders aussieht. Selbst wenn man unterstellt, dass alle Menschen in ihren Organisationen Tag für Tag hart arbeiten, so heißt dies noch lange nicht, dass auch Resultate erzielt werden. Andernfalls wäre es nicht erforderlich, Managementmethoden wie etwa das "Führen mit Zielen" überhaupt anzuwenden. Jeder erfahrene Manager weiß, wie schwierig es ist, Menschen auf Ziele hin zu orientieren und es bedarf kontinuierlicher und systematischer Anstrengungen, dies zu erreichen. Die wirksame Arbeit und der Nutzen eines Mitarbeiters liegen einzig in den Ergebnissen seines Tuns. Der Grundsatz der Resultatorientierung gilt nicht nur in der Wirtschaft, sondern in jeder organisierten Leistungsgemeinschaft. Welche Resultate gewollt sind, ist abhängig von der jeweils speziell und konkret betrachteten Organisation. Dabei sind nicht ausschließlich wirtschaftliche Ergebnisse gemeint, sondern gleichfalls nicht-wirtschaftliche, nicht-materielle und nicht-finanzielle Resultate. Was wirklich zählt sind weder die getane Arbeit noch die entstandenen Mühen und Anstrengungen, sondern ausschließlich die erzielten Resultate. Aus dem Zusammenhang mit diesem Grundsatz leitet sich die Erkenntnis ab: *Management ist der Beruf des Erzielens bzw. Erwirkens von Resultaten* (vgl. Malik 2014, S. 73).

Natürlich ist die Ausrichtung auf Resultate bei der Bewältigung von Aufgaben in zahlreichen Fällen durch gestaltete personenunabhängige Rahmenparameter des Arbeitsumfeldes vorgegeben und bedingt (siehe Withauer 2016, 2.2). Offenkundig werden in manchen Leistungsbereichen durch die *Technologie* Arbeitsgänge so vorstrukturiert oder auch bei Verwaltungstätigkeiten durch *Bürokratie* durch generelle Regeln, Verfahren oder Formulare, dass die Resultate relativ eindeutig bestimmt sind und eine Interpretation durch eine Führungsperson entbehrlich ist. Es sind dies jene von vornherein gestalteten Strukturen, welche richtunggebend das Handeln im gewünschten Sinne herbeiführen.

Die inzwischen erheblich gewandelten Wirtschaftsstrukturen mit einer zunehmenden Vielfalt im Produkt- und Dienstleistungsbereich zeigen, dass eine strukturell gestaltbare Resultatorientierung wie in der standardisierten bzw. Massenproduktion immer weniger infrage kommt. Komplexe Aufgaben im Dienstleistungssektor oder in der Hochtechnologie lassen sich nicht mehr in Einzelschritte zerlegen, ihr Lösungsverlauf ist kaum vorhersehbar und verändert sich, während man an ihnen arbeitet. Es entstehen kurzfristige und unvorhersehbare Anpassungsprozesse, die von den Mitarbeitern ein umfangreiches und kurzfristig aktivierbares Verhaltenspotenzial erfordern. Je mehr angesichts solcher Turbulenzen das kreative und innovative Potenzial von Mitarbeitern gefragt ist, desto mehr wird eine dezentrale Führung »vor Ort« mit mehr Handlungsspielraum und ohne Zeitverzug erforderlich. Gerade dies verlangt jedoch stabilisierende Wertkonturen und Regeln der Zusammenarbeit, zuvorderst steht die Ausrichtung der Leistung der Mitarbeiter auf mit der vorgesetzten Stelle vereinbarte Resultate.

Malik (vgl. 2014, S. 79) gibt zu bedenken, dass eine Führungskarriere für den Fall nicht ratsam ist, dass ein Führungsaspirant die Resultatorientierung nicht akzeptieren möchte, und deshalb nicht infrage kommen sollte. Eine eingenommene Managementposition würde bei solcher Einstellung nicht dem Interesse der Organisation dienen, wäre nicht im Interesse der Menschen, die unter einer inkompetenten Führung zu leiden hätten, und sie wäre zudem eine unzuträgliche Bürde für die Führungsperson.

b) Sinn und Beitrag zum Ganzen klären

Die Ausrichtung der Arbeitsleistung von Mitarbeitern auf Resultate ist aus der Sicht einer Organisation als Ganzes noch ungenügend. Es kommt auf die *richtigen* Resultate an; und diese lassen sich nur erzielen, wenn klar ist, dass und inwieweit das Resultat im Rahmen der Gesamtziele der Organisation einen Beitrag zum Ganzen darstellt. Der Erfolg und die

Fähigkeiten einer Organisation resultieren nicht aus irgendwelchen mystischen Kräften, sondern schlicht daraus, dass möglichst viele Menschen ihr Handeln aus dem Verständnis für den Zweck des Ganzen heraus selbständig in den Dienst des Ganzen stellen. Manager haben mithin die wohl wichtigste Aufgabe, ihren eigenen Beitrag und den Beitrag ihrer Mitarbeiter zum Zweck der Organisation auszuloten und klar, verständlich und überzeugend zu definieren.

Überzeugend ist vor allem, Führungshandlungen sinnhaft zu begründen. Hierbei wird der Mensch als sinn-suchendes Wesen begriffen in seinem alltäglichen und damit auch seinem beruflichen Tätig-Sein. Sinn kann jedoch nicht vorgegeben, er muss gefunden werden. Im menschlichen Denken und Handeln spielt die Suche nach Sinn, Sinn der eigenen Person sowie Sinn des Handlungskontextes und der Produkte des eigenen Handelns die zentrale Rolle (vgl. Probst 1987, S. 75). Dies gilt auch für die kollektive bzw. kooperative Sinnfindung in einer Organisation. Es gehört zu den ersten Aufgaben einer Führungskraft, den Mitarbeitern bzw. Mitarbeitergruppen den Sinn, den Nutzen und den Beitrag für die Ganzheit vor Augen zu führen, es ihnen leicht zu machen, die Ganzheit zu erkennen.

Es mag vielleicht idealistisch anmuten und es wäre abwegig zu leugnen, dass Führungskräfte nicht an äußere Merkmale ihrer Position denken, an ihren Rang und Status, ihr Einkommen, an Privilegien, Befugnisse und Vollmachten, ihr Prestige und die Anzahl ihrer Mitarbeiter und aus diesem Blickwinkel den Bezug zum Zweck der Organisation als Ganzes vernachlässigen. Erfahrungen besagen, dass dies die Mehrheit ist, allerdings auch nicht jene, welche wirklich die Resultate bewirken, die etwas bewegen (vgl. Malik 2014, S. 90 f). Je mehr Arbeitsteilung und Spezialisierung, umso leichter verliert man das Verständnis für den Zweck des Ganzen, und umso grösser ist die Gefahr, dass die Resultate, die man erzielt, keinen Bezug zu diesem Zweck haben. Je größer eine Organisation ist, umso schwieriger ist es, die Frage nach dem Beitrag zu beantworten. Umso mehr bewusste Koordination durch ständiges Eingreifen in das innere Gefüge einer Organisation ist daher erforderlich, und dies wiederum führt zum Sachzwang, eine Organisation letztlich autoritär führen zu müssen, selbst wenn keiner der Beteiligten dies wirklich will. Nur die immer wieder neu gestellte Frage nach dem *Beitrag*, den jeder Einzelne auf seine Weise *für das Ganze* leisten kann, vermag dies zu verhindern und begründet das, was man als Selbstregulierung, Selbstkoordination und Selbstorganisation in einer Institution bezeichnet. Dies bedeutet keineswegs, eigene Interessen, Einkommen und Macht nicht ebenfalls im Auge zu behalten, entscheidend wäre im Zweifel, dem Beitrag den Vorrang zu geben.

»Richtiges« Management trägt die Verantwortung für die »richtigen« Resultate, und diese sind ein Beitrag zum Funktionieren und zur Zweckerfüllung der Gesamtinstitution. Dieses Kriterium bedeutet zugleich den Schritt von der *Effizienz* zur *Effektivität*, vom *richtigen Tun* der Dinge zur Fähigkeit, *die richtigen Dinge* zu tun. Diese Art zu denken und zu handeln *macht* Manager *wirksam* (vgl. ebda., S. 95).

Ein Beispiel: Zunehmend kürzere Lebenszyklen der Produkte erfordern heute besonders in der Technologie schnelle Innovationen. Die beste Marktposition ist nur zu erreichen, wenn man schneller ist als die Konkurrenz. Herstell- und Informationszeiten werden immer mehr zum zentralen Wettbewerbsfaktor. Immer weniger gilt es, Probleme mit einem Streben nach Perfektionismus zu lösen; um einen uneinholbaren Vorsprung zu gewinnen, ist vielmehr erfolgversprechend das schnelle und damit rechtzeitige Lösen. Natürlich hat dies Auswirkungen auf das Definieren, Strukturieren und Prozesse der Sinnvermittlung des »richtigen« Beitrags in einem Führungsbereich und das Erkennen von Prioritäten.

Allein die Ausrichtung auf den Beitrag für die Gesamtinstitution, so vage und mangelhaft dieses Kriterium auch sein mag, eröffnet die Chance, auf allen Ebenen der Organisation die richtigen Ziele zu identifizieren, Mittel richtig einzusetzen, Maßstäbe für die Beurteilung von Resultaten zu finden und Vertrauen und Gerechtigkeit zu schaffen. Die Antworten auf die Fragen »Worin besteht mein Beitrag zum Ganzen?« und »Worin sollte der Beitrag meiner Mitarbeiter bestehen?« werfen fast immer eine Reihe von Problemen auf. Das Erhalten und Schaffen von Erfolgspotenzialen und damit verbunden die Erhaltung bzw. Verbesserung der nachhaltigen »Fitness der Unternehmung« oder einer anderen Institution muss als zentrale Aufgabe des Management gesehen werden. Der Wandel in ihrer Umwelt und Innenwelt, sich den äußeren und inneren Wechsellagen anzupassen und auf Turbulenzen jedweder Art intelligent zu reagieren, stellt oft sehr infrage, inwieweit Beiträge in den einzelnen Bereichen, Abteilungen usw. zweckmäßig bestimmbar sind. Oft wird man sich nur durch gründliches Nachdenken und tiefgreifende Auseinandersetzung mit Mitarbeitern, Kollegen und Vorgesetzten an eine Antwort herantasten können.

Die Verdeutlichung des eigenen Beitrags, den Nutzen und den Sinn des eigenen Tuns zu erkennen, bewirkt jene Motivation, die einen Mitarbeiter unabhängig macht von irgendwelchen Anreizen oder motivierenden Verhaltensweisen durch Vorgesetzte. Diese intrinsische Motivation ist stabiler und größer, sie entsteht aus der Arbeit selbst und ist verknüpft mit der Kenntnis des Ganzen, dem Dienst am Ganzen, dem Bewusstsein, etwas Wichtiges zu seiner Entstehung, Erhaltung und zu seinem Erfolg beizutragen.

c) Auf Stärken und Begabungen aufbauen

Effektive Mitarbeiterführung richtet die Aufmerksamkeit wie bisher aufgezeigt auf das Einfordern von Resultaten aufgrund eines klaren Verständnisses für den Beitrag, den der Einzelne an das Ganze zu leisten hat. Ein weitergehendes Interesse jeder Organisation richtet sich auch auf die Qualität der geforderten Leistung. Möglichst gute Leistungen bis hin zu Spitzenleistungen sind unumgänglich, weil diese sich aus den objektiven Anforderungen oder Ansprüchen an Organisationen ergeben. Dies gilt sowohl für in einer Marktkonkurrenz stehende Unternehmen, aber auch für gemeinwirtschaftliche Organisationen wie Verwaltungsbehörden, Bildungsinstitutionen etc., die sich zumindest gesellschaftlich legitimieren müssen.

Der qualitative Beitrag von Mitarbeitern oder auch von Mitarbeitergruppen wird wesentlich davon bestimmt, ob und inwieweit bei der geforderten Leistung *vorhandene Stärken* verwertbar sind. Es scheint zunächst ein Widerspruch zu sein, wenn nur ganz gewöhnliche, normale Menschen zur Verfügung stehen, diese aber Höchstleistungen erbringen sollen. Lösbar ist dieses Dilemma, wenn man zunächst fragt, wo ein Mitarbeiter seine *Stärken* besitzt, was er also kann, und sich dann darum bemüht, die *Aufgaben* für diese Person so zu gestalten, dass eine bestmögliche Deckung entstehen kann zwischen dem, was sie kann, und dem, was sie zu tun hat.

Jeder Mensch hat seine Stärken und Defizite - auf allen möglichen Gebieten. Niemand wird weder von sich selbst noch von anderen erwarten dürfen, dass er in der Lage ist, dort wo er seine Defizite aufweist, besonders gute Leistungen erbringt und hervorragende Resultate erzielt. Höchst wahrscheinlich und angebracht ist es indes, Spitzenleistungen auf Gebieten zu verlangen, wo jemand *seine Stärken* hat. Überdies wird man sogar feststellen, dass dort Leistungen gar nicht speziell gefordert werden müssen, denn sie werden selbstmotiviert erbracht, weil es den meisten Menschen Spaß bereitet, hervorragende Resultate zu erbringen, *wo sie gut sind* und ihre echten Veranlagungen es ihnen *leicht* machen.

In der vorstehenden Begründung für die Beachtung der Stärken der Mitarbeiter lag die Betonung auf »vorhandene« Stärken *nutzen*, nicht auf Stärken entwickeln und schon gar nicht auf Defizite beseitigen. Dies bedeutet nämlich die Nutzung dessen, *was schon da ist*, und nicht die erst zukünftig verwertbare Entwicklung von etwas. Praktisch tun sich Führungskräfte leichter, Defizite zu entdecken als die Stärken eines Menschen herauszufinden. Die Schwächen fallen einem auf, schon weil sie störend sind, und es ist zudem relativ leicht zu erkennen, was eine Person nicht kann. Aber auch das betriebliche Personalwesen bzw. Human Ressources Management widmet sich durch Förderungs- und Entwicklungsprogramme für Mitarbeiter, Nicht-Stärken bzw. Schwächen oder Defizite zu mildern oder zu reduzieren. Tatsächlich gelingt dies auch meist, allerdings im Sinne von »weniger schwach« oder mittelmäßig.

Stärken zu identifizieren, ist hingegen zeitaufwändig und man muss sich für den Menschen interessieren, man muss sein Tun beobachten. Die Feststellung, wenn jemand etwas gerne tut, sei das für dieses Tun ein Indiz für »stark« und »begabt«, gilt eher in umgekehrter Korrelation, weil man etwas gut kann, tut man es gern. Viel entscheidender ist indessen die Frage: Was fällt leicht? Die signifikante Korrelation besteht zwischen »leicht fallen« und »gut tun«.

Viele der sogenannten Defizite sind gar keine richtigen Schwächen, wenn man sie relativ leicht beseitigen kann oder sie nicht schwerwiegend sind. Zu nennen sind hierzu Lücken an Wissen und Kenntnissen, die durch Lernen ausfüllbar sind, bestimmte Fertigkeiten wie etwa die Bedienung einer Computertastatur oder rhetorische Fähigkeiten, die man trainieren kann, Verständnis für und Einsicht in andere Fachgebiete, was man durch Erfahrung verbessern kann, und schließlich gewisse Eigenarten wie schlechte Gewohnheiten, die man verlernen kann. Problematischer sind einzelne Persönlichkeitsdefizite und Unstimmigkeiten in sozialen Beziehungen, wie etwa bei Konflikten oder für Teamarbeit. Wer Stärken nutzen will, muss oft mehrere und zuweilen auch gravierende schwache Seiten in Kauf nehmen. Mit der Beachtung der Stärken geht einher, sichtbare Mängel zu kompensieren, was nicht heißt, sie zu beseitigen. Führungsaufgabe ist hier, die Defizite bedeutungslos bzw. organisatorisch weniger relevant zu machen.

d) Prioritäten bestimmen, Ziel- und Zeitmanagement

Beobachtungsstudien der Arbeit von Managern ergaben übereinstimmend den Befund, dass dieser Beruf wie kein anderer massiv und systematisch der Gefahr der Verzettelung und Zersplitterung der Kräfte ausgesetzt ist (vgl. Neuberger 2002, S. 452 ff). Der Arbeitstag ist äußerst zerstückelt, er ist uneinheitlich und enthält viele ungeplante Elemente, wird mit vielen kurzen Arbeitsakten ausgelastet, Führungskräfte bevorzugen die mündliche Kommunikation, sie leben von sozialen Kontakten, wobei sie viele Informationen sich »vor Ort« holen müssen, und sie kümmern sich um die Angelegenheiten ihrer verschiedenen Führerrollen (siehe 7.2).

Angesichts dieser Arbeitsanalysen erscheint eine systematische Ausrichtung des Tuns auf Resultate kaum zu gelingen. Will man Resultate für das Ganze auf wirklich wichtigen Gebieten erzielen und dabei die vorhandenen Stärken nutzen, dann erfordert dies zwingend, sich zu konzentrieren. Niemand kann dauerhaft auf vielen Gebieten zugleich erfolgreich sein. Natürlich haben Führungskräfte genau so wie die Mitarbeiter neben den wichtigen Aufgaben sich mit einer Fülle von verschiedenen Angelegenheiten zu befassen, die einfach auf sie einstürmen. Gerade deshalb sind aber der Grundsatz der Konzentration und das Bestimmen von *Prioritäten* unumgänglich, wenn man wirklich Resultate erzielen will. Effektive Führungskräfte erledigen erstrangige Dinge zuerst und nur eine Sache auf einmal. Und dies gilt es auch den Mitarbeitern zu vermitteln: das ist der Anwendungsfall des Führens mit Zielen, des Management by Objectives. Mit dieser Methode gelingt es, den planerischen Unterschied zwischen Zielen und Aufgaben zu verdeutlichen.

Führung mit Zielen: In einer für einen Periodenplan aufgeschriebenen Liste anstehender beabsichtigter Aufgaben findet sich in der Regel auch Wichtiges, aber es versteckt sich in einem Gestrüpp von Nebensächlichkeiten, und wenn das Wichtige abzuarbeiten ansteht, gerät es in der Hektik des Tagesgeschäfts leicht aus dem Blickfeld und man *beschäftigt* sich viel zu lange mit den *nebensächlich vielen* Aufgaben.

Ziele konzentrieren sich auf das *lebenswichtig Wenige* und erstrebte *Ergebnisse*. Ziele setzen heißt in Richtung Zukunft denken. Das traditionelle Denken in Einzelaufgaben verleitet dazu, sich in Einzelheiten zu verlieren. Das Denken in Zielen bewirkt, das Einzelne auf das große Ganze auszurichten. Der Grund für nicht erreichte Ziele liegt darin, dass man sich *zu viel* auf einmal und zu viel *Verschiedenartiges* vornimmt. Der Mensch neigt hierbei dazu, zu Vieles als wichtig zu betrachten. Dies kommt wiederum daher, dass das Kriterium »dringlich« mit dem Attribut »wichtig« gleichgesetzt und folglich meist verwechselt wird. Tatsächlich erweist sich aber:

Das Dringende ist selten wichtig, und *das Wichtige ist selten dringend!* Beispielsweise ist die Neuordnung der Ablauforganisation eines Arbeitsbereichs wichtig, aber man bemerkt nicht als nachteilig, wenn dies erst demnächst geschieht. Ähnliches gilt für ein ins Auge gefasstes verbessertes Vertriebskonzept. Die Ehrung eines Jubilars ist hingegen dringend und terminfixiert, ein Resultat als Beitrag für die Gesamtziele der Organisation entsteht dabei jedoch nicht.

Das Prinzip der wertanalytischen Kräftekonzentration besagt, dass von einer Anzahl von Aufgaben normalerweise die bedeutenden Dinge einen relativ kleinen Anteil der Gesamtaufgaben ausmachen. Als Faustregel gilt: mit 20 Prozent der aufgewandten Zeit (Input) - für die lebenswichtig wenigen Probleme oder Aufgaben - erzielt man bereits 80 Prozent der Leistungsergebnisse, die restlichen 80 Prozent der aufgewandten Zeit - für die nebensächlich vielen Probleme oder Aufgaben - erbringen nur noch 20 Prozent der Gesamtleistung. Der Erfolg einer Führung mit Zielen wird bestimmt von der Kräftekonzentration auf Weniges. nur so werden als richtig befundene Ziele realistisch erreichbar.

Abbildung 7.3   Pareto-Prinzip: wertanalytische Kräftekonzentration

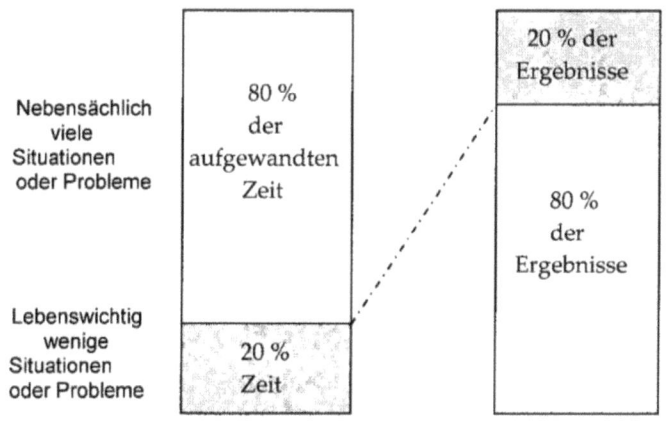

Quelle: Mackenzie 1974, S. 53

Zeitmanagement: Aus dieser auch als Pareto-Prinzip bezeichneten Grundregel zur Relation ergebnisbringender Aufgaben am Gesamtumfang des Arbeitspensums ergibt sich für das praktische Handeln die Richtschnur: für das Wesentliche sich mehr Zeit nehmen! Da die Zeit kein vermehrbares Gut ist, heißt das zu entscheiden, wofür man Zeit haben will und wofür nicht. Wie dann wiederum Probleme von mittlerer Wichtigkeit erledigt und wie die Bearbeitung von bedeutungsneutralen Aufgaben arbeitsmethodisch geregelt werden kann, hängt unterschiedlich vom jeweiligen Arbeitsfeld ab (vgl. hierzu die Ratgeber-Fachliteratur, wie Seiwert 2005). Mit der Einteilung der Arbeitsaufgaben in Blitz- und Intensivvorgänge und der Berücksichtigung der Störintensität lässt sich zudem sinnvoll planen, zur richtigen Zeit das Richtige zu tun (vgl. ebda).

e) Mut machen und Selbstmotivation stärken

Während im linken Wirkungskreis des Netzwerkdiagramms der Postulate für effektive Führung (siehe Abb. 7.2) methodische Aspekte überwiegen, zeigt der rechte Kreis die psychischen Hintergründe für persönliche Leistungen.

Das fünfte Postulat einer effektiven Mitarbeiterführung klingt fast selbstverständlich. Allerdings kommt bei der Vielzahl von Problemen, die selbstverständlich in einer Organisation auftauchen und zu lösen sind, auch der Gedanke, dass eher seriöse und gute Problemlösungsverfahren hilfreich wären und es wirkt sogar abgehoben und befremdlich, das »Mut machen« in den Vordergrund zu stellen. Der Grundsatz, Mut zu machen und positiv zu denken, will die Aufmerksamkeit statt auf Probleme auf die Chancen lenken, die auch jeder Problemsituation innewohnen. Der Grundsatz des mutigen Suchens nach Möglichkeiten und Chancen resultiert aus der Erfahrung, dass auch in einer kniffligen oder gar aussichtslosen Situation nur diese Haltung es aussichtsreich macht, einen Ausweg zu finden und mit gestärkter Motivation die angestrebten Resultate - doch noch - zu erreichen.

Die Erwartung von Erfolg ist nicht nur ein wesentlicher Antrieb für Leistung und Ergebnis, sondern Erwartungen steuern auch wesentlich die Qualität der Resultate. Dies weiß man durch die Studien zur signifikanten Wirkung von Placebos oder zu anderen Phänomenen sich selbst erfüllender Prophezeiungen, wobei sich erwies, dass ein Effekt umso wahrscheinlicher eintritt, je mehr man diesen Effekt erwartet. Dies gilt umgekehrt auch für eine negative Erwartung, Bedenken zu haben oder etwas *nicht* zu können. Gleichwohl wäre eine beliebige Erwartung naiv. Gemeint sind hier jedoch auf vormalig erlebte Erfolge gegründete Erwartungen - und wo könnte das begründeter sein als auf dem Gebiet vorhandener Stärken.

7.4 Bedeutung nächsthöherer Vorgesetzter für die Karriere

Bei der Betrachtung der in einen Organisation tätigen Personen konzentriert auf die Chef-Mitarbeiter-Beziehungen fokussiert man zunächst auf ein exklusives, das heißt von anderen Verbindungen abstrahierendes hierarchisches Verhältnis. Dabei wird indessen ausgeblendet, dass Vorgesetzte und Mitarbeiter in weiteren organisationsinternen und -externen Netzen verortet sind wie Beziehungen zu höheren Vorgesetzten oder zu Kunden oder Zentralabteilungen – insbesondere auch Personalwesen/Human and Intellectual Ressources.

Von Interesse ist deshalb die Frage, inwieweit in einer mehrstufigen Unternehmenshierarchie diese Einflussvernetzung sich auf das Wirkungsfeld, die Erfolgschancen eines Managers und insbesondere seine Manager-Karriere auswirkt. Hier scheint die Position des nächsthöheren Vorgesetzten (»Boss«) besondere Aufmerksamkeit zu verdienen.

Für die meisten Mitglieder des Managements gilt, dass sie gleichermaßen - was ihre formale Rolle betrifft - zugleich *Führende* und *Geführte* sind. Jede Instanz besitzt formal die Gesamtverantwortung für die ihr nachgeordneten Instanzen. Manager müssen somit prinzipiell um eine Erfüllung der ihnen zugeordneten Aufgaben in ihrem gesamten Verantwortungsbereich besorgt sein; hierfür werden sie wiederum von noch höheren Instanzen zur Rechenschaft gezogen. Auch aus diesem Grund werden Manager u.a. mittels Führung versuchen, auf ein effektives Handeln untergeordneter Instanzen einzuwirken.

Die Einflusschancen sind zwar umso geringer, je mehr Distanz zum Beeinflussenden besteht. Der nächsthöhere Vorgesetzte hat aber nach dem direkt vorgesetzten Manager am ehesten das Interesse und auch die Möglichkeit eines moderierenden Einflusses auf die Führungsbeziehung »Direktvorgesetzter – dessen Mitarbeiter« - entweder ergänzend oder mittelbar. Die Führungspraxis macht die besondere Befugnis der nächsthöheren Managerposition deutlich. Zahlreiche mitarbeiterbezogene Regelungen, Anträge und Maßnahmen bedürfen einer Gegenzeichnung und Einbindung des nächsthöheren Managers - wie Stellenbeschreibungen, Beurteilungen, wichtige Einzelentscheide oder eben Karriereplanung und -schritte.

In Bezug auf die Ambitionen der intendierten Manager-Karriere eines Mitarbeiters gilt diese Betrachtung auch in umgekehrter Richtung. Karriere-Wege werden nicht mehr nur dyadisch (vgl. 1.8) vorbestimmt oder ausgehandelt, sondern entstehen in der Regel aus dem Zusammenwirken einer Führungs*triade*. Der nächsthöheren Führungskraft ist oftmals die Rolle des Letztentscheiders v.a. für geführtenbezogene Personalentscheide eingeräumt – wie eben Laufbahnplanung und Beförderung oder Bezahlung. Für auszufüllende Managerpositionen gilt es wahrzunehmen und zu beurteilen, wer im Rahmen einer Laufbahn*planung* oder oftmals bei *akutem* Anlass für einen Karriereschritt infrage kommt, wann dies geschieht und inwieweit dabei führungsqualifikatorische Kompetenzen und Anforderungen miteinander korrespondieren.

Die vergleichsweise größere Distanz des nächsthöheren Managers auch zu Schlüsselpersonen im Ressort ihm unterstellter Führungskräfte hindert ihn daran, zu tief in deren interaktionelle Manager-Rolle einzusteigen. Der Widerspruch, ihm dennoch eine Mitverantwortung zuzuschreiben, die beispielsweise deutlich über der des Zentralressorts Personal liegt (vgl. Weibler 2014, S. 277), kann dahingehend aufgelöst werden, dass es sich hierbei im Regelfall um grundlegende Einflussnahmen handelt. Beispiele sind die unternehmenspolitisch gewollte Umsetzung einer unternehmensweit an einem Führungsleitbild ausgerichteten Führung, Prägung der Führungskultur wie Walking around, Politik der offenen Tür, symbolische Aktionen, Forcierung von Projekt- und Teamarbeit oder andere übergreifende Zielsetzungen wie Intensivierung von bestehenden Kundenkontakten oder primär Neuakquisition. Im Vergleich zum direkten wird der nächsthöhere Vorgesetzte als stärker zuständig für die Berücksichtigung von Zielsetzungen gesehen, die das Unternehmen in seiner Gesamtheit betreffen. Sein eigener Verantwortungsbereich weist eine größere Schnittmenge der Interessen mit solchen der Gesamtunternehmung auf. Hieraus erwächst auch eine deutlich zuerkannte Verantwortung für Innovation und organisationalen Wandel. Aus Organisationssicht kommt ihm somit eine *Schlüsselstellung zur Rekrutierung des Managernachwuchses* aus den eigenen Reihen zu, aus

Mitarbeitersicht ist er für die eigene Karriereplanung und ihre Verwirklichung von zentraler Bedeutung. Daraus ergibt sich, dass der nächsthöhere Vorgesetzte als Ansprechpartner für wichtige arbeitsbezogene und persönliche Probleme fungieren kann, für die der direkte Vorgesetzte als tägliche Bezugsperson möglicherweise weniger geeignet ist.

Aufmerksamkeit beim nächsthöheren Vorgesetzten erregen überdurchschnittliche Arbeitsleistungen. Die beste Möglichkeit zum Aufbau von Einflusspotenzial gegenüber dem nächsthöheren Chef bietet jede Gelegenheit, solche überdurchschnittliche Leistungen unter Beweis zu stellen. Dies mag in gemeinsamen Projekten mit dem nächsthöheren Vorgesetzten gelingen oder in Veranstaltungen, wo der nächsthöhere Vorgesetzte zugegen ist wie etwa Fachbereichssitzungen oder gemeinsame Kundenbesuche.

8. Wege ins Top-Management als »High Potential« für Spitzenpositionen

Wie bringt man es zu Wege, zum Kreis der Auserwählten zu zählen, die »nach ganz oben« kommen? Auf was kommt es dazu wirklich an? Was zeichnet den Topmanager im Vergleich zu Managerpositionen in der Ebene darunter aus? Wie gelangt man in Spitzenpositionen eines internationalen Konzernunternehmens? Welche »Stolpersteine« sind vorhanden und zu beachten? Was macht mich einfach »besser«, welche Erfahrungen braucht ein »High Potential«, welche Anforderungskriterien muss er oder sie erfüllen?

Auf diese Fragen sollen im Folgenden Hinweise und Antworten gegeben werden, die sich auf die Erlebnisse und Erfahrungen der eigenen Führungskarriere des Autors stützen und die für angehende High Potentials als Ratschläge gelten mögen. Die Empfehlungen werden gestützt durch jüngste Studien mit der Befragung von Personalmanagern (vgl. Ready et al. 2010).

8.1 Anatomie eines High Potentials

Als High Potentials gelten nach stimmiger Meinung von Personalexperten und obersten Entscheidern die Personen, die durch ihre Leistung zum besseren, nutzensteigernden Funktionieren speziell in einer Unternehmung beitragen und die ferner in erster Linie Wegbereiter der Unternehmenszukunft zu sein versprechen.

Solche Elitepersonen übertreffen vergleichbare Kollegen regelmäßig und deutlich in einer Vielzahl von Situationen und Sachlagen. Sie erreichen herausragende Leistungsniveaus und sie verhalten sich so, wie es der Kultur und den Werten ihres Unternehmens in vorbildlicher Weise entspricht. Überdies stellen sie unter Beweis, dass sie überaus fähig sind, während ihrer gesamten Karriere innerhalb eines Unternehmens zu wachsen und Erfolg zu haben - und zwar schneller und effektiver als vergleichbare Mitarbeiterkollegen (vgl. Ready et al. 2010, S. 57 f).

Wie werden die Besten eines Unternehmens aufgespürt? Und wer hat das Zeug, auf Dauer »ganz vorn« mitzuhalten? Bei der Beleuchtung dieser Fragen seien zunächst die fundamentalen Voraussetzungen im beobachtbaren Handeln von High Potentials betrachtet, danach werden solche - subjektiv wahrgenommene - Attribute der Persönlichkeitsausstattung angesprochen, die offenbar obendrein ausschlaggebend für eine äußerst erfolgreiche Manager-Karriere sind, die nur diffus fassbar und eher zu den intuitiven Fähigkeiten zählen.

8.2 Fundamentale Voraussetzungen

Top-Leistungen: Selbstverständlich dürfte in jedem Falle sein, dass eine Managerkarriere von herausragenden Leistungen abhängt. Beachtet werden in erster Linie Leistungen, die für die Organisation Nutzen bringen wie rationellere Arbeitsweisen, dass Kosten reduziert, Qualität gesichert oder verbessert, Kundenbindung erhöht, der Geschäftsumsatz ausgeweitet wird etc., gleichfalls wenn unliebsame oder unter ungünstigen Vorzeichen stehende oder lange aufgeschobene Arbeiten virtuos und zügig erledigt werden, dass die Arbeit von Kollegen erleichtert wird. Die Leistungen müssen ausgezeichnet und erkennbar das Resultat des persönlichen, eigenen Wirkens sein, die Zahlen müssen »stimmen«. Ein gutes Beispiel: Versuchen Sie, ihrem Chef zeitraubende oder von ihm ungern getane Aufgaben abzunehmen und machen Sie für sich einen Erfolg daraus!

Glaubwürdigkeit: Soziale Beziehungen werden nach der Erfahrung wesentlich von der Glaubwürdigkeit im interaktiven Handeln und in der Kommunikation geprägt. Die Glaubwürdigkeit einer Person umfasst nach Aristoteles drei Komponenten: guter Charakter (die Ehrlichkeit der Person), guter Wille (die »Reinheit« oder Lauterkeit seiner Motive) und Weisheit (Kompetenz), die sich im gedanklichem Tiefgang, Weitblick, Originalität und Unkonventionalität zeigt, manchmal auch Mut zum persönlichen Risiko. Man beurteilt dabei die Zuverlässigkeit des Handelns oder die Glaubwürdigkeit von Informationen. Glaubwürdig erscheint eine Person, wenn sie sich nicht »verbiegt« und sich authentisch präsentiert. Beispielhaft erleidet jemand Unglaubwürdigkeit und Vertrauensverlust, wenn Erfolge zulasten oder Ergebnisse auf Kosten Anderer erzielt und vorgelegt werden. Hingegen wirkt glaubwürdig zum Beispiel in einer Einarbeitungsphase das offene Bekenntnis, man müsse noch sehr schnell sehr viel lernen; dies schließt Hilfe und erste Fortschritte bei anstehenden Problemen nicht aus. So könnte sich ein angehender High Potential den Ruf als Problemlöser erwerben mit der Folge, zunehmend an Einfluss zu gewinnen - und sich mithin Vertrauen erwerben. Sich als Teil eines - mehr oder weniger - großen Ganzen sehen und als Partner denken, fühlen und handeln führt zur Balance zwischen »Geben« und »Nehmen«. Den Kollegen Vertrauen und Sicherheit vermitteln eröffnet breiten Einfluss auf zahlreiche Stakeholder wie Kunden, Kapitalgeber und Mitarbeiter.

Erfahrungen sammeln: Um am Anfang einer Karriere positiv aufzufallen, kommt es auf die nötigen Fachkenntnisse an, welche die Arbeit erfordert. In vielen Fällen geschieht dies durch Studium und Praktika erworbene und als Trainee im Unternehmen ausgebaute profunde Fertigkeiten in einem Fachgebiet, gefolgt beispielsweise von einer erfolgreichen Projektleitung in einem fachübergreifenden Projekt. Dieses Fundament qualifiziert zu Aufgaben und Positionen, die es nötig machen, Einfluss auszuüben, auch wenn zunächst nur begrenzte Befugnisse bestehen. Ein großes und kaum planbares Chancenpotenzial für Erfahrungen bieten Krisen und Probleme, in denen Wissen und Erlerntes schöpferisch umsetzbar ist. Erfahrungen, die zudem »stimmig« zur Persönlichkeit sind, wirken besonders motivierend auf das Engagement. Ein Leitbild für stimmige Erfahrungen und »sinnvolle« Selbstverwirklichung besteht darin, die eigenen Handlungen auf den Nutzen für Andere abzustimmen, dann trägt man auch einen persönlichen Nutzen davon. Einerseits ist Geduld vonnöten, andererseits darf man sich auch nicht »verheizen« lassen und zu lange in einer Karrierestation verbleiben, in den Aufgaben und in der Hierarchie muss man weiterkommen. Ab einem bestimmten Punkt besteht die Herausforderung darin, einerseits Dinge aus der Hand zu geben, andererseits Dinge zusätzlich aufzugreifen. In höheren Führungspositionen tritt die fachliche Brillanz zurück zugunsten des strategischen Denkens und der Fähigkeit, Andere zu motivieren.

Verhalten beachten und anpassen: Wenn zu Beginn einer Karriere die ausgezeichnete Leistung dafür sorgt, bemerkt und gefördert zu werden, rückt später primär das Verhalten in den Vordergrund, durch das und weshalb man weiterhin zu den High Potentials gezählt wird. Herausragende Fähigkeiten verlieren niemals ihre Bedeutung, aber irgendwann gelten sie als selbstverständlich. Man erwartet, dass man sich in größeren Rollen auszeichnet. Kandidaten für das begehrte High-Potential-Label sind gehalten, ihr Verhalten von »tauglich und passend« hin zu »Vorbild und Lehrer« zu verändern. Die Bedeutung des sozialen Verhaltens liegt begründet darin, dass eine Organisation nicht nur ein Leistungssystem, sondern ein Sozialsystem ist mit Menschen und ihren Bedürfnissen, Ängsten, Wünschen und Eigenheiten. Erfolg in der Führungsrolle wird deshalb weitgehend bestimmt von der heute weitgehend geforderten sozialen Kompetenz. Wer diese in der Kindheit als Klassensprecher, Engagement in sozialen Einrichtungen, in Vereinen trainieren konnte, wer zudem achtsam das »Geführt werden« seines Vorgesetzten erfährt und Signale der horizontalen Führung durch Kollegen wahrnimmt, wird sich auch in der betrieblichen sozialen Interaktion kongruent mit den geltenden kulturellen Grundsätzen (Leitbild, Führungs- und Verhaltensgrundsätze) vorteilhaft bewähren. In diesem Kontext besteht die erstrangige - und vielleicht wichtigste - Führungsaufgabe in einem auf persönliche Effektivität ausgerichteten Selbstmanagement, denn: wer sich nicht selbst führen kann, der kann auch niemand Anderes führen! Und im Kontakt mit Mitarbeitern und anderen wichtigen Akteuren zählen Kollegialität und Teamarbeit, vertrauenswürdig offene Gespräche über geschäftliche Herausforderungen führen, zügig mit strategischem Blick zum Kern eines Problems vorstoßen und praktikable Lösungen finden, kurz: ihnen zu helfen, selbst erfolgreich zu sein.

Die vorstehend dargelegten Voraussetzungen für einen High Potential gelten auch für viele Hochleister, und sie erfüllen diese auch in hohem Maße: sie bieten Nutzen und prompte Ergebnisse, widmen sich neuen Wissensgebieten und stellen sich komplexeren Herausforderungen, sie sind glaubwürdig und man vertraut ihnen, sie bekennen sich zur Kultur und zu den Werten ihrer Organisation, sie arbeiten überzeitlich und hart. Und doch wird ihnen meist nicht der Status eines High Potentials zuerkannt, in vielen Unternehmen kommen sie nicht auf die Liste der High Potentials, werden nicht wie dieser Zirkel aktiv gefördert und nicht zu entsprechenden Trainings geschickt. Meine Beobachtungen laufen darauf hinaus, dass es zusätzliche und gleichwohl schwer fassbare Faktoren in der Persönlichkeitsausstattung sind, auf die es auch ankommt und die zur nachhaltigen Einstufung als High Potential führen.

8.3 Besondere Attribute der Persönlichkeitsausstattung

Die nachstehenden Eigenschaften oder Merkmale scheinen für eine stetige sehr erfolgreiche Führungskarriere zusätzlich ausschlaggebend zu sein. Diese Faktoren sind indessen schwer zu fassen und sie finden sich gewöhnlich nicht in den Aufzählungen von Führungskompetenzen oder Beurteilungsfaktoren. Es sind eher nicht-rationale Teile der Persönlichkeit, die zu nichtbewussten Erkenntnismechanismen führen. Ihnen wird zwar von der wissenschaftlichen Warte aus bislang eine eher unbedeutende Rolle zugeschrieben, aus der Sicht des Managementhandelns erweisen sie sich aber als besonders geeignet, nämlich weil es ganzheitliche Erkenntnismechanismen sind. Emotionen entstehen unabhängig vom Verstand und sind deshalb auch nicht mit der bei verstandesmäßiger Verarbeitung verkürzt wahrgenommenen Realität konfrontiert, sie „ …bieten eine als Ganzes wahrgenommene Wirklichkeit" (Guggenberger 1987, S. 129 f, zit. bei Scheurer 1997, S. 419). Dies erklärt, warum Emotionen vor allem in der Beurteilung komplexer Sachverhalte allen Versuchen der »Berechnung« überlegen sind (vgl. Withauer 2000, S. 258 ff). Emotionale, intuitive Fähigkeiten erlauben es, sich in der vielgestaltigen Wirklichkeit des Managementhandelns besser zurecht zu finden und erweisen sich mithin als »Wegweiser« für eine nachhaltige Führungskarriere. Diese besonderen Attribute einer emotionalen Programmierung wirken unbewusst dahin, dass situative Muster intuitiv erkennbar werden, sich als Zu-Fall darstellen, die also dafür sorgen, dass einem situative Chancen und Möglichkeiten zu-fallen. Folgende Attribute der emotionalen Persönlichkeitsausstattung scheinen nachvollziehbar (vgl. gleichfalls Ready et al. S. 60 f) die ausschlaggebenden Unterschiede zu erfassen, auf die es für eine Spitzen-Managerkarriere ankommt:

Ehrgeiz: Der Drang zu Spitzenleistungen geht über Leistungsstärke hinaus. Manche Menschen wollen das Letzte aus sich herausholen. Sie konzentrieren ihre Energie auf die berufliche Herausforderung, sie nehmen dabei oft im Privatbereich Einschränkungen in Kauf, im besten Falle in familiärem Einvernehmen. Es zeugt von großem Talent, wie sie ihren Ehrgeiz kanalisieren, sich Karriereziele setzen, Fortkommen in den Aufgaben und in der Hierarchie vorausplanen. Es scheint so zu sein, dass ein erfolgreicher High Potential bei seinem Tun bereits sich in die Menschen eine Stufe über ihm hineinversetzt, durch vieles Fragen an deren Erfahrungen Teil hat und wie diese denkt und fühlt. Zugleich pflegt er aber auch die Beziehungen zu den Kollegen und Mitarbeitern, damit ihre Arbeitsbedingungen erleichtert und verbessert werden.

Unternehmergeist ¤ Entrepreneurship: Unternehmerisch handeln bedeutet, stets neue Möglichkeiten, neue Wege zu erkunden und aufzugreifen. Dass dies mit Risiken behaftet ist, scheint Unternehmerpersönlichkeiten nicht zu hindern, herausfordernd Neues zu entdecken und es als Chance zu begreifen. Ein Beispiel ist die Übernahme einer internationalen Aufgabe, die grundlegend neue Fähigkeiten benötigt. Die innere Haltung richtet die Aufmerksamkeit eher auf die Vorteile, den Reiz und die Möglichkeiten als auf die Risiken.

Lerntalent ¤ Neugier : Stets mit »offenen Augen« durch die Welt gehen, das kennzeichnet manche Menschen, die »zufällige« Informationen aufgreifen und die aufgespürten Ideen mit ihrem »gesunden« Menschenverstand verarbeiten. Sie sind nicht nur am Lernen interessiert, sie wollen und sind in der Lage, das neu Gelernte in produktives Handeln für ihre Kunden und ihr Unternehmen umzuwandeln. Es dürfte eine kognitive Fähigkeit sein, aus der Masse der Informationen die »richtigen« zu selektieren, indem diese wahrscheinlich intuitiv als nützlich erachtet werden. Wahrgenommene und bisher fremde Einstellungen oder Verhaltensmuster könnten so selbst übernommen oder für Mitarbeiter nutzbar gemacht werden.

Situationsgespür: Erfolgreiche High Potentials besitzen ein sensorisches Talent dafür, zur richtigen Zeit am richtigen Ort zu sein, sie haben ein Gespür für den richtigen Augenblick und sie vermögen Situationen rasch zu erfassen, sie wittern potentielle Chancen. Wenn das Karriere-Karussell vorbeikommt, muss man bereits »in der ersten Reihe« stehen, um die Chance zum Aufspringen zu haben. Erfolgreiche nehmen ihre Umgebung besser auf als Andere und sind sich bewusst, dass und wie sie durch Dritte wahrgenommen werden. Deshalb wäre das sensorische Talent unterentwickelt, wenn beispielsweise Ereignisse einen wiederholt völlig unvorbereitet treffen. Hilfreich wäre dann, sorgfältiger zuzuhören, Reaktionen Anderer auf eigene Aussagen zu beobachten, das Beziehungsnetz zu festigen und weiter zu generieren (siehe Kap. 4).

o

Dennoch: für eine Manager-Karriere bis in die Spitzenposition gibt es keine Garantien. Auf einer High-Potential-Liste zu stehen, kann eine immense Entwicklungschance bedeuten. Deshalb sei großartigen Managern nicht abgeraten, danach zu streben. Allerdings sollte sich Jeder eindringlich fragen, warum er - angesichts der erwartbaren »Entbehrungen« - das überhaupt möchte. Befragte Unternehmen gaben an, dass jährlich 5 bis 20 Prozent der Kandidaten von der Liste gestrichen werden, zum Teil auf eigenen Wunsch (vgl. Ready et al. 2010, S. 63), weil ihnen die notwendige Leidenschaft fehlt. Einige Gründe für einen Rückzug vom Weg in die Spitzenposition sind: Fehlstart in einer neuen Rolle; zwei Jahre hintereinander geringere Leistung; wider die Unternehmenskultur und die Unternehmenswerte gerichtetes Verhalten; deutliches Versagen.

Kapitel 4: Mikropolitische und symbolische Führung

Die bisher vorgestellten Führungsansätze zur personalen Führung -, einerlei ob sie allein von der Person oder dem Zusammenspiel zwischen Person und Situation ausgehen, - suchen in einfachen oder differenzierten Kausalmodellen Führungserfolg zu erklären und führungspraktische Gestaltungsempfehlungen zu geben. In funktional-instrumentalistischer Sicht geschieht Führung dadurch, dass Ziele präzisiert, arbeitsteiliges Tun koordiniert, Ergebnisse kontrolliert werden etc. Durch die Optimierung bestimmter Bedingungen soll es zum gewünschten Ergebnis kommen: zum Leistungserfolg. Die unterschiedliche Art und Weise der Führung, Führungsstil und Führungsverhalten richten sich auf die Zufriedenheit der Mitarbeiter; auch hierbei spielen modellgestützte sachrationale Erwägungen eine Rolle. Die Tätigkeiten im System werden so auf angestrebte Ergebnisse und Zwecke ausgerichtet, Fehlleistungen und unwirtschaftliches Verhalten verhindert. Alle diese Ansätze gehen von einem klaren Konzept der Rationalität aus.

Führung hat aber auch erkennbar eine Vielzahl irrationaler Komponenten. Wie wäre es anders zu erklären, dass es nicht nur darauf ankommt, *was* im Führungsprozess geschieht, sondern auch darauf, *wer* es *wie* tut und wie dieses Tun gedeutet wird. In diesem Sinne macht es einen großen Unterschied, ob eine Führungshandlung wie etwa eine Entscheidung in einem Routinerundschreiben oder einem Aushang den Mitarbeitern kundgetan wird oder ob die wortwörtlich gleiche Entscheidung vom Führenden selbst allen Mitarbeitern im Rahmen eines Festaktes bekannt gemacht wird (vgl. v. Rosenstiel 2009, S. 23). Da ja schließlich beinahe zu jedem Führungshandeln alternative Wege oder Varianten denkbar erscheinen, wird die Festlegung auf einen Weg auch zur politischen Option mit nicht-rationalen Anteilen.

9 Führung und Mikropolitik

Die Frage nach dem optimalen Führen behandelt traditionell das Problem instrumentell und sachrational. Jeder, der mit dem realen Geschehen in einer Organisation vertraut ist, wird jedoch das Handlungsgefüge vielfach als irrational erleben, und dennoch trägt dies wesentlich zum Funktionieren des sozialen Systems bei. Irrationale Komponenten enthält bereits die erörterte unternehmenskulturell geprägte symbolische Führung (siehe unter 10.). Die weitere These ist, dass das Funktionieren von Organisationen besser verstehbar wird, wenn sie als politische Einrichtungen gesehen werden, in denen mikropolitische Vorgehensweisen der verschiedensten Akteure praktiziert und geradezu unerlässlich sind.

Führung und Mikropolitik werfen die Frage auf nach den Akteuren und ihren Aushandlungsprozessen. Während in der Betriebswirtschaftslehre der Begriff »Politik« am ehesten mit »Unternehmenspolitik« in Verbindung gebracht wird, die ihrerseits durchaus auch Resultat und Objekt einer Mikropolitik ist, geht es letzterer um eine allgemeine 'Politisierung' des Geschehens in Organisationen. Thematisiert wird eine »Politik im Kleinen«, also die Perspektive der Akteure auf dem Parkett der Organisation. Prozesse, an denen Menschen beteiligt sind, sind immer auch politische Prozesse. Es werden Interessen verfolgt, Einflußsphären aufgebaut und verteidigt. Obgleich politische Phänomene im organisationalen Alltag eine wichtige und nicht selten die entscheidende Rolle spielen und dies dem Praktiker äußerst vertraut ist, wurde dieser Ansatz in wissenschaftlichen Studien eher vernachlässigt.

9.1 Machtaufbau und -einsatz als politische Methode der Handlungssteuerung

Die mikropolitische Perspektive verlässt die Modellvorstellung der unilateral hierarchischen Einflussbeziehung einer Führungskraft in der Organisation und nimmt zur Kenntnis, dass jede Führungsperson, ob sie will oder nicht, in soziale Netze und Relationen integriert ist. Die Handelnden sind zum Teil voneinander abhängig oder aneinander interessiert, indem sie zur Befriedigung eigener Interessen den jeweils Anderen gebrauchen können. Jede Position in Organisationen und natürlich auch jede Führungsposition ist sowohl Quelle wie auch Ziel einer Vielzahl von Einflusslinien: zu Vorgesetzten, Kollegen, Mitarbeitern, Stäben, Außenstehenden usw.

Politisches Handeln ist nicht nur empirisch alltäglich, sonder auch gedanklich schlüssig unausweichlich. Wer nur allein und mit sich selbst identisch ist, braucht keine Politik. Wenn es aber Teil-Systeme gibt, dann markieren die Grenzen dieser Systeme Unterschiede. Und wer anders ist als Andere, hat - deswegen! - andere Interessen. Das Leitbild politischen Handelns ist *nicht* die *rationale* Entscheidung des allein souveränen Homo Oekonomikus. Rationales Handeln setzt nämlich voraus ein in sich stimmiges operationales *Zielsystem*, die Information über alle möglichen *Handlungsalternativen*, welche *Handlungssituationen* zu erwarten sind und welche *Ergebnisse* jeweils gewählte Alternativen situationsbezogen erzeugen werden sowie eine konsistente *Präferenz*ordnung, sodass einer angebbaren *Regel* folgend aus dem Satz von Aktionsmöglichkeiten die attraktivste ausgewählt werden kann. Abgesehen von Routinefällen sind diese Bedingungen beim Managerhandeln nicht gegeben.

Mit dieser Betrachtung werden u.a. nicht thematisiert die durch umfeldbedingte Rahmenbedingungen erzeugten »Führungssubstitute« oder »symbolisierte Führung« (siehe Withauer 2016, Kap. 1, 2.3, 2.4). Der mikropolitische Ansatz ist vielmehr dem handlungstheoretischen Paradigma verpflichtet: Personen(gruppen) versuchen, in ihren Handlungen ihre Interessen und Absichten zu verwirklichen. Statt selbstlos allein im Sinne der Organisationsziele zu handeln, rivalisiert ein jeder *eigen*nützig und wohl in wechselseitiger Abhängigkeit mit anderen Opponenten und/oder Partnern, aber keiner dominiert den anderen völlig.

Entscheidungen stellen das Ergebnis von Machtkämpfen und Aushandlungsprozessen dar, sind temporäre Problemlösungen von Konflikten. Organisationsstrukturen entstehen teilweise ungeplant und verändern sich in kleinen Schritten. Der Akteur hat immer die Wahl, auch anders zu handeln. Die Strukturen determinieren das Handeln also nicht, sondern legen lediglich eine Art Handlungskorridor fest. Zentrale Variable ist die Macht gesehen als die Fähigkeit, *Verhältnisse* als Produkt, Bedingung und Rahmen 'interessierten' Handelns im eigenen Sinne zu gestalten.

Jeder Handelnde hat aufgrund der Komplexität, Intransparenz und Mehrdeutigkeit der Verhältnisse Spielräume, welche Ungewissheitszonen darstellen und interpretationsbedürftig sind, dies ist kein Mangel, sondern eine Chance. Diese Ungewissheitszonen wollen die Akteure sichern oder nutzen, um ihre Autonomiezonen aufrecht zu erhalten oder auszuweiten, und ermöglichen und regulieren damit zugleich kollektives Handeln, teilweise auch durch die absichtliche Kaschierung von Ressourcen und Absichten. Dabei stoßen sie auf die gleichgerichtete Intention der anderen. Wer hierbei bessere »Trümpfe« ausspielt, ist im Vorteil (vgl. Neuberger 2002, S. 680 ff).

Es werden Prozesse und nicht Zustände in den Mittelpunkt gerückt. Die Dinge ändern sich fortwährend, Strukturen und Privilegien erwachsen aus dem Handeln und konditionieren dieses rekursiv. Vielfach kommt es auch auf das »Timing« an, es entstehen zuweilen 'einmalige' Gelegenheiten und 'verpasste' Chancen, oder das Beschleunigen oder Verzögern von Prozessen verändert eigene Vorteile.

9.2 Mikropolitische Taktiken

Sieht man das soziale System einer Unternehmung oder anderen Organisation als politisches System, in dem sich Koalitionen bilden und so lange erhalten, wie sie von und durch einander Nutzen haben, dann wird man seinen Blick richten auf das Bündel der Taktiken zum Stärken und Erhalten der eigenen Position oder Verhandlungsmacht (vgl. Neuberger 2002; S. 696-709). (Mikro-)Politik setzt macht voraus. Die Quelle der Macht liegt in der Existenz von Unsicherheits- bzw. Ungewissheitszonen. Die wichtigsten Unsicherheitszonen in Unternehmungen und damit Machtressourcen sind

1) Informationskontrolle; z.B. Informationsfilterung und -retention, Informationen durchsickern lassen, Gerüchte verbreiten, Informationsmonopole erwerben, Schönfärberei, usw.

2) Kontrolle von Verfahren, Regeln, Normen; z.B. Entscheidungsprozeduren kontrollieren oder ändern, Präzedenzfälle schaffen, passende Kriterien etablieren usw.

3) Beziehungen nutzen oder stören; z.B. Netzwerke und Bündnisse bilden ('Seilschaften'), unbequeme Gegner isolieren, Loyalität belohnen, Nepotismus; intrigieren, herabsetzen, diskreditieren, schlecht aussehen lassen usw.

4) Selbstdarstellung; z.B. vorteilhafte Selbstdarstellung ('impression management'), die eigene Sichtbarkeit erhöhen, demonstratives Imponiergehabe usw.

5) Situationskontrolle, Sachzwang; z.B. Dienst nach Vorschrift, Sabotage, vollendete Tatsachen schaffen, Fakten vertuschen/ verschleiern usw.

6) Handlungsdruck erzeugen; z.B. emotionalisieren, einschüchtern, schikanieren, pokern, Termine setzen/kontrollieren, 'Kuhhandel' usw.

7) Timing; z.B. verfügbar sein, den richtigen Zeitpunkt/ Gelegenheiten/ Überraschungseffekte nutzen, abwarten (können); Entscheidungen verzögern, Zeitdruck machen usw.

Aufzählungen wie diese werden oft als extreme und praxisferne Schwarzmalerei abgetan. Sie nähren das Vorurteil, Mikropolitik sei etwas Illegitimes, Schädliches, Verderbtes. Praktiker können jedoch aus eigener Erfahrung eine Vielzahl von Situationen erinnern, in denen sie selbst solche Techniken eingesetzt haben oder mit deren Einsatz konfrontiert wurden.

9.3 Rechtfertigung und Erkennbarkeit mikropolitischen Agierens

Führungskräfte haben zwar eine zugewiesene *offizielle* Machtposition, die sie formal autorisiert und legitimiert, die aber gemindert oder unterlaufen werden kann etwa durch Expertise, Informationskontrolle, Koalitionen mit anderen Mächtigen.

Als »Mikropolitik« sei bezeichnet das Arsenal jener alltäglichen 'kleinen' (Mikro!)-Techniken, mit denen Macht aufgebaut und eingesetzt wird, um den eigenen Handlungsspielraum zu erweitern und sich fremder Kontrolle zu entziehen.

Es sind Taktiken zum Stärken oder Verteidigen von (Verhandlungs-)Positionen (vgl. Neuberger 2002, S. 685). Führungskräfte werden verantwortlich gemacht für das Erreichen organisationaler Ziele; sie unterliegen dabei den formalen Beschränkungen des Systems, in dem sie operieren. Mikropolitik dagegen kennt keine einseitige Bindung an einen verpflichtenden stellenbezogenen Kodex; sie findet in einem komplexen Feld wechselseitig abhängiger interessierter Akteure statt, die einander für ihre eigenen Ziele zu instrumentieren suchen (vgl. ebda., S. 715).

Das Erkennen mikropolitischen Agierens ist nicht eine Frage der Beobachtung, sondern lässt sich nur durch Deutung erschließen. Nicht ein Verhaltensakt ist entscheidend, sondern seine Einbettung in einen zielgerichteten Prozess. Ein politischer Akteur wird vorsichtig sein, die eigene Absicht offen zu verkünden, weil er damit im eventuellen Widerstreit den eigenen Spielraum einschränken würde. Diese Tatsache hat der Mikropolitik das Etikett Täuschen und Tarnen, Lug und Trug, Überlisten und Ausbooten, Schmeicheleien und Kuhhandel etc. eingebracht. Eine solche negative Konnotation sieht Mikropolitik als regelloses Chaos, vollends egoistisch, grenzenlos, dysfunktional.

Ein Plädoyer für Mikropolitik vermag indes solche Bedenken auszuräumen:

Zum einen gibt es mehrere *verschiedene Methoden* der Handlungsbeeinflussung in/von Organisationen. Die bildhafte horizontale Anordnung dieser Methoden in Spalten einer Matrix und die vertikale Auflistung der *Akteure* bzw. *Stakeholder* in den Zeilen der Matrix ergeben eine Zusammenschau, die erkennen lässt, dass das Methodenarsenal allen Handelnden offen steht (siehe Withauer 2016, Kap. 1, 2.4, Abb. 2-2 S. 36). In einem »freien Spiel der Kräfte« kann die negative Wirkung einer Beeinflussungsmethode durch das gegenläufige Wirkungsprinzip einer anderen unter Kontrolle gehalten werden. In einem offenen System von »*Checks and Balances*« kann Mikropolitik ein Korrektiv für bürokratische Formalisierung/ Standardisierung sein, letztere sorgt wiederum für eine Begrenzung mikropolitischer Auswüchse.

Zum zweiten kommt hinzu, dass nicht nur eine Methode der Handlungssteuerung wünschenswert ist. Dies erschließt sich unschwer aus der Vorstellung, eine Organisation würde *nur* durch bürokratische Vorschriften oder *nur* durch technologische Programme, *nur* durch Charisma Einzelner oder *nur* durch Gruppenkonsens etc. gesteuert. Mikropolitik ist allgegenwärtig und ist unvermeidlich, dies heißt aber nicht, dass es nur noch Mikropolitik gibt.

Politisches Agieren fördert den Handlungsfortgang bei unzureichendem Konsens über Lagebeurteilung, Verfahren, Ziele, Werte, berechtigte Teilnehmer. Zu allen diesen Aspekten ist jedoch eine Minimalübereinstimmung vonnöten, die den Korridor der zulässigen Inhalte und Wege wenigstens vage beschreibt. Diese Legitimierung beruht auf in der Organisation etablierten »Selbstverständlichkeiten«, auf allgemein gebilligten Werten und Grundsätzen, Moralen und Kulturen.

9.4 Fördern oder Eindämmen mikropolitischen Managerhandelns

Manager bewerten Mikropolitik ambivalent. Obwohl die meisten Manager und Führungskräfte moralische Kriterien in ihrer Organisation befürworten, ist das Bekenntnis zur realen Orientierung an moralischen Standards geteilt, und dies wird begründet mit Erfolgsorientierung, fehlender organisationaler Verstärkung bzw. Belohnung moralischen Verhaltens, Wettbewerb und Konkurrenzdruck (vgl. Brenner/Molander 1977, zit. bei Neuberger 2002, S. 721).

Mikropolitik kann dysfunktional und gefährlich oder auch nützlich sein. Wenn Mikropolitik das listenreiche Unterfangen ist, die eigenen Interessen zu wahren und sich fremden Interessen sich nicht widerstandslos auszuliefern, dann spricht Vieles dafür, diese Kunst zu lernen und zu lehren.

Ein Zuviel an Mikropolitik kann durch jede der anderen Methoden der Handlungssteuerung (siehe das Tableau Withauer 2016, 2.4, Abb. 2-2.) in Balance gehalten werden. In einer funktionierenden Unternehmung werden alle diese Methoden so praktiziert, dass keine fehlen und keine dominieren darf, sich einander »in Schach halten«, um durch ihr Wechselspiel jene Dynamik zu erzeugen, die der Organisation ihre Vitalität sichert.

Zuweilen mag aber auch eine Stimulierung und Förderung von Mikropolitik ratsam sein, dann nämlich wenn mit erweitertem Handlungsspielraum der Akteure es gleichzeitig um eindeutig herausfordernde Ziele geht, die nur erreichbar sind, wenn mit hohem Engagement in unvermeidlich aufkommenden Konflikt- und Dilemma-Situationen eigensinnige unkonventionelle Wege begangen werden, und dieses zugleich mit einer hohen Verpflichtung auf die Zielvorgaben gepaart ist. Einige Optionen sind zum Beispiel (vgl. Neuberger 2002, S. 725 f):

- Unternehmergeist (Intrapreneurship) propagieren und belohnen;
- Empowerment fördern durch kommunizierte hohe Erwartungen und Positionen;
- komplexe Bewährungssituationen schaffen, bei denen es statt auf Verfahrenstreue auf Effizienz und Effektivität ankommt (Beispiel: Projektarbeit);
- erfolgsabhängige Belohnungssysteme einführen (auch Entgeltsysteme);
- Trotz hochkomplexer, intransparenter Aufgabe (z.B. FuE-Projekt) persönliche Verantwortlichkeit einfordern und zurechnen;
- Diskussion über moralische Handlungsgrenzen führen.

Mikropolitisches *eigen*sinniges Führungshandeln birgt das Risiko, dass sozusagen als Nebenbedingung zur Wahrung eigener Interessen stillschweigend Vorschriften und normale rationale Handlungsweisen verletzt bzw. außer Kraft gesetzt werden müssen. In einer solchen doppelbödigen Situation sind Ziele nicht mehr eindeutig definiert und kann Führung nicht mehr auf Vorgaben und Vorschriften aufbauen. Die bewusste Stimulierung und Tolerierung mikropolitischen Führungshandelns bedarf einer wichtigen und riskanten Vorleistung: das Zutrauen und Vertrauen in die handelnde Führungsperson.

Das geschenkte (!) Vertrauen setzt darauf, dass es gerechtfertigt wird, und es beruht sicher auf zuvor gesammelten Indizien für Vertrauenswürdigkeit. Kritischer ist der Fall des Misserfolgs. Wenn dann das Verletzen von Vorschriften oder Werten beklagt und ein »Sündenbock« gesucht und geopfert wird, wird dies künftiges kreatives, eigenverantwortliches und einsatzfreudiges Handeln kaum stimulieren mit negativen Auswirkungen auf Resultate, Kosten, Anpassungsfähigkeit und Innovation.

10 Symbolische Führung und Organisationskultur

Die symbolische Perspektive der Führung zielt auf die Vermittlung oder Erfassung von Sinn, die Stützung und Legitimierung von Handlungen, die Mobilisierung von Mitarbeiterpotenzialen, die Herstellung und das Verständnis zu einer konsequenten Zielorientierung und die Förderung von Neuerungen und Veränderungen (vgl. Probst 1987, S. 92).

10.1 Führung mit Symbolen

Die Führung mit Symbolen stellt statt der Leitidee »Ursachen erzeugen Wirkungen« darauf ab, dass es für die Wirksamkeit des Führungshandelns darauf ankommt, wie dieses wahrgenommen und vom Sinne her verstanden wird. Was Führende tun, ist nie eindeutig, dieses Tun muss interpretiert werden, indem die Handlungen von anderen - sinnvoll - gedeutet werden und regeltreues Anschlusshandeln auslösen. Dies geschieht innerhalb einer spezifischen Unternehmenskultur. Eine Kultur enthält »Orientierungen« über Ziele und Zwecke, Beziehungen, Verhaltenserwartungen, die Natur des menschlichen Handelns und Seins. Kultur ist mithin die sinn-orientierte Dimension der Organisation und Führung, und sie prägt die Lebensäußerungen in einer sozialen Gemeinschaft. Führung durch eingesetzte Symbole als einer sinnbildlichen Darstellung einer Botschaft stellt den Bezug her zur Kulturbedingtheit menschlicher Lebensäußerungen und rückt neben den Führer- und Gruppeneinfluss den Menschen als nicht zuletzt von persönlichen und fremdgesetzten Werten geleitetes Individuum in den Blickpunkt. Die Symbole sind Ausdrucksformen und unterstützen die Entstehung der Kultur eines sozialen Systems. Dies bedeutet eine Schwerpunktverschiebung von der instrumentalistischen Sichtweise traditioneller Führungspraxis hin zum Bewusstsein der ideellen Dimension der Führungsverantwortung und des Führungshandelns.

10.2 Wirkung eines Symbols

Führung durch und über Symbole setzt auf deren Wirkung. Manager handeln nicht einfach, ihr Handeln enthält oft codierte Signale und ist mit Deutungs- und Regieanweisungen versehen deren Sinn nur der versteht, der den Code entschlüsseln kann.

Symbole stellen kulturspezifische Erkennungs- oder Beglaubigungszeichen dar. Sie bedeuten etwas für bestimmte Adressaten, deren Sozialisationserfahrung sie in die Lage versetzt, das Gemeinte zu dechiffrieren. Das Erkennungszeichen verstehen nur Eingeweihte, und nur auf sie können oder sollen sie Wirkung ausüben. Ein Symbol ist ein konkretes empirisches Faktum oder Medium, ein objektiver Sachverhalt, es verweist aber zugleich auf etwas Anderes und ist hierfür Sinnbild, »WahrZeichen«, Erkennungsbild. Symbole dienen der Vermittlung von Werten, sozialen Normen, Überzeugungen und Zielen. Ein Ehering ist zum Beispiel ein

Symbol für Treue und Zusammengehörigkeit, ein Luxusauto mag ein Zeichen für finanzielle Stärke sein, eine firmenüblich konservative Kleidung ein Symbol für hohe Qualität der Produkte und Seriosität der Mitarbeiter (vgl. Neuberger 2002, S. 643 f).

10.3 Symbole als Sinnbilder der Unternehmenskultur

Unternehmenskultur stellt einen Handlungsrahmen für Führungskräfte dar, auch wenn dieser, was Wirkungsweise und Ausprägung betrifft, unterschiedlich diskutiert wird. Fast alle Formen menschlichen Verhaltens sind teilweise kulturell bestimmt. Dies zeigt sich im individuellen wie auch sozialen Verhalten, und so ist das kollektive Verhalten von Menschen in Organisationen gleichfalls stark kulturell bedingt.

Für das Kulturverständnis und den sinnvollen Umgang mit Kultur sind zwei Perspektiven bedeutsam:

- ➢ Auf der einen Seite *entsteht* Unternehmenskultur aus dem laufenden Verhalten der Mitarbeiter. Sie ist mithin eine Ansammlung von gemeinsam geteilten Werten, Normen, Ideologien etc. in der Unternehmung, wird durch deren Formen gewissermaßen »charakterisiert«. Sie ist in dieser Hinsicht *Ergebnisgröße*.

- ➢ Auf der anderen Seite wirkt die Unternehmenskultur als "kollektive Programmierung" (Hofstede, 1980, Sp. 1169). Sie *prägt* das Verhalten und ist deshalb eine *Inputgröße*.

Für eine betriebliche Organisation schafft die Organisationskultur "ein gemeinsames Bezugssystem, eine Linse, die Wahrnehmungen filtert und Erwartungen beeinflusst, gemeinsame Interpretationen ermöglicht, Komplexität reduziert, Handlungen lenkt und legitimiert" (vgl. Kieser 1984, S. 4). Organisationskultur und Unternehmenskultur sind synonyme Begriffe. (vgl. Dülfer 1991, S. 2).

Die Kultur verleiht einer Unternehmung nach innen wie nach außen eine eigene unverwechselbare Identität. Die »Oberflächenstruktur« der Organisationskultur ist beobachtbar, erfahrbar, explizit und offen für eine gewisse Einflussnahme. Auf dieser Manifestationsebene der Kultur werden sinngebende und sinnmachende Bedeutungen ausgedrückt, nach innen und außen an die Beteiligten kommuniziert, bestätigt und korrigiert.

Es gibt eine Vielzahl von Symbolen, an denen man eine Unternehmenskultur erkennt. Dem Insider sind sie meist so vertraut, dass er sie gar nicht mehr wahrnimmt. Hier seien nur einige Verhaltenskategorien willkürlich herausgegriffen, die Unternehmungskulturen widerspiegeln (vgl. Pümpin et al. 1985, S. 11):

- Wie spricht man vom Kunden? Mit Achtung und dienstbereit oder abfällig, wie von einer lästigen Person?

- Art und Weise der Kommunikation zwischen Kollegen, zwischen Vorgesetzten und Mitarbeitern, zwischen verschiedenen Hierarchiestufen?
- Arbeiten die Mitarbeiter vorwiegend als »Einzelkämpfer« oder im Team?
- Wie werden Konflikte ausgetragen? Sucht man zu allererst nach dem Schuldigen oder betrachtet man Fehler als Chance zum Lernen und zu sachlicher Problemlösung?
- Werden Titel und Hierarchie stark betont, oder sind Arbeitsstil und Zusammenarbeit problemorientiert und sachbezogen?
- Gibt es viele Gerüchte, oder pflegt man die Mitarbeiter über Wesentliches schnell zu informieren?
- Wer wird aufgrund welcher Leistungen befördert? Sind die Kriterien transparent, einsichtig und nachvollziehbar?
- Wie ist die Bereitschaft zu Überstunden ausgeprägt, wenn diese notwendig werden?
- Wie ist der Briefstil des Hauses? Kunden- bzw. mitarbeiterbezogen oder unpersönlich, umständlich, bürokratisch?
- Wie schnell reagiert man auf Schreiben von außen und innen?
- Wie verhalten sich die Mitglieder von Führungsgremien in Sitzungen? Wer kommt zu Wort? Geht es um persönliche Profilierung oder werden fachlich kompetente Lösungen angestrebt?
- Wie verhalten sich Telefonistinnen und Sekretärinnen gegenüber Kunden und Mitarbeitern? Abweisend und überheblich oder hilfsbereit und freundlich?
- Wie spricht man von der Firma im Freundes- und Bekanntenkreis? Redet man voll Stolz über »seine« Firma oder erzählt man hämische Witze und distanziert sich?
- Gibt es »Helden«, die ein besonderes Ansehen genießen und sichtbar verehrt werden?

Führungskräfte greifen permanent gestaltend in den Werdensprozess »ihrer« Organisation ein, um diese durch Managementprozesse auf einen bestimmten Entwicklungspfad zu kanalisieren. Gestaltende Eingriffe in ein zweckorientiertes produktives soziales System bedingen, dass Ereignisse, Prozesse, Zustände und Strukturen nicht nur substanziell entstehen, sondern auch geistig nachvollzogen und sinnvoll interpretiert, erklärt und begründet werden können.

10.4 Gruppierung und Typen kulturprägender Symbole

Wie äußert sich die Organisationskultur im betrieblichen Alltag? Welches sind die kulturellen Kräfte, welche die »sichtbare« Kultur steuern?

Die sinnbildliche Darstellung einer Botschaft und Ausdruck auch von unbewussten Bedeutungen zeigt sich in symbolischen Handlungen, wie gemeinschaftlich gepflegten Verhaltensweisen, Sitten und Gebräuchen, Riten und Zeremonien sowie in konkreten Objekten oder Gegenständen wie Statussymbolen, Architektur der Gebäude, Bekleidungsgewohnheiten und ansonsten verwendeten Gegenständen, Hilfsmitteln, Einrichtungen, Ausstattungen und Technologien, aber deutlich auch in der Sprache für kommunikative Prozesse in der Organisation und mit der Umwelt durch Geschichten, Legenden, Mythen, Sagen, Redewendungen, ein institutionsspezifisches Vokabular.

Abbildung 10.1 Symboltypen der Unternehmenskultur

verbale	interaktionale	artifizielle (objektivierte)
Geschichten	Rituale, Zeremonien, Traditionen	Statussymbole
Mythen	Feiern, Jubiläen, Festessen	Schriftlich fixierte Systeme z.B. der Einstufung, Beförderung
Parabeln	Konventionen	Unternehmensleitbild, Führungsgrundsätze
Legenden, Sagen, Märchen	Konferenzen, Tagungen	
Slogans, Maximen, Mottos, Grundsätze	Vorstandsbesuche, Revisorbesuche	Abzeichen, Embleme, Geschenke, Fahnen
Sprachregelungen	Auswahl und Einführung neuer Mitarbeiter, Beförderung	Logos
Jargon, Tabus		Urkunden, Preise, Incentive-Reisen
Lieder, Hymnen	Degradierung, Entlassung, Kündigung, Pensionierung	Idole, Totems, Fetische
Witze		Kleidung, äußere Aufmachung
Glaubenssätze	Beschwerden	
	Magische Handlungen, z.B Mitarbeiterauswahl, strategische Planung	Architektur Arbeitsbedingungen
		Plakate, Broschüren, Werkszeitung

Quelle: von Rosenstiel 2014, S. 24, eigene Ergänzungen

Im Gegensatz zu einer schriftlich dokumentierten Strategie oder dem graphisch darstellbaren Organisations-Plan ist die Kultur der Organisation als Ganzheit nicht fassbar. Erkennbar ist sie lediglich in den durch das Normen- und Wertgefüge geprägten Folgen und Erscheinungsformen in betrieblichen Strukturen und Prozessen in Form einzelner Symbole.

Eine Übersicht von Symboltypen, wie sie im Gespräch übermittelt werden (kommunikationsorientiert), im gemeinsamen Tun sichtbar sind (handlungsorientiert) oder objektbezogen (artifiziell) auftreten, zeigt ausschnitthaft und exemplarisch Abb. 10-1 (vgl. v. Rosenstiel 2014, S. 24). Es gilt kritisch zu prüfen, ob diese in einer Organisation auffindbaren Symbole auch auf die zentralen Werte der Institution hinweisen oder ob diese durch andere Zielsetzungen eventuell gänzlich überdeckt werden.

All diese Symbole mit ihrem Bedeutungsgehalt, mit ihrem Versuch der Sinngebung und der Deutung des sonst schwer verständlichen Zusammenhalts machen den wesentlichen Kern dessen aus, was man als Unternehmenskultur beschreibt.

11 Kulturbewusste Führung

Die Organisationskultur wird geprägt durch ein Netz von Werten, Glaubensvorstellungen und Orientierungsmustern, welche das Sozialsystem auf geistiger Ebene zusammenhalten, ein »Wir«-Gefühl erzeugen und sinnhaft aufeinander bezogene Handlungen erzeugen. Hierdurch werden Wahrnehmungen kanalisiert, Erwartungen und Handlungen beeinflusst. Kulturbewusster Führung bietet so die gestalterische Chance, eine positive Differenzierung von anderen Unternehmen zu erreichen, zum Beispiel in Bezug auf eine tief verwurzelte Kundenorientierung, Mitarbeitermotivation, Zufriedenheit der Kapitalgeber oder gesellschaftliche Verantwortung: Einstellungen und Verhaltensweisen, die die ganze Organisation durchdringen.

11.1 Wirkungen der Unternehmenskultur

Organisationen durchleben eine Geschichte und ihre Kulturen sind das tradierte »Erbe« der vergangenen Organisationsentwicklung. Kulturelle Normen und Werte sind in ihrer Wirkung wesentlich stärker als die individuelle Beziehung zwischen Chef und Mitarbeiter sowie gruppendynamische und situative Bestimmungsfaktoren. Was einen Manager besonders interessiert, sind die Auswirkungen der Kulturkräfte auf Verhaltensmöglichkeiten und

Verhaltensweisen eines humanen sozialen Systems, auf Strategien, Prozesse und Strukturen, die durch die Kultur verhindert oder unterstützt werden.

Unternehmenskultur erfüllt folgende vier Funktionen (vgl. Dill/Hügler 1987, S. 146-159):

1. Sie wirkt verhaltenssteuernd und vermittelt Richtlinien für das »tägliche Verhalten« der Mitarbeiter, indem sie Handlungsabläufe und -freiräume bestimmt (Koordinationsfunktion).
2. Sie vermittelt Mitarbeitern den Sinn ihres Tuns und bewirkt bzw. fördert dadurch ihre Leistungsbereitschaft (Motivationsfunktion).
3. Sie gibt ein Gefühl der Zugehörigkeit zum Unternehmen (Identifikationsfunktion).
4. Sie schafft und verdeutlicht den Unterschied zu anderen Unternehmen (Profilierungsfunktion).

Zu diesen primären Funktionen kommen wesentliche sekundäre Funktionen:

Produktivität und Leistung: Produktivitätsunterschiede, die zwischen verschiedenen Firmen der gleichen Branche vorkommen, sind oft weit höher als hundert Prozent. Ähnlich verhält es sich mit Abwesenheitsquoten. Solche Unterschiede sind nur erklärbar unter Berücksichtigung der Unternehmenskultur. Aus dieser Sicht kann man sagen, dass die Unternehmenskultur offensichtlich ein Faktor ist, der den Erfolg der Unternehmung - positiv oder negativ - ganz entscheidend zu beeinflussen vermag. Die Leistungskraft einer Unternehmung wird vor allem bestimmt durch begeisterte, motivierte Mitarbeiter, die aus einer unternehmerischen Perspektive heraus und entsprechend eigener Verantwortung handeln (vgl. Wunderer 2011, S. 51 f).

Vor allem die *Kulturstärke* stellt einen wichtigen Aspekt im Umgang mit der Unternehmenskultur dar: denn je stärker die Kultur ist, desto eher prägt sie das Verhalten. Eine starke Unternehmenskultur dürfte davon abhängen, dass die Wertvorstellungen der Mitarbeiter nicht gegenläufig sind, die Wertemuster transparent sind, die Organisation lange genug besteht, dass die Mitarbeiter die Kultur internalisieren konnten, die sichtbaren Objekte stimmig zu den Kulturwerten sind und die Wertemuster der Organisation mit der Landeskultur harmonieren.

Die Vorteile einer starken gegenüber einer schwach ausgeprägten Unternehmenskultur liegen auf der Hand. Zum einen ist der formale Regelungsbedarf geringer, d.h. die Abstimmungsprozesse gestalten sich durch die einheitliche Orientierung wesentlich einfacher und direkter. Dies ist insbesondere bei stark dezentralisierten Unternehmenskonzepten von großer Bedeutung, die Unternehmenskultur wirkt bei solchen nur schwierig regulierbaren Prozessen als verknüpfendes Band. Als Beispiel lassen sich hier Unternehmen anführen, die weitgehend auf Franchise-Basis operieren, aber dennoch sehr geschlossen auftreten wie zum Beispiel die weithin bekannten Fast-Food-Ketten.

Förderung des betrieblichen Wandels: Starke Kulturen weisen indes auch problematische Auswirkungen auf. Diese betreffen vor allem die Absichten eines notwendigen betrieblichen Wandels; es besteht die Gefahr, dass das unternehmenskulturell verankerte Wertesystem zu einer alles beherrschenden Kraft wird und Dynamik und Veränderungen in der Umwelt ignoriert werden. Die notwendige Förderung des betrieblichen Wandels erfordert eine mit diesem Wollen in Harmonie stehende Unternehmenskultur. Eine veränderte substanzielle Ressourcenzuordnung - wie zum Beispiel neue Maschinen und Anlagen – oder variablere neue Interaktionsspielräume bedürfen auch eines Strukturwandels mit personenbezogenen Änderungen psychologisch-geistiger Art durch eine bewusste Gestaltung der Unternehmenskultur.

Kennzeichnend für jeden betrieblichen Wandel ist die Trägheit des Prozesses. Die Disharmonie von strategischem Wollen und andersartiger kultureller Prägung weckt Akzeptanzwiderstände, die vom Management intendierte Strategien verfälschen oder sogar scheitern lassen. Hierin dürften die Gründe liegen, dass bis zu 90 Prozent der unternehmerischen Strategien nicht erfolgreich umgesetzt werden (vgl. Waterman et al. 1980, zit. bei Pümpin et al. 1985, S. 18). Die Wirkungen der Unternehmenskultur auf gewollte Strategien sind deshalb auf einem Kontinuum zwischen »unterstützend« und »hemmend« einzuordnen (vgl. ausführlicher Bleicher 2004, S. 95 ff und Dill/Hügler 1987, S. 172 ff).

Langfristig erfolgreiche Unternehmen, die sich den starken Veränderungen in bewegten Zeiten und vielfältigen Entwicklungen stellen, verfügen erfahrungsgemäß sowohl über gute Managementinstrumente - wie Geschäftsfeld-, Organisations- und Managementsystemplanung (vgl. Bleicher 2004, S. 199 ff) - als auch über eine starke Kultur. In einem dualen Managementansatz müssen die beiden Perspektiven des Management, die Systemlenkung und die Kulturentwicklung, gleichrangig nebeneinander stehen (vgl. P. Ulrich 1984, S. 320).

Profilierung der strategischen Stoßkraft: Die Unternehmenskultur profiliert die strategische Stoßkraft eines Unternehmens. Die Praxis zeigt, dass die Bandbreite strategischer Möglichkeiten beschränkt ist. Als Profilierungsansätze sind bekannt hardwarebezogene Wettbewerbsvorteile durch Produkt-, Werkstoff-, Verfahrensinnovationen, Produktqualität, ein effizientes Verkaufssystem etc. Bei einer softwarebezogenen Profilierung beruhen Wettbewerbsvorteile auf kulturellen, durch die Mitarbeiter geschaffenen Voraussetzungen, wie überdurchschnittliche Service- und Beratungsleistungen, ausgeprägter Kunden- und Dienstleistungsmentalität, starker Resultats- und Leistungsorientierung, personell bedingten Produktivitätsvorteilen.

Beurteilt man die beiden strategischen Profilierungsansätze bezüglich einer Nachahmung durch die Konkurrenz, so lässt sich folgendes feststellen:

Die Schutzfähigkeit hardwarebezogener Profilierungsansätze wird immer geringer. Selbst in technisch anspruchsvollen Bereichen verbreitet sich Know-how rasch. Ein neu auf dem Markt eingeführtes Produkt mit aussichtsreicher Technologie induziert innerhalb kurzer Zeit ähnliche Angebote, sodass die Nutzung anfänglicher Pioniervorteile bald ausfällt.

Abbildung 11.2 Imitationsschutz hard- und softwarebezogener Profilierungsansätze

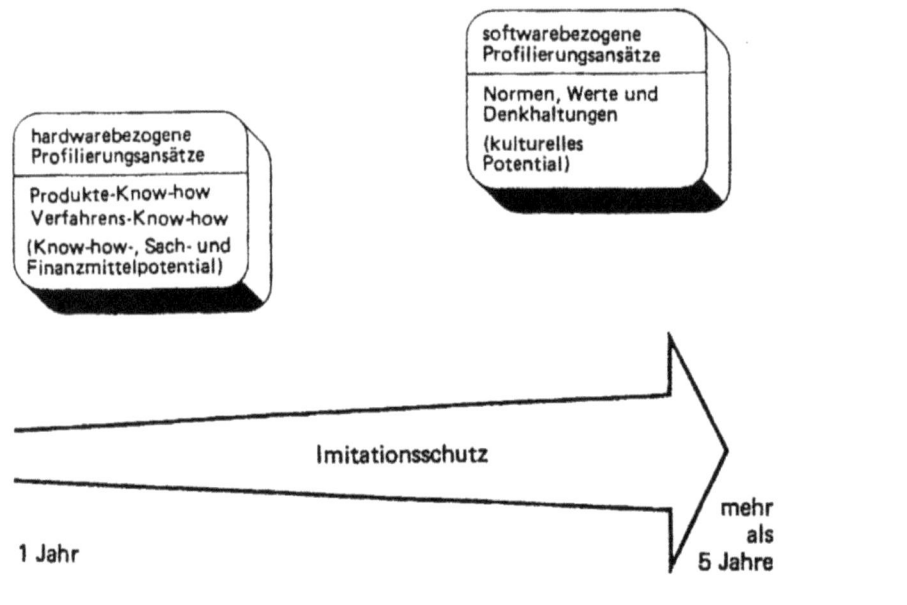

Quelle: Pümpin et al. 1985, S. 18

Die Basis einer softwarebezogenen Profilierung ist eine stark ausgeprägte Unternehmenskultur. So ist die überdurchschnittliche Kunden- oder Dienstleistungsmentalität niemals nur das Ergebnis einer direkten Verhaltenssteuerung. Stellenbeschreibungen oder Pflichtenhefte, Die hohe Wertschätzung des Kunden und die tägliche Bereitschaft, durch persönliches Verhalten einen wirksamen Beitrag zur Kundenzufriedenheit zu leisten, erfordern ein entsprechendes Wert- und Normengefüge in der ganzen Unternehmung. Diese nicht schriftlich festgehaltenen Denkhaltungen bilden den entscheidenden Verhaltenskodex, der insbesondere von den Führungskräften vorgelebt wird und das Handeln der Mitarbeiter prägt. Im Gegensatz zum technischen Wissen ist die über Jahre gewachsene und tradierte Unternehmenskultur gegenüber der Nachahmung durch die Konkurrenz wirkungsvoller abschirmbar. Die Kultur ist Multiplikator für kulturgeprägtes und kulturverträgliches Führungshandeln.

Als *erfolgsstrategisch* besonders bedeutsam für eine Grundorientierung der Unternehmenskultur verdienen vier Kriterien besondere Beachtung:

Kundenorientierung: Welche Wertschätzung hat der Kunde? Ist man bereit, auf Kundenwünsche sofort einzugehen? Ist man bereit, dem Kunden zu dienen? Ist man bereit, noch am gleichen Tage zum Kunden zu gehen oder muss der Kunde erst fünfmal telefonieren und dann kommt vielleicht jemand?

Innovationsorientierung: Wie stark ist man bereit, Innovationen zu realisieren? Ist man eher zurückhaltend oder werden regelmäßig Innovationen angegangen und realisiert? Ist man unkompliziert oder ist man sehr formalistisch? Sucht man nach Sündenböcken im Falle eines Fehlschlages oder verzichtet man darauf?

Mitarbeiterorientierung: Wir stark ist man auf den Mitarbeiter bezogen? Hat der Mitarbeiter eine hohe Wertschätzung? Wird er als Partner betrachtet? Wie hält man es mit Vertrauen und Delegation? Pflegt man einen kooperativen bzw. partnerschaftlichen Führungsstil?

Resultats- und Leistungsorientierung: Ist man in dieser Firma darauf ausgerichtet, Aufgaben zügig und dynamisch zu lösen? Will man rasche Resultate erzielen oder wird da gemächlich von einem Tage zum anderen die Sache aufgeschoben?

In allen vier Bereichen eine starke Unternehmenskultur aufzubauen, ist offensichtlich kaum möglich. Erfolgreiche Unternehmungen haben meist eine Ausprägung gefördert.

Ein allgemein gültiges Idealbild der Unternehmenskultur gibt es nicht. Die Kultur ist stets im Verhältnis zur Strategie zu sehen. So bedingt beispielsweise eine introvertierte Strategie, die auf striktes Kostenmanagement zielt, eine andere Unternehmenskultur als eine innovationsorientierte, auf die Realisierung neuer Produkte gerichtete, extravertierte Strategie. Bei der letzteren könnte die vorbereitende Maßnahme einer Kulturwende die Übernahme von Lizenzen sein (vgl. Dill/Hügler 1987, S. 180). Entwicklungsorientierte Managementziele sind bei einer Unternehmenskultur letztlich der »Maßstab« für ihre Qualität.

11.2 Gestaltungsbereiche der Organisationskultur

Das Management der Unternehmenskultur vollzieht sich durch Erkennen, Beurteilen und aktives Gestalten. Kulturbewusste Führung heißt für alle Führungsakteure, die Unternehmenskultur im eigenen sozialen System vorzuleben und sie aktiv mitzugestalten. Es gilt, kritisch zu prüfen, ob die im Unternehmen auffindbaren Symbole auch auf die zentralen Werte des Unternehmens hinweisen oder ob diese durch andere Zielsetzungen gänzlich überdeckt werden.

Die Diagnose erfasst die vorhandenen unternehmenskulturellen Symbole und wertet sie zu einem Profil der Unternehmenskultur aus. Die Beurteilung betrachtet die strategische Stoßkraft als Grad der Übereinstimmung der erlebten Unternehmenskultur mit den Erfordernissen der zur Erreichung betrieblicher Ziele gewählten Strategie. Gestalten der Unternehmenskultur heißt, das Verhalten der Mitarbeiter in Richtung bestimmter Werte beeinflussen.

Kulturbewusste Führung ist zweckorientiert und an situative und wiederum kulturgeprägte Voraussetzungen geknüpft. Kulturen sind aufgrund ihrer Entstehung und Komplexität träge Erscheinungen und deshalb nur über einen längerfristigen Lernprozess der Organisationsmitglieder veränderbar. Für das stets auf die Eigenheiten des Unternehmens abgestellte gestalterische Vorgehen bietet sich eine Systematik der Gestaltungsbereiche an. Als solche seien die identifizierten Arten von Symbolen (siehe 10.4 Abb. 10-1) gewählt. Beispielhaft sei nachstehend auf konkrete führungspraktische Gestaltungsmöglichkeiten eingegangen, für die sich ein projektmäßiges Angehen empfiehlt.

Leitbilder/Visionen, Unternehmensgrundsätze

Leitbilder oder Visionen gehören zu den objekthaften Symbolen. In sozialen Systemen erhalten Ideen dann eine große handlungsleitende Kraft, wenn sie als Ausdruck eines bestimmten Weltbildes bzw. einer Lebensordnung bewusst werden. Unternehmungen versuchen deshalb zunehmend, ihre Grundannahmen und -werte in Form von Dokumentationen für Führungskräfte und Mitarbeiter, aber auch für externe Bezugsgruppen sichtbar zu machen und festzulegen. Sie werden oft als »Unternehmensphilosophie«, »Unternehmensleitbild«, »Grundsätze der Unternehmensführung« oder Katalog der »Unternehmensziele« wie auch gelegentlich eingeschränkter als »Grundsätze der Führung und Zusammenarbeit« bezeichnet.

Wenn Unternehmen Unternehmensgrundsätze und -leitbilder (vgl. Bleicher 2004, S. 169) entwerfen und formulieren, dann charakterisieren sie im Wesentlichen einen Handlungsrahmen.

Unternehmensleitbilder und Unternehmensgrundsätze sind von ihrer Intention her expressiv bewusst machend, dass die Führungskräfte nach unternehmenskulturellen Werten und Normen handeln. Zudem wollen sie bestimmte erwünschte Handlungsweisen »kodifizieren«, was insbesondere in Konfliktsituationen Führungskräften und übrigen Mitarbeitern ermöglicht, unter Verweis auf den niedergelegten Grundkonsens Entscheidungen zu fällen oder auch Verhalten zu hinterfragen. Sie können darüberhinaus grundlegend sein für eine Unternehmensplanung, Berichterstattung und Leistungsbeurteilung.

Andere artefaktische Symbole sind eventuell vorhandene Stellenbeschreibungen, Funktionendiagramme, Organisationsanweisungen, Geschäftsordnungen als Ausdruck eines Strebens nach Regelmäßigkeit, Kontinuität, Statuserhalt, die Gestaltung der Firmengebäude und der Arbeitsplätze. Zu dieser Art von Symbolen gehören auch die Art und Weise des Zeitmanagements von Führungskräften, der Logo und andere Zeichen, das Briefpapier, wie Berichte, Protokolle, Anweisungen abgefasst werden, Kleidung und Habitus, favorisierte Sportarten, Bildungsniveau, Spesenregelungen, Qualität der eingesetzten Werkzeuge und Materialien, Projektmanagement, Mitbestimmungsreglements etc.

Symbolisches Handeln

Kultur lebt in ihrer Glaubwürdigkeit nicht vom »Verkünden«, sondern in erster Linie vom Vorleben und Vorbild. Das Vorleben einer Kultur geht von bestimmten Modellpersönlichkeiten aus, die als Schlüsselfiguren der Organisationskultur ein bestimmtes Ansehen genießen und sichtbar verehrt werden (Pionierunternehmer, Krisenmanager, Superverkäufer). Solche »Helden« personifizieren Werte, haben Visionen und verwirklichen sie. Ihre Handlungen haben Symbolcharakter und regen zur Nachahmung an. Nicht nur Manager, auch (Mit-)Arbeiter können Helden sein oder werden.

Der symbolische Charakter von Handlungen zeigt sich in Traditionen, Gewohnheiten, Routinen, Tabus und sie sind Ausdruck der Kultur. Die Art und Weise, wie Mitarbeiter geführt, informiert, ausgebildet, gefördert werden, Initiativen ergriffen und unterstützt werden, die Zusammenarbeit verhindert oder gestärkt wird, wie eine Arbeit ausgeführt und erfüllt wird, Aufgaben an Mitarbeiter delegiert werden, Projektteams gebildet werden, Kameradschaft und Freundschaft auch außerbetrieblich gepflegt werden, sind Handlungsbeispiele. Symbolische Wirkung haben auch eine Politik der offenen Tür, häufige und offene Koordinationskonferenzen, Toleranz gegenüber Experimenten, das Verhalten bei Fehlschlägen.

Von besonderer Bedeutung sind Rituale und Zeremonien.

Riten und Rituale sind Bräuche und Gewohnheiten, wie etwa das tägliche Frühstück befreundeter Kollegen sowie auch institutionalisierte Aktivitäten wie etwa die tägliche Postbesprechung, die Auszeichnung des besten Verkäufers, die Aufnahme von Nachwuchskräften in einen Förderkreis. In Zeremonien wird die Kultur der Organisation gefeiert, etwa bei Jubiläen, zur Weihnachtsfeier oder bei einer unternehmenskulturgeprägten Festveranstaltung, zum Beispiel für den so bezeichneten 100 %-Club einer Firma.

Sinnvermittlung durch Sprache

Symbole werden durch eine dritte Kategorie geschaffen und vermittelt: die Sprache.

In einem Unternehmen bilden sich bestimmte »Vokabularien« heraus, denen bei der Weitergabe unternehmenskultureller Werte und Normen eine zentrale Bedeutung zukommt. Dies wird besonders neuen Mitarbeitern deutlich, die mit den Redewendungen einer - zunächst schwierig verstehbaren - »Firmensprache« konfrontiert werden. Indem eine solche spezifische Sprache z.B. höflich oder leger, flapsig oder militärisch knapp sein kann, symbolisiert sie kollektive Werte, Bedeutungen und Interpretationen. Sprache kann dementsprechend als Träger von Kultur identifiziert werden, sie bewirkt, dass sich zwischen den einer Kultur zugehörigen Individuen konsistente Beziehungen entwickeln und stabilisieren.

Symbolhafte sprachliche Konkretisierungen einer Unternehmenskultur zeigen sich in Geschichten, Erzählungen, Anekdoten und Stories sowie in Mythen, Legenden, Sagen.

Erzählungen und Geschichten sind ausgeschmückte Berichte über bestimmte Geschehnisse in der Vergangenheit mit besonderer unternehmensspezifischer Bedeutung. Derartige Erzählungen, Geschichten und anekdotenhaft geschilderte Erfolgs-Stories können sehr eindrucksvoll sein (vgl. Deal/Kennedy 1987). Indem sie Traditionen verdeutlichen, verbinden sie Firmengeschichte und aktuelle Anliegen der Unternehmung. Die starke Glaubwürdigkeit solcher »Stories« hat ihre Grundlage in der Bezugnahme auf konkrete Ereignisse und der Freiheit des Zuhörers, zu der nicht ausdrücklich ausgesprochenen immanenten »Moral« der Geschichten eigene Schlussfolgerungen zu ziehen. Geschichten vereinfachen die Interpretation bestehender Werte und Normen, weil durch sie vergleichsweise abstrakte kulturelle Standards konkretisiert und ver-bild-licht werden.

Mythen sind idealisierte, nahezu dem Bereich der Dichtung zugehörige, gleichsam überhöhte Schilderungen von unternehmensrelevanten Geschehnissen. Sie sind stark subjektiv geprägt und meist eher eine Frage des Glaubens als des Wissens. Solange Mythen als glaubhaft akzeptiert sowie durch ihre bisherige »Anwendung« als erfolgreich erlebt werden, bestimmen sie als kulturelle Deutungsmuster, welche Handlungsweisen in der Organisation als legitim und regelkonform erachtet werden.

Geschichten, Stories wie auch Mythen, Legenden kreisen um Themen wie Innovation, Sicherheit, Kundentreue, Verhalten zu Mitarbeitern, Technologien, Entscheidungssituationen.

Sprache enthält implizit eine Art und Weise, die Welt zu sehen, zu erfassen und zu beschreiben. Menschen mit verschiedenen Sprachen definieren die Welt anders. Sprache kann deshalb mit interpretierten Geschehnissen durch kommunikative Äußerung Wirklichkeiten konstruieren. »Tatsachen« haben keine Bedeutung, bis sie vom Menschen als solche interpretiert werden. Humane soziale Systeme sind Systeme vieler Wirklichkeiten, eine kulturelle Konstruktion. Wirklichkeiten werden geschaffen durch Erwartungen, Wünsche, Voraussagen, die kommuniziert werden müssen und deshalb die Sprache zum Instrument der Gestaltung von Wirklichkeiten macht.

11.3 Gesteigerte Führungseffektivität durch symbolisches Führen

Der Führung kommt im Werden einer Unternehmenskultur eine bedeutende prägende Rolle zu. Dies beginnt beim Gründer, der seinem Unternehmen im Stadium des »Noch-nicht-Vorhandenseins« einer Kultur seine Visionen, Werte und Normen »einhaucht«. In der weiteren Entwicklung werden Kulturen durch Vorbild und Vorleben der Führung sichtlich stark beeinflusst. Führung erhält dadurch eine symbolische Wirkung, wenn sie Ereignisse in der Arbeitsgruppe, in der Unternehmung oder in der Umwelt in einen »höheren« Zusammenhang stellt, ihnen dadurch »Sinn« gibt und für die Mitarbeiter vernünftig erscheinen lässt. Das unmittelbare Erleben vorbildhafter Führer und die mittelbare Vermittlung ihrer Werte in vielfältigen »Heldensagen«, die oft sogar realitätsverschönert auch nach dem Ausscheiden der Akteure aus der Organisation weiterleben, scheinen beim Werden einer Unternehmenskultur eine wesentliche Rolle zu spielen.

Symbole als Führungsinstrument zu verwenden, heißt sie zur Gestaltung von Führungsbeziehungen zu nutzen. Der überragende Vorteil hierbei ist, dass mit der Hilfe von Symbolen den Mitarbeitern das Führungsanliegen besser verdeutlicht wird - vorausgesetzt die symbolinhärente Bedeutung wird erkannt und anerkannt. Aus dieser Sicht zielen Symbole wie andere Führungsmittel auch in dieselbe Richtung. Auch sie müssen situationsbezogen passend eingesetzt werden.

Führung will Unsicherheit bewältigen und ist zielorientiert. Gleichwohl ist das Tun von Managern nie eindeutig, es muss interpretiert werden. Diese Interpretation soll nicht dem Zufall überlassen, sondern verlangt danach, gesteuert zu werden. Führungskräfte handeln nicht einfach, sie inszenieren ihr Handeln und versehen es mit Deutungs- und Regieanweisungen.

Symbolische Führung verfolgt die gleichen Ziele wie andere Führungsaktivitäten, etwa zur Leistungssicherung. Die Einflussnahme setzt indessen nicht beim unmittelbaren Verhalten der Geführten an, sondern richtet sich auf die der Verhaltensebene vorgelagerten Wirklichkeitsbilder, Überzeugungen, Einstellungen. Die Absicht ist, die Geführten trotz eines möglicherweise objektiv gegebenen Dissenses bereit zu machen, den Aktivitäten der Führenden Konsens und Rationalität zuzuschreiben. Hierzu werden - häufig ohne bewusste Absicht - Visionen, Symbole, Zeremonien und Rituale eingesetzt, die besonders stark wirken, wenn sie in den Mythen und Traditionen der Organisation wurzeln. Geht es um bestimmte Führungsziele, so sollte man nach Anknüpfungspunkten in der Vergangenheit, nach Traditionen und Vorbildern in der Unternehmensgeschichte suchen. Dadurch wird es leichter, Führung zu akzeptieren (vgl. v. Rosenstiel 2014, S. 23).

Letztlich ist Führung nur dann effektiv, wenn sie den Glauben an die Bedeutung der Führung stabilisiert. Dadurch wird erreicht, dass das Vertrauen der Geführten in die Führung gefestigt, das Gefühl der Verantwortlichkeit der Führungskräfte stabilisiert wird. Durch symbolische Handlungen und Rituale wird nun diese funktionale Ideologie aufrechterhalten. Entscheidungsakzeptanz wird auf diese Weise sichergestellt; Gewissheit und Orientierung werden in einer mehrdeutigen und komplexen Welt bewahrt, obwohl es sich dabei nicht selten um Pseudogewissheiten und Pseudoorientierungen handelt. Führungshandlungen und Managerentscheidungen sind also in diesem Sinne nicht sachlogisch, rational oder funktional, sondern (mikro-)politisch (siehe unter 9.) zu deuten. Führung muss demnach den Zweck verfolgen, trotz objektiver Widersprüche Akzeptanz für Führungsentscheidungen bei den Geführten zu sichern, und zwar in einer Weise, dass diese den Führenden Rationalität zuschreiben.

In bestimmten Situationen ist symbolische Führung besonders wirksam. Dies trifft zum Beispiel zu, wenn

- Unsicherheit über das zu Erreichende besteht,
- Zweifel bei der Bewertung zu erreichender Ziele aufkommen,
- die Akzeptanz erhöht werden soll,
- Veränderungen eingeleitet und begleitet werden sollen,

- Führer und Geführte in einem geringen persönlichen Kontakt zueinander stehen,
- Loyalität, Commitment und Konsens erfolgsrelevanter sind als Fachkenntnisse,
- eher Kollektive als Einzelpersonen angesprochen werden sollen.

Handlungen, Artefakte und Sprache symbolisieren interaktiv Kultur. Dabei ist Sprache wohl die ausgeprägteste Manifestation. Sprache kommuniziert Kultur und bietet eine »Linse« für die Wahrnehmung von Wirklichkeit. Effektive Führungskräfte zeichnen sich deshalb gerade durch die Fähigkeit aus, Prozesse und Strukturen vor allem für ihre Mitarbeiter sinnvoll aufscheinen zu lassen und auch in Worte zu kleiden, damit möglichst viele Beteiligte oder Betroffene darüber kommunizieren können. Die anstelle schriftlich-formaler Übermittlung festgestellte Bevorzugung persönlicher Information durch direkte sprachliche Berichterstattung und Diskussionen bei Führungskräften belegt, »was Manager wirklich tun« (vgl. Mintzberg 1991) und tun sollten. Sinn kann zwar nicht geschaffen werden, aber ein sinn-voller Kontext. Mit der Gestaltung von Artefakten, Handlungen und Sprache bietet symbolisches Führen Interpretationshilfen und -schemata für eine sinnvolle Erfassung der Wirklichkeit an.

Der bewusste Einsatz von Symbolen verlangt jedoch von Führungspersonen sprachliche und dramaturgische Fähigkeiten, die bei Einigen kaum ausreichend kompetent vorliegen. Der Entwurf von angemessenen Bildern, das Gefühl für das richtige Timing oder der Dialog über die Symbole selbst ist eine außerordentliche kommunikative Herausforderung. Eine mangelnde soziale Kompetenz setzt beim Versuch des symbolischen Führens sich der Gefahr aus, manieriert und manipulativ zu wirken (vgl. Weibler 2016, S. 391 f.).

Kapitel 5: Training der Führungsqualifikation und Führungseffektivität

Erfolgreiche Managerpersonen unterscheiden sich von weniger erfolgreichen und Geführten durch eine Führungskompetenz, welche Wissen, Fähigkeiten und Einstellungen umfasst, und die sie befähigt, zum Funktionieren der Unternehmung beizutragen sowie Wegbereiter der Unternehmungszukunft zu sein. Sie müssen ihren eigenen jeweiligen Beitrag für die Resultate der Unternehmung definieren, und weil sie Führungskräfte sind, müssen sie auch bestimmen und dafür sorgen, dass ihre Mitarbeiter in diesem Sinne für die Unternehmung handeln. Welche überlegene Persönlichkeitsausstattung Führungserfolg bestimmt, war deshalb lange Zeit ein wichtiges Anliegen der Führungsforschung (vgl. Neuberger 2002, S. 223 ff). Die Arbeitssituation in Unternehmen stellt nunmehr an Führungskräfte eine Vielzahl von neuen Anforderungen, aus denen sich die notwendigen Qualifikationen ergeben.

12 Neue Anforderungen an Manager

Mit einer sich ändernden Welt in Unternehmen und anderen Institutionen der Wirtschaft und Gesellschaft mit einer sich ändernden (Führungs-)Rolle müssen Manager mit zusätzlichen Anforderungen zurechtkommen. Einzelne Entwicklungen sind folgende (vgl. Regnet 2014, S. 32 ff):

- Die zunehmende Komplexität der Arbeitsabläufe und kürzere Produktlebenszyklen bedingen neue Prozesstechnologien und mithin motivierte und mehrfach qualifizierte Mitarbeiter sowie interdisziplinär und eng zusammenarbeitende Arbeitsgruppen, die mit neuen zeitsparenden Kommunikationssystemen arbeiten, und notwendigerweise zugleich ein mobiles, innovationsfreudiges Management.

- Konkurrenz- und Kundenorientierung mit zunehmend anspruchsvollerer und spezieller Problemlösungsnachfrage erfordert Kreativität und Mut.

- Schlankere Organisationsformen und flachere Hierarchien verlagern operative Entscheidungen nach untern, das mittlere Management muss mehr Verantwortung übernehmen und Kompetenz beweisen; gefragt ist der »Intrapreneur«, die unternehmerisch orientierte Führungs-kraft. Führungskräfte müssen neue Formen der Arbeitsorganisation lenken, insbesondere das Projektmanagement oder wechselnde Tätigkeiten in unterschiedlich zusammengesetzten, internationalen und virtuellen Teams ausüben.

- Dasselbe Pensum mit weniger Mitarbeitern schaffen, Entlassungswellen aufgrund wirtschaftlicher Problemlagen, strategische Standortverlagerungen und andere Verunsicherungen haben die Folge, dass Mitarbeiter mit ganz unterschiedlichen Interessen und Loyalitäten zu motivieren und zu führen sind.

- Internationalisierung und Globalisierung verlangt international erfahrene Manager. Über Sprachkenntnisse und Mobilitätsbereitschaft hinaus sind viel wichtiger geistige Flexibilität und ein Empfinden für fremde Kulturen, Verhaltens- und Denkweisen. Hinzu kommt die Beachtung globaler Systemzusammenhänge zum Beispiel bei Umweltturbulenzen oder durch Fehlentscheide ausgelösten Unternehmenskrisen.

- Der Arbeitsmarkt kann die beruflichen Erwartungen von Mitarbeitern vielfach nur partiell erfüllen, einmal was Karriere und Aufstieg mit gutem Einkommen betrifft, zum anderen bezüglich ausbildungsadäquater Arbeitsstellen mit selbständigem Arbeitsbereich. Durch die steigende Frauenerwerbsquote sind Führungskräfte verstärkt mit selbstbewussten Mitarbeiterinnen konfrontiert, die berufliche Chancengleichheit einfordern. Die *demographische Entwicklung* führt zu einer älter werdenden Belegschaft, selbst bei - erwartbar höherer - Zuwanderung sind die Unternehmen auf diese erfahrenen Mitarbeiter angewiesen.

- Erwartungen der Mitarbeiter an den Arbeitgeber sind Ausdruck gewandelter Wertvorstellungen. Nicht die Arbeit wird infrage gestellt oder Leistung abgelehnt, allenfalls solche Arbeit, die nicht die Sehnsucht nach sinnvoller Beschäftigung und Selbstverwirklichung bietet. Die *Arbeitsfreude* ist mittlerweile der größte Motivationsfaktor, dies heißt, die Arbeit »muss« Abwechslung, Herausforderung und Erfolgserlebnisse bieten. Das Bedürfnis, in der Arbeit etwas zu leisten, ist stark, Karriere und Geldverdienen sind weiterhin bedeutsam (vgl. Opaschowski 2006, S. 128 ff). Der Wertewandel bewirkt verstärkte Partizipationswünsche der Mitarbeiter, es wird nicht länger nur gehorcht, man will auch wissen warum. Mitarbeiter wünschen als gestaltete Rahmenbedingungen die laufende Kultivierung von Lern- und Handlungsfeldern, welche die Entfaltung ihrer vorhandenen Intelligenzpotenziale ermöglichen, das heißt das Wissen aktuell zu halten und zu erweitern und ihre *Selbst*entwicklung zu stimulieren.

13 »Schlüssel«qualifikationen zur Führungskompetenz

Wesentlich für das Funktionieren-lassen und Funktionieren-Können einer Unternehmung sind letztlich die von hierfür zuständigen Managern praktisch umgesetzten Qualifikationen. Dieses Können wird als *Handlungskompetenz* bezeichnet. Sie ergibt sich aus der Summe der bereichsspezifischen Fachkompetenz und sog. Schlüsselqualifikationen (vgl. Hentze et al. 2005, S. 91).

Schlüsselqualifikationen sind übergeordnete, fachübergreifende Befähigungen, die eine Person in die Lage versetzen, auch in zuvor nicht trainierten Problemsituationen angemessen und kompetent zu handeln. Charakteristisch für sie ist, dass sie keinen unmittelbaren bzw. einen begrenzten Bezug zu *bestimmten* praktischen Tätigkeiten besitzen, sondern Menschen dazu befähigen, unterschiedliche Positionen und Funktionen qualifiziert wahrzunehmen (vgl. Brommer 1993, S. 66 f). Es sind also eher allgemeine, funktions- und berufsübergreifende und mithin auch längerfristig verwertbare Fähigkeiten. Das Arbeitsfeld im Management erfordert zudem das zur Systemkompetenz rechnende systemisch-kognitive Denken und situationsspezifisch entsprechendes Handeln (vgl. Brommer 1993, S. 69, 85). In der Summe entsteht so die *Management-* und Führungskompetenz eines Managers.

Im Folgenden seien zunächst die Teilbereiche der Handlungskompetenz näher beschrieben:

Handlungskompetenz

Gepaart mit der überblicksweisen bereichsspezifischen Fachkompetenz gelten als Schlüsselqualifikationen in Managerpositionen vornehmlich die Sozial- und Motivationskompetenz, die Methodenkompetenz sowie die Persönlichkeitskompetenz.

(1) Fachkompetenz (auch als fachliche oder funktionale Kompetenz bezeichnet)

Fachkompetenz beinhaltet die zur Wahrnehmung einer Aufgabe benötigten fachlichen Fähigkeiten und Fertigkeiten. Dieser Kompetenzbereich umfasst den klassischen Bereich der Berufsausbildung, also Wissen, das in Berufsschule, Ausbildung und bei persönlichen und betrieblichen Weiterbildungsmaßnahmen vermittelt bzw. systematisch gefestigt und vertieft wird. Daneben rangiert unter der Fachkompetenz auch das allgemeine Generalistenwissen, welches überwiegend in der Schule vermittelt wird bzw. als Teil der Lebenserfahrung gilt (vgl. Brommer 1993, S. 80). Weiterhin zählen zur Fachkompetenz organisatorische Fähigkeiten, betriebswirtschaftliche Kenntnisse, Computer-Wissen, Markt-Know-how, Fremdsprachenkenntnisse.

(2) Sozial- und Motivationskompetenz

Der Begriff der Sozialkompetenz charakterisiert im Wesentlichen die Fähigkeit eines Menschen zum konstruktiven Umgang mit sich selbst und anderen Menschen. Grundlage für eine gute soziale Kompetenz sind dabei *kommunikative Fähigkeiten* auf der Sach- und Beziehungsebene durch eine offene Einstellung zu anderen, Zuhören-können, Einfühlungs-vermögen. Darüber hinaus zeigt sich soziale Kompetenz in der Fähigkeit, positive *zwischenmenschliche Beziehungen* aufbauen zu können durch Hilfsbereitschaft, Problemsensitivität, Mitarbeiterbezogenheit, die sich in Wertschätzung ausdrückt, konstruktivem Feedback und Kompromissfähigkeit.

Soziale Kompetenz zeigt sich auch darin, dass man dazu bereit ist, *Konflikte*, wo sie notwendig sind, *offen* auszutragen, anstatt sie zu verdrängen, das heißt Konfrontationen zu wagen, dabei unterschwellige bzw. tabuisierte Themen transparent zu machen und dabei klare Positionen zu beziehen. Durch diese Art der konstruktiven Auseinandersetzung mit der Wirklichkeit sollen Probleme nach dem Gewinner-Gewinner-Prinzip (vgl. Hausmann 1994, S. 41) gelöst werden.

Statt des Begriffs Sozialkompetenz werden auch die Faktoren Teamfähigkeit, Kritikfähigkeit, Kommunikationsfähigkeit, Berechenbarkeit verwendet (ähnlich Goleman 2000a, S. 29, 35 f. sowie Harlander et al. 1994, S. 492 f).

Motivationskompetenz zeigt sich z.B. im Verhalten der aktiven Einbindung von Mitarbeitern in Problemlösungsprozesse durch ein prozessorientiertes Vorgehen, indem man sie fordert und durch Motivationserlebnisse mobilisiert. Menschen können sich letztendlich nur selbst motivieren. Führungskräfte können diese Selbstmotivation bei großer Erwartungshaltung, aber eher beschränkten Belohnungsmöglichkeiten, durch das Management von Aufgaben, Grenzen und Ressourcen eines Unternehmens immerhin indirekt beeinflussen. In einer schlanken Organisation bieten sich statt eines schnellen Aufstiegs in die institutionelle Führungsmacht anspruchsvolle Positionen ohne dauerhafte Statusmacht. Als solche Möglichkeiten sind zu nennen (vgl. Regnet 2014, S. 38):

- Projektmanagement (siehe 5.): in zeitlich limitierter Managerrolle für Einmal-Vorhaben, zunehmend im internationalen Kontext und in virtuellen Strukturen;
- Teamleitung;
- Coaching: Mitarbeitern helfen bei ihrem persönlichen Entwicklungsprozess;
- internationale Verantwortung: als Expatriate mehrjährig in einem anderen Land oder in international zusammengesetzten Teams;
- Führungspositionen auf Zeit: mit Rotation auf eine nächste Position oder zurück in die Linie;
- Alternative Laufbahnstrukturen für Spezialisten und Fachkräfte: Centers of Competence mit Status/Titel, aber ohne eigene Abteilung oder Gruppe.

Interkulturell orientierte soziale und intellektuelle *Anforderungen* ergeben sich aus Problemfeldern wie Welt- sowie Kulturkonflikten, kulturbedingten Denkweisen, Kulturstandards und Mentalitäten und schließlich aus der Bereitschaft zum persönlichen Enkulturationsprozess (vgl. Wunderlich 1995, S. 580 ff). Die weiter noch zunehmende Globalisierung der Wirtschaft, weltweit operierende Unternehmungen, multinationale Konzerne, die immer dichtere globale Vernetzung der Kommunikationskanäle, politische Vorstellungen von offenen Märkten - für all dies reicht es nicht, mehrsprachige Mitarbeiter zu beschäftigen. Interkulturelle Kompetenz bedeutet vielmehr eine Sensibilität für fremde Kulturen und die Flexibilität, sich im Verhalten und der Kommunikation auf andere Personen einstellen zu können. Mit notdürftigen Sprachkenntnissen ins Ausland, Verzicht auf interkulturelle Schulungen haben bereits häufig bereut. Da Auslandseinsätze für Unternehmen kostenintensiv und risikoreich sind - viele werden vorzeitig abgebrochen - und zudem die nötige Bereitschaft von Fach- und Führungskräften zur

Mobilität eher in jungen Jahren besteht, ist es naheliegend, internationale Erfahrungen zeitlich nach vorne zu verlagern. Hochschulen bieten z.B. internationale Studiengänge an sowie die Möglichkeit, Auslandssemester oder -praktika bereits während des Studiums zu absolvieren.

(3) Methodenkompetenz (auch strategische Kompetenz genannt)

Methodenkompetenz bezeichnet das strategisch eingesetzte und zielgerichtete Umsetzen des vorhandenen Fachwissens zur Bewältigung der Berufsaufgaben. Darüber hinaus umfasst sie die Problemlösungsfähigkeiten für solche Fragestellungen, die nicht durch Anwendung von Fachwissen allein zu bewältigen sind. Sie zielt darauf, Dinge besser und effektiver als bisher zu gestalten, Aufgaben zu vollenden, Ziele mit Energie und Ausdauer zu verfolgen. Zum »Denk«werkzeug gehört deshalb eine Arbeitsmethodik für Analyse und Lösung von Problemen. Die Ausbildung dieser *Gestaltungskompetenz* (vgl. Wunderer 2011, S. 58) verlangt insoweit ein konzeptionelles und kreatives Denken in Strukturen und Zusammenhängen, das Erkennen von möglichen Wechselwirkungen und das Abwägen von Chance und Risiko.

Die Methodenkompetenz betrifft strategie- und innovationsorientierte Problemlösungen. Sie lässt sich näher differenzieren nach fachspezifischen Methoden, allgemeinen Arbeitsmethoden, persönlichen Planungs- und Arbeitstechniken bis hin zu Problemlösungsmethoden in Arbeitsteams. Im Einzelnen sind zu nennen (vgl. Brommer 1993, S. 81; Riekhof 1992, S. 63):

o   persönliches Zeitmanagement;

o   kontinuierliche Verbesserung der Geschäftsprozesse: ganzheitliches, sowohl analytisches als auch - aus einer »Helikoptersicht« - integratives Denken und Handeln;

o   strategische Kompetenz, das heißt Umgang mit strategischen Planungs- und Analysemethoden wie z.B. Portfolio-Technik, Gap-Analyse, Erfahrungskurvenkonzept, Suchfeldanalyse, Szenariotechnik, strategische Frühaufklärung;

o   unternehmerisches Denken und Handeln durch ein Selbstverständnis des Mitarbeiters als »Intrapreneur« (Unternehmer in der Unternehmung);

o   ein Gefühl für zukünftige Entwicklungen, Imagination, Veränderungen erkennen und antizipieren, Kreativität und visionäres Denken.

(4) Persönlichkeitskompetenz

Persönlichkeitskompetenz entwickelt sich durch die Entfaltung der eigenen Persönlichkeit als Voraussetzung für selbständiges und selbstbewusstes Handeln, für die effiziente Umsetzung von *Aktionen* und Problemlösungen. Selbstverantwortung (vgl. Boethius/Edhin 1997), Persönlichkeitsentwicklung und Sinngebung sind mithin die wesentlichen Aspekte dieser *aktionalen Umsetzungskompetenz* (vgl. Wunderer 2011, S. 58).

Abbildung 13.1 Einflusskomponenten auf die Handlungskompetenz

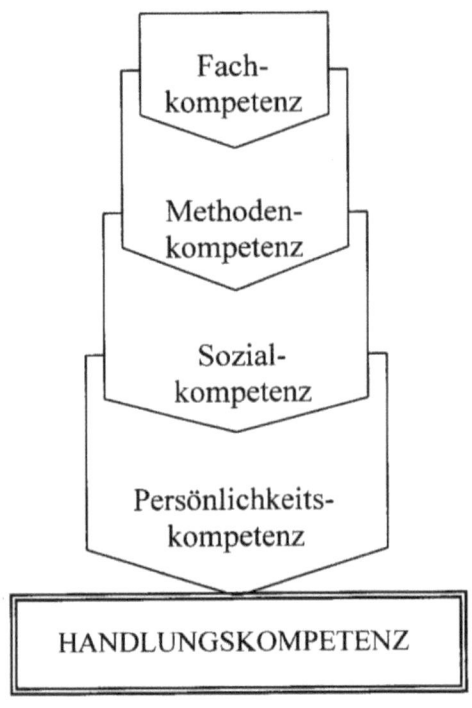

Die Ausübung der Führerrolle verlangt von einem Manager das *Streben nach Dominanz*. Dieses Persönlichkeitsattribut beinhaltet Verantwortung zu übernehmen, im sozialen Kontakt Initiative zu zeigen, ausgeprägtes Selbstvertrauen und das Gefühl für die persönliche Identität.

Die Begriffe Qualifikation und Fähigkeit lassen erkennen, dass Menschen-führen prinzipiell erlernbar und entwicklungsfähig ist. Ein Lernender kann sich in einzelnen Bereichen vom Anfänger zum Spitzenkönner entwickeln. Manche scheitern schon früh an mangelnder Lernwilligkeit (vgl. Hentze et al. 2005, S. 93). Deshalb muss zu dem Gefüge von Kenntnissen, Fertigkeiten und Verhaltensweisen von Führungskräften ein erkennbarer Führungswille kommen, also die Bereitschaft, sich Aufgaben, Verantwortung und Befugnisse zueigen zu machen und Vorgaben einzuhalten. Ein Mensch, der Führungsaufgaben möglichst zu vermeiden sucht, wird kaum lernen, wie man führt. Das Führungslernen sollte im Bemühen um Authentizität auch die Selbstreflexion zur Erlangung von Selbstbewusstseins einschließen (siehe 2.1, 2.2); demnach müssen Führungskräfte nicht nur um die Lernfähigkeit und -willigkeit für die Sozial- und Motivationskompetenz bemüht sein, sondern auch darum, sich der Stärken und Nicht-Stärken eigener Denkweisen und Verhaltensmuster, also ihrer *selbst bewusst* zu werden. *Selbstreflexion* und die Bereitschaft zur *Selbstentwicklung* sind wichtige Voraussetzungen dafür, die persönlichen Fähigkeiten zu entfalten, aber auch ein Fehlverhalten, das vielfach auf in der Kindheit angelegten neurotischen Denkmustern basiert, bewusst zu machen.

Das zur Führungskompetenz genannte *Dominanzstreben* durchläuft in der Entwicklung des Menschen mehrere Stufen vom durch Willenskraft, Entschlossenheit und Mut geprägten Selbstvertrauen über die Selbstbehauptung mit dem Ziel, sich über andere zu erheben, bis zum dienenden Machtstreben für eine Institution, mit der man sich identifiziert.

In einer Studie über das Dominanzstreben (vgl. McClelland/Burnham 2003) wird festgestellt: eine erfolgreiche Führerperson besitzt ein stärkeres Bedürfnis nach Macht als nach Leistung. Der Leistungsmotivierte will gerne alles selbst erledigen, statt andere anzuleiten, damit sie die Arbeit ausführen. Er bevorzugt den unmittelbaren Leistungserfolg mehr als die weniger und viel später spürbare Leistung der Mitarbeiter. Und es ergab sich noch eine zweite Notwendigkeit für erfolgreiches Führen: Das Machtbedürfnis einer Führungsperson muss stärker sein als der Wunsch, sich bei Mitarbeitern beliebt zu machen. Der beliebtsein-orientierte Manager, das heißt jener, der bei seinen Mitarbeitern populär und gemocht sein will, will mit jedermann gut auskommen. Er neigt am ehesten dazu, Ausnahmen zu machen, was ein schlechtes Klima schafft, weil die übrigen Mitarbeiter Ausnahmen von den allgemeinen Gruppenregeln als ungerecht empfinden. Ein Mensch mit hoher Persönlichkeitskompetenz ist realitätsbezogen, er ist »eigenständig«, setzt sich seine Ziele und handelt konsequent danach. Das in der Studie untersuchte Arbeitsklima in den Gruppen ergab: Ein guter Manager verleiht seinen Mitarbeitern ein Gefühl der Stärke und Verantwortung. Er belohnt ihre Leistung angemessen und sorgt für eine Organisation, in der jeder seine Aufgaben kennt. Dies gibt ein gutes Arbeitsklima.

Zur Persönlichkeitskompetenz, in welche sich die »ganze« Person in das betriebliche Wirken einbringen soll, werden im Einzelnen noch folgende Qualitäten gerechnet (vgl. Brommer 1993, S. 83; Wunderer 2011, S. 59):

o Beharrlichkeit, Belastbarkeit, Frustrationstoleranz;
o Leistungsstreben, Initiative, Engagement, Selbstdisziplin und Ausdauer bei der Verfolgung der gesteckten Ziele;
o Machbarkeitsglaube, Risikobereitschaft, konstruktiver Umgang mit Misserfolgen;
o Networking-Fähigkeit, Anpassungsfähigkeit, Flexibilität, Mobilität;
o Lernfähigkeit und Fortbildungsbereitschaft;
o Ausstrahlung, Emotionalität, Selbstsicherheit, Glaubwürdigkeit;
o Ethische Grundsätze durch ein sichtbar gelebtes Wertesystem.

Systemkompetenz

Systemkompetenz zeigt sich in systemischem Denken und Handeln. Dessen Notwendigkeit gründet sich darauf, dass Führungshandeln heute vielfach den Umgang mit Volatilität, Unsicherheit, Komplexität und Ambiguität (VUCA) bedeutet. Komplexe Phänomene unterscheiden sich in fundamentaler Weise von einfachen bzw. komplizierten Phänomenen. Komplexität bezeichnet das Merkmal, dass ein bestimmtes reales System nicht nur in seiner Zusammensetzung kompliziert ist, sondern seinen Zustand auch permanent ändert. Komplexe Systeme sind dynamikgeprägt als sogenannte nicht-triviale Systeme, die auf einen gleichen Input mit unterschiedlichem Output reagieren können. Dieser Output hängt von Systemzuständen der Vergangenheit ab und von einer sich in selbstorganisierenden Prozessen sich ändernden Systemstruktur und ist mithin im vornhinein analytisch nicht bestimmbar (siehe ausführlich Withauer 2000, Teil I, S. 1 ff.).

Die Führbarkeit und das Funktionieren-Können der Unternehmung hängen somit wesentlich von der Fähigkeit ab, Potenziale aufzubauen, mit denen das »Unvorhergesehene« bewältigt werden kann. Die »Komplexitätsfalle« besteht in der Diskrepanz bzw. Neigung, komplexe Probleme mit »einfachen« Lösungen zu bewältigen. Der Ausweg für das Management dynamikgeprägter, komplexer Phänomene sollte darin bestehen, die Potenziale zu definieren und auszubauen, welche eine stete »Fitness« im Umgang mit Problemlagen, das heißt eine erhöhte Problemlösungsfähigkeit und »freie« Problemlösungskompetenz für »Unvorhergesehenes« und »Unvorhersehbares« bewirken.

Die allgemeine Lösung dieses Problems ist eine der grundlegenden Erkenntnisse der Kybernetik. Sie lautet: Wir können ein System mit einer gegebenen Komplexität nur mit Hilfe eines mindestens ebenso komplexen Systems unter Kontrolle bringen (vgl. Ashby 1984, S. 179 ff; Probst 1981, S. 158 ff), oder: Nur Varietät kann Varietät absorbieren (zerstören) (»*Law of Requisite Variety*«). Die tatsächlich auftretenden Systemzustände sind abhängig von der Systemvarietät einerseits und der Lenkungsvarietät andererseits.

Das Gesetz der erforderlichen Varietät erhebt den Anspruch, für soziale Systeme eine Gültigkeit mit analogem naturgesetzlichem Charakter zu besitzen, etwa wie das Gravitationsgesetz von Newton für die Physik. Es lässt sich formal beweisen, ist aber auch intuitiv leicht einsichtig. Dies wird an Beispielen deutlich wie den Chancen einer Sportmannschaft, der Stärke eines Schachspielers im Spiel oder für die Gewandtheit eines Skifahrers im Gelände.

In jeweils speziellen konkreten Situationen, wie etwa der Einschätzung der sportlichen Spielstärke einer Mannschaft, ist man sich durchaus intuitiv des Aspektes der Varietät bewusst und man weiß auch, dass das eigentliche Problem darin besteht, der Komplexität des Gegners mit einem adäquaten Maß an eigener Komplexität zu entsprechen. Selbstverständlich wird die Analyse in sporttaktischen Ausdrücken und Begriffen durchgeführt, das heißt, der allgemeine Hintergrund, jene Erkenntnis, die für alle komplexen Systeme gleichermaßen gilt, wird durch die Details des speziellen Problems überdeckt. Dadurch dass Komplexität oder Varietät in sehr *vielen verschiedenen Formen* auftritt, wurde und wird ihre Bedeutung für die Grundaspekte gerade auch des Managements, die Gestaltung, die Lenkung und die Entwicklung eines sozialen Systems oft verkannt.

Reale Organisationen stellen keineswegs quasi-statische Entitäten dar und können auch nicht mehr ausschließlich vor einem solchen Hintergrund analysiert bzw. konzipiert werden. Vielmehr laufen in und zwischen Organisationen ständig Prozesse aller Art ab; Organisationen befinden sich mithin permanent in Bewegung, entstehen und vergehen, wachsen und schrumpfen, durchlaufen Perioden der Stabilisierung, der Veränderung und des Wandels. Dabei verschieben sie Ressourcen, modifizieren ihre Funktionsweise, wechseln Aktivitätsfelder und verändern durch Gestaltwandel zuweilen sogar ihren grundlegenden Charakter.

Komplexität kann durch unterschiedliche Strukturen variiert werden (strukturelle Ebene), wobei das Muster der Informationsflüsse bestimmt, inwieweit eine immer gedämpfte Version der Ereignisse und Geschehnisse vermittelt wird, die Verbesserung der betrieblichen Kommunikation (konversationale Ebene) sowie indem die Fähigkeiten zum Umgang mit Komplexität durch persönliche mentale Fitness und eine entwickelte Persönlichkeit gesteigert werden (kognitive Ebene).

Die dynamikgeprägte Realität erfordert eine Abkehr von der oft noch vorherrschenden mechanistischen Sichtweise der Unternehmung. Aus der Sicht unterschiedlicher Komplexitätszustände sind in den Handlungsfeldern im Management sowohl Phänomene zu gestalten und zu lenken, welche eine niedrige Komplexität aufweisen (Routinemanagement), als auch solche mit höherer Komplexität (Innovations-/Evolutionsmanagement) – und dies im Zeitablauf durchaus alternierend. Systemkompetenz beinhaltet die Fähigkeit zur Anpassung des Handelns an den jeweiligen Systemzustand.

Das Tagesgeschäft mag bei klaren Aufgaben eine autoritativ-leistungsbetonte Führungsweise zulassen, die für angestrebte Ziele vor allem die positive oder negative Kommentierung von Verhaltensweisen und Leistungsergebnissen mit Anerkennung und Korrektur einsetzt.

Wenn es hingegen um schnelles, flexibles Handeln in einer unsicheren Unternehmens- und Marktumgebung geht, ist in der dann situativ anstehenden Entwicklungsphase ein Führungsstil effektiv, der auf Agilität, Geschwindigkeit und Innovation setzt. In dieser führungsnotwendigen Öffnungsphase haben Selbstorganisationsprozesse (»Verflüssigung«) eine zentrale Bedeutung (vgl. Reber 1992, Sp. 1250 f); pragmatisches Ausprobieren und Lernen ist dann wichtiger als detaillierte Analyse und Planung. Dem kommt am besten ein demokratischer, *impulsgebender* Führungsstil entgegen mit der Voraussetzung eines im partnerschaftlichen Sinne intakten Vertrauensverhältnisses zu den Mitarbeitern.

Selbst-Check – Auswertung

Selbst-Check 1:

In dem nachstehenden Diagramm markieren Sie die in der ersten Spalte Ihres Kurztests ermittelte Gesamtsumme D, indem Sie auf der Diagonalen nach oben links im D-Quadranten diese Zahl durch Einkreisen kenntlich machen.

Verfahren Sie entsprechend für die Gesamtsumme I auf der Diagonalen nach oben rechts im I - Quadranten, für die Gesamtsumme S auf der Diagonale nach unten rechts für den S - Quadranten sowie für die Gesamtsumme G auf der Diagonale nach unten links für den G - Quadranten.

Verbinden Sie die eingekreisten Punkte miteinander - am besten mit einem Farbstift -, wodurch das Flächendiagramm entsteht.

offensiv/extrovertiert

D = dominant	I = initiativ
27, 24, 21, 18, 15, 12, 9, 6, 3	27, 24, 21, 18, 15, 12, 9, 6, 3
3, 6, 9, 12, 15, 18, 21, 24, 27	3, 6, 9, 12, 15, 18, 21, 24, 27
G = gewissenhaft	S = stetig

aufgabenorientiert ← → **menschenorientiert**

defensiv/introvertiert

Die höchste Gesamtsumme kennzeichnet Ihr am stärksten ausgeprägtes Verhalten; die anderen Summen zeigen Ihre Verhaltenstendenzen in den anderen DISG-Bereichen. Sie werden feststellen, dass Sie Merkmale aus allen Verhaltenstendenzen besitzen. Es gibt eben nicht »den« Dominanten und auch nicht »den« Gewissenhaften, zahlreiche Kombinationsmöglichkeiten aus allen vier Bereichen machen jeden Menschen einzigartig. Das Flächendiagramm macht mithin die für Sie herausgefundenen Relationen der Verhaltenstendenzen deutlich.

Selbst-Check 2 :

Die Abschnitte bzw. Paragraphen, welche einzelne Führungsformen beschreiben, kennzeichnen Sie als

   Paragraph a = 1,1 Führungsform
   Paragraph b = 1,9 Führungsform
   Paragraph c = 9,1 Führungsform
   Paragraph d = 5,5 Führungsform
   Paragraph e = 9,9 Führungsform

Merken Sie sich Ihre typischste Führungsform und vergleichen Sie mit dem Ergebnis von Selbst-Check 1.

Selbst-Check 3:

Die Sätze der Elemente kennzeichnen Sie in gleicher Weise wie die Abschnitte in Selbst-Check 15. Der erste Satz für das Element „Initiative, Entscheidungen" a 1 gibt das 1.1- Verhalten wieder. Die folgenden Sätze entsprechen den Führungsformen 1,9. 9,1. 5,5 und 9,9. Für die übrigen Elemente gilt die gleiche Reihenfolge der Sätze.

Tragen Sie bitte durch Strichlistung in das folgende Schema die gewählten Sätze ein:

1,1	1,9	9,1	5,5	9,9

In Verbindung mit der vorigen Aufgabe haben Sie nun die Möglichkeit, darüber nachzudenken, ob Sie Ihr Führungsverhalten ändern sollten und nach welcher Orientierung.

Literaturverzeichnis

Allport, G.W. (1959): Persönlichkeit, Struktur, Entwicklung und Erfassung der menschlichen Eigenart, 2. Aufl., Meisenheim am Glan 1959

Ashby, W.R. (1984): Einführung in die Kybernetik, Frankfurt 1984; englische Originalausgabe: An Introduction to Cybernetics, London 1956

Bents, R.; Blank, R. (1992): Der M.B.T.I., München 1992

Berthel, J. (1992): Führungskräfte-Qualifikationen (Teile I u. II), in Zeitschrift für Organisation 61: 1992, H. 4 und 5

Bisani, F. (2000): Personalwesen und Personalführung, 4. Aufl., Wiesbaden 2000

Blake, R.; Mouton, J. (1968): Verhaltenspsychologie im Betrieb: Das Verhaltensgitter, eine Methode zur optimalen Führung in Wirtschaft und Verwaltung, Düsseldorf/Wien 1968

Blake, R.; Mouton, J.; McCanse, A. (1993): Unternehmensentwicklung mit GRID, Frankfurt/NewYork 1993

Blanchard, K.H.; Zigarmi, P.; Zigarmi; D. (1985): Leadership and the one-minute manager, New York 1985

Bleicher, K. (2004): Das Konzept Integriertes Management, 6. Aufl., Frankfurt/New York 2004

Bleicher, K.; Meyer, E. (1976): Führung in der Unternehmung, Reinbek 1976

Boethius, S.; Edhin, M. (1997): Die vierte Kompetenz - Selbstverantwortung, Persönlichkeitsentwicklung und Sinngebung: die hohe Kunst der Führung, Zürich 1997

Bröckermann, R. (2012): Personalwirtschaft: Lehr- und Arbeitsbuch für Human Ressources Management, 6. Aufl., Stuttgart 2012

Bröckermann, R. (2001): Personalführung: Arbeitsbuch für Studium und Praxis, Stuttgart 2001

Brommer, U. (1993): Schlüsselqualifikationen, Stuttgart 1993

Dansereau, F.; Graen, G.; Haga, W.J. (1975): A vertical dyad linkage approach to leadership within formal organizations, in: Organizational Behavior and Human Performance 13: 1975, S. 46-78

Deal, T.; Kennedy, A. (1987): Unternehmenserfolg durch Unternehmenskultur, Bonn 1987

Dill, P.; Hügler, G. (1987): Unternehmenskultur und Führung betriebswirtschaftlicher Organisationen. Ansätze für ein kulturbewusstes Management, in: Heinen, E. et al. (Hrsg.), Unternehmenskultur, München 1987, S. 141 – 209

Drühe-Wienholt, C. (2006): Endlich frustfrei! Chefs erfolgreich führen, Göttingen 2006

Dülfer, E. (1991): Organisationskultur: Phänomen-Philosophie-Technologie, in: Dülfer, E. (Hrsg.), Organisationskultur, 2. Aufl. Stuttgart 1991

Fiedler, F.; Chemers, M., Mahar, L. (1979): Der Weg zum Führungserfolg, Stuttgart 1979

Gay, F. (Hrsg.) (1998): DISG-Persönlichkeitsprofil, Offenbach 1998

Goleman, D. (2000): Durch flexibles Führen mehr erreichen, in: Harvard Business Manager 5/2000, S. 9 - 22

Goleman, D. (2000a): EQ 2 - Der Erfolgsquotient, München 2000

Goleman, D. (1996): Emotionale Intelligenz, München usw. 1996

Graen, G.B.; Uhl-Bien, M. (1995): Führungstheorien: Von Dyaden zu Teams, in: Kieser, A.; Reber, G.; Wunderer, R. (Hrsg.), Handwörterbuch der Führung, Stuttgart 1995, S. 1046 – 1058

Guggenberger, B. (1987): Das Menschenrecht auf Irrtum. Anleitung zur Unvollkommenheit, München/Wien 1987

Harlander, N.A.; Heidack, C.; Köpfler, F.; Müller, K.-D. (1994): Personalwirtschaft, 3.Aufl., Landsberg 1994

Haug, C.V. (2016): Erfolgreich im Team, 5. Aufl. 2016

Hausmann, H. (1994): Welche Schlüsselkompetenzen brauchen Führungskräfte?, in: io Management Zeitschrift 1994, H. 4

Hentze, J.; Graf, A.; Kammel, A.; Lindert, K. (2005): Personalführungslehre, 4. Aufl., Bern/Stuttgart/Wien 2005

Hersey, P.; Blanchard, K.H. (1982): Management of Organizational Behavior: Utilizing Human Resources, 4. Aufl., Englewood Cliffs 1982

Hofstede, G. (1980): Kultur und Organisation, in: Handwörterbuch der Organisation, hrsg. von E. Grochla, 2. Aufl., Stuttgart 1980, Sp. 1168 - 1182

Jung, C.G. (1939): The Integration of Personality, New York 1939

Kellner, H. (2000): Ganz nach oben durch Projektmanagement, München/Wien 2000

Kehr, H.M. (2000): Die Legitimation von Führung: Ein Kleingruppenexperiment zum Einfluss der Quelle der Autorität auf die Akzeptanz des Führers, den Gruppenprozess und die Effektivität, Berlin 2000

Kieser, A. (1984): Innovation und Organisationskultur, in: GdI-Impuls 1984, H. 4

Kessler, H. (1994 ff): 8.4 Karriere machen im und durch Projektmanagement, in: Schelle, H. et alii (Hrsg.), Projekte erfolgreich managen etc., 19. Aktualisierung, Köln 1994 ff

Kolb, R.H. (2009): Projekt- und Innovationsmanagement, Hameln 2009

Ladwig, D.H. (2009): Team-Diversity Management - Die Führung gemischter Teams, in: Rosenstiel, L.; Regnet, E.; Domsch, M. (Hrsg.), Führung von Mitarbeitern, 7. Aufl., Stuttgart 2014, S. 379 - 390

Likert, R. (1975): Die integrierte Führungs- und Organisationsstruktur, Frankfurt/New York 1975

Lorenz, A. (2009): Die Führungsaufgabe. Ein Navigationskonzept für Führungskräfte, Wiesbaden 2009

Luhmann, N. (1989): Vertrauen - Ein Mechanismus zur Reduktion sozialer Komplexität, 3. Aufl., Stuttgart 1989

Lukasczyk, K. (1960): Zur Theorie der Führer-Rolle, in: Psychologische Rundschau H. 11/1960, S. 179-188

Malik, F. (2015): Strategie des Managements komplexer Systeme. Ein Beitrag zur Management-Kybernetik evolutionärer Systeme, 11. Aufl., Bern/Stuttgart 2015

Malik, F. (2014): Führen, Leisten, Leben, komplett überarb. Neuausgabe, Frankfurt 2014

McClelland, D.C.; Burnham, D.H. (2003): Power is the great motivator, in: Harvard Business Review, H. 1/ 2003, S. 117-126

Mintzberg, H. (1999): Profis bedürfen sanfter Führung, in: Harvard Business Review, H. 3/1999, S. 9 - 16

Mintzberg, H. (1991): Mintzberg über Management: Führung und Organisation, Mythos und Realität, Wiesbaden 1991

Neuberger, O. (2002): Führen und führen lassen, 6. Aufl., Stuttgart 2002 –
 neu bearb. u.d.T. Blessin, B.; Wick, A. (Hrsg.), Führen und führen lassen, 7. Aufl. Konstanz/München 2014

Neuberger, O. (1998): Das Mitarbeitergespräch. Praktische Grundlagen für erfolgreiche Führungsarbeit, 4. Aufl., Leonberg 1998

Northouse, P.G. (1997): Leadership: Theory and Practice, Thousand Oaks u.a. 1997

Opaschowski, H.W. (2006): Deutschland 2020 – Wie wir morgen leben - Prognosen der Wissenschaft, 2. Aufl., Wiesbaden 2006

Probst, G. (1987): Selbst-Organisation, Berlin/Hamburg 1987

Pümpin, C.; Kobi, J.-M.; Wüthrich, H.A. (1985): Unternehmenskultur, Schriftenreihe »Die Orientierung« der Schweizerischen Volksbank AG, Nr. 85, Bern 1985

Ready, D.A.; Conger, J.A.; Hill, L.A. (2010): Haben Sie das Zeug zum High Potential?, in: Harvard Business Manager, 32: Sept. 2010, S. 56 – 63

Reber, G. (1992): Organisationales Lernen, in Frese, E. (Hrsg.), Handwörterbuch der Organisation, 3. Aufl., Stuttgart 1992, Sp. 1240 – 1255

Regnet, E. (2014): Der Weg in die Zukunft – Anforderungen an die Führungskraft, in: Rosenstiel, L.; Regnet, E.; Domsch, M. (Hrsg.), Führung von Mitarbeitern, 7. Aufl., Stuttgart 2014, S. 29 – 45

Regnet, E. (2012): Neue Karrieremodelle in einem veränderten wirtschaftlichen Umfeld, in: DGFP (Hrsg.), Personalentwicklung bei längerer Arbeitszeit, Bielefeld 2012, S. 64-86

Riekhof, H.-Ch. (1992): Strategieorientierte Personalentwicklung, in: Riekhof, H.-Ch. (Hrsg.), Strategien der Personalentwicklung, 3. Aufl., Wiesbaden, S. 49 – 75

Rosenstiel, L. von (2014): Grundlagen der Führung, in: Rosenstiel, L.; Regnet, E.; Domsch, M. (Hrsg.), Führung von Mitarbeitern, 7. Aufl., Stuttgart 2014, S. 3 – 28

Scheurer, S. (1997): Bausteine einer Theorie der strategischen Steuerung von Unternehmen, Berlin 1997

Schulz-Wimmer, H. (2005): Projektmanagement Trainer, 2. Aufl., Planegg 2005

Seiwert, L.; Gay, F. (1996): Das 1 x 1 der Persönlichkeit, Offenbach 1996

Seiwert, L.J. (2005): Wenn Du es eilig hast, gehe langsam, 11. Aufl., Frankfurt/ New York 2005

Spinola, R.; Peschanel, F.D.C. (1988): Das Hirn-Dominanz-Instrument (HDI), Speyer 1988

Staehle, W.H. (1999): Management. Eine verhaltenswissenschaftliche Perspektive, 8. Aufl., München 1999

Tannenbaum, R.; Schmidt, W.H. (1958): How to Choose a Leadership Pattern, in: Harvard Business Review 1958, S. 95 – 101

Ulrich, P. (1984): Systemsteuerung und Kulturentwicklung; in: Die Unternehmung 38: 1984, S. 303 - 325

Wagner, H. (2000): Der Weg zur Persönlichkeit, Düsseldorf 2000

Waterman, R.H.; Philipps, J.R. (1980): Structure is not Organization, in: The McKinsey Quarterly, Summer 1980, S. 2 ff

Weibler, J. (2016): Personalführung, 3., komplett überarb. u. erw. Aufl., München 2016

Weibler, J. (2014): Führung der Mitarbeiter durch den nächsthöheren Vorgesetzten, in: Rosenstiel, L.; Regnet, E.; Domsch, M.E. (Hrsg.), Führung von Mitarbeitern, Stuttgart 2014, S. 271 - 283

Weibler, J. (2001): Personalführung, München 2001

Withauer, K. (2016): Manager-Karriere 1 - warum es im Führungsjob »mehr« braucht als bereichsspezifische Fachkompetenz, 1. Aufl., Norderstedt 2016

Withauer, K. (2011): Führungskompetenz und Karriere – Begleitbuch zum Stufen-Weg ins Topmanagement, Wiesbaden 2011

Withauer, K. (2002): Menschen führen, 7. Aufl., Renningen 2002

Withauer, K. (2000): Fitness der Unternehmung. Management von Dynamik und Veränderung, Wiesbaden 2000

Wunderer, R. (2011): Führung und Zusammenarbeit. Eine unternehmerische Führungslehre, 9.Aufl., München 2011

Wunderlich, W. (1995): "Andere Länder - andere Sitten" - Interkulturelle Kommunikation und internationales Management - , in: Thommen, J.-P. (Hrsg.), Management-Kompetenz, Wiesbaden 1995, S. 571 – 587

Yukl, G.A. (2006): Leadership in Organizations, 6. Aufl., Upper Saddle River 2006

Thematische Rückschau

Führungs-Können = Führungs-Wissen + Erfahrung/Intuition + Praxis/Karriere

Eine Manager-Karriere beginnt und gründet sich meist auf gute Leistungen in einem bereichsspezifischen fachlichen Arbeitsgebiet.

Als Leser dieses Leitfadens »Manager-Karriere 2« dürften sie vermutlich bereits zu einem oder mehreren Karrieresprüngen gelangt sein. Der in diesem Ratgeber vorgeschlagene und selbst erprobte Karriere-Weg ist die mit konsequenten Aufstiegsschritten einhergehende stufenweise zunehmende Verantwortung in Managementpositionen.

Vor allem in höheren Hierarchieebenen sind Manager konfrontiert mit komplexen Themen in ihrem Arbeitsfeld. Trotz der inhärenten Intransparenz und Unbestimmtheit müssen der jeweilige Beitrag für die Resultate der Unternehmung und Ziele und Wege definiert werden, um die Resultate zu erreichen. Die hierfür notwendigen Handlungskompetenzen sind überfachlich, es sind andere als die anfänglich für den Einstieg in einen Führungsjob sichtbar gewesene Qualifikation und Leistungserfolge im bereichsspezifischen Fachgebiet.

Ein Manager muss managen *und* führen ! Dies ergibt sich schon daraus, dass die erstrebten Resultate keine »Solo«leistung sind, sondern arbeitsteilig von Mitarbeitern und Teams geleistet werden. Für diese ihm zugeordneten Personen und deren Resultate trägt der Manager als Führungskraft die Verantwortung. Dies bedingt, dass er bestimmen und dafür sorgen muss, dass die Mitarbeiter den bestmöglichen Beitrag für die Resultate erbringen und in diesem Sinne handeln.

Dabei wird erneut bewusst, dass in der betrieblichen Wirklichkeit vielfältige Defizite in der personalen Führung auszumachen sind. Viele Aspekte der Interaktion zwischen sich und den Anderen nimmt man als Führungsperson vielfach nicht selbstverständlich wahr und schon gar nicht reflektierend. Die Bezugsgrößen »Gefolgschaft erzeugen« und »für Veränderung begeistern« erinnern und betonen, dass es für den Führungs-Erfolg eines Managers zum einen auf das treffsichere Erfassen und Beurteilen der wahrgenommenen Realität ankommt, zum anderen die Gestaltung und Lenkung das profunde Verstehen führungsrelevanter Phänomene voraussetzt. Mit dem Fokus auf Menschen-führen bietet der Leitfaden »Manager-Karriere 1« den Referenzrahmen für das Funktionieren-lassen und -Können von Organisationen und das Führungs-Verhalten, tiefere Einsichten in die menschlichen Motive, Motivation und Motivstrukturen sowie die in der Zusammenarbeit wesentlichen Gruppeneffekte und die Gruppendynamik. Zum Studium und als Ratgeber bietet der Leitfaden anhand von aus der Forschung und Lehre gewonnenen »Verstehensmodellen« das taugliche unumgängliche Profi Wissen – die ‚basics' – für den Beruf als Führungskraft.

Dr. Klaus F. Withauer

Manager-Karriere   1

o **warum man im Führungsjob »mehr« braucht**

als bereichsspezifische Fachkompetenz

→ **Führung verstehen –**

Das unumgängliche Profi-Wissen
über Menschen-führen

Themenübersicht

Führung als »personale« Management-Funktion
Mobilisierung menschlicher Leistungspotenziale
Führung in Organisationen – systemisch-strukturell / durch Menschen
Charakteristika des Führungsverhaltens

Psychologische Grundlagen der Motivation
Inhaltliche Klassifikation angestrebter Zielzustände
Motivinhaltliche Strukturen – Hierarchie der Bedürfnisse
Praktische Empfehlungen für motivierende Situationen

Zusammenarbeit: Gruppenentstehung, Gruppendynamik
Gruppenstrukturen, Interaktionsprozesse
Gruppenzusammenhalt, Leistung und Zufriedenheit
Soziale Positionen: Macht und Autorität, Status, Normen, Rolle

Herstellung und Verlag: BoD – Books on Demand, Norderstedt
ISBN 9-783741-249549